四字熟語辞典

杏林大学教授
金田一 秀穂
監修

永岡書店

四字熟語

はじめに

四字の漢字で出来た四字熟語は、とても短いものですが、深い洞察や鮮やかな比喩を示します。古代中国語では、漢字一字が一つの単語に相当しましたから、四字熟語は四語でつくられた諺《ことわざ》や詩のようなものだと考えられます。

三〇〇〇年以上前から中国で、そして日本で、四字熟語は作られてきました。その時代の最高の賢者たちが創り、語り継がれてきた言葉の表現の結晶とでもいうべきもので、その巧みさ、その鋭さ、その豊かさは、同じ言葉を使う私たちにとっての、貴重な財産であると言えます。私たち一人では言いつくせない事柄を、いともたやすく表現し、格調高くまとめあげ、しかもわかりやすく伝える道具なのです。

幸いにも、私たちにこの言葉の財宝が残され、伝わってきました。これを利用しないことはあまりにももったいない。

本書は巻末に利用場面別の索引を設けました。結婚や就職、入学や卒業、スピーチに、手紙に、すぐに使えるように工夫しました。

しかし、ほんとうの本書の使い方は、そのような実用性だけにあるのではありません。

読者諸氏諸嬢は、気が向いたとき、お暇なとき、お好きなときに、本書のお好きなページを開いて、そこにある言葉を味わっていただきたいのです。それは私たちの祖先が私たちに送り届けてくれた言葉の贈り物です。美しい言葉、真理の言葉が、たくさん詰まっています。みなさんに見つけていただくことを、言葉たちは待っています。どうぞお楽しみください。

金田一秀穂

本書の決まりと使い方

日常生活において、スピーチをしたり、手紙を書いたりするときに気軽に活用できるものや、入学試験や就職試験において、使用頻度が高く、役立つと思われる四字熟語を中心に、中国の古典に典拠を持つものから、わが国で漢字を組み合わせてつくられたもの、訓読するものも含め、約一一〇〇語を厳選しました。

■見出し語について

・五十音順に配列し、最初に「読み」を示しております。読みは原則として音読みにし、ふりがなを右につけました。「一片氷心」（いっぺんのひょうしん）のように、表記の漢字以外に「の」を入れて読む場合は、ふりがなの中に（の）と入れています。

・漢字表記は原則として常用漢字ですが、必要に応じて、表外漢字も用いています。

■本文に用いた記号について

・意味……簡潔で平易な内容での説明を心がけています。
・用例……使い方の参考として、一～三例ずつ例示しています。
・出典……出典のあるものは、作者・書名（作品名）を明記しています。
・類義語・対義語……見出し語の代表的な類義語、対義語を明記しています。

■付録について

・より利便性を高めるため、「入学・卒業」「結婚・祝辞」などの場でのスピーチや手紙に使える四字熟語を集め、分類別に索引を設けました。
・その他にも「行動・態度」「仕事」「学問・芸術」「衣食住」などの分類別索引も設けています。

■目次

四字熟語辞典

【あ行】

合縁奇縁《あいえんきえん》

意味 人と人との巡り合わせは、気が合うも合わないも、すべて不思議な縁によるものだということ。男女、夫婦、友人などの関係についていう。

用例
・合縁奇縁というが、妻とのなれそめはまさにそれだ。
・性格は正反対だが、合縁奇縁で不思議と気が合う。

愛別離苦《あいべつりく》

類義語 会者定離《えしゃじょうり》

対義語 怨憎会苦《おんぞうえく》

意味 親子や夫婦など、愛する者と生別、死別する苦しみや悲しみ。仏教でいう「八苦《はっく》」の一つ。

用例
・愛別離苦は避けられないこととはいえ、苦しいものだ。
・愛別離苦の悲しみをまのあたりにする。

出典 『法華経《ほけきょう》』譬喩品《ひゆぼん》

曖昧模糊《あいまいもこ》

類義語 有耶無耶《うやむや》 五里霧中《ごりむちゅう》

対義語 一目瞭然《いちもくりょうぜん》 明明白白《めいめいはくはく》

意味 物事の本質や実体がはっきりとせず、不確かなようす。
＊「曖昧」も「模糊」も、ぼんやりとしてはっきりしないこと。

用例
・先行きは曖昧模糊として不安だ。
・彼の説明は曖昧模糊としてよくわからない。

出典 『後漢書《ごかんじょ》』蔡邕伝《さいようでん》

阿吽之息《あうんのいき》

意味 お互いの気持ちがぴったりと合うこと。二人が呼吸を合わせるように行動すること。＊「阿」は梵語《ぼんご》の十二母音の最初の音。口を開けて出す音。「吽」は最後の音。口を閉じて出す。「阿吽」は「吐く息と吸う息。呼吸」という意味。

用例 ・難しい作業で、やり遂げるには阿吽之息が必要だ。
・長年つれそった夫婦は阿吽之息で行動する。

青息吐息《あおいきといき》

意味 困難な状況に陥って困り果てたときに出るため息。また、そのような状態。＊「青息」は苦痛をがまんできないときに出る息。「吐息」はため息。

用例 ・不景気で青息吐息だ。
・締め切り前に青息吐息で作業する。
・青息吐息だったが、何とかやり遂げた。

悪衣悪食《あくいあくしょく》

意味 粗末な衣服と粗末な食事。外面的なことにとらわれてはならないという意味で使う。＊衣食の粗末さを恥じる者とはともに道を語れないという論語の言葉から。

用例 ・彼は悪衣悪食の貧乏暮らしを一向に気にかけない。
・悪衣悪食を意に介さず、学問に精進する。

類義語 粗衣粗食《そいそしょく》

出典 『論語《ろんご》』里仁《りじん》

悪因悪果《あくいんあっか》

類義語　因果応報《いんがおうほう》　自業自得《じごうじとく》

対義語　善因善果《ぜんいんぜんか》

意味　悪い行いが原因となって悪い結果が生ずること。悪いことをすれば必ず悪い報いを受けるということ。＊「悪因」は悪い原因。「悪果」は悪い結果。

用例
・なまけ癖がたたって、悪因悪果で今年も試験に落ちた。
・他人を蹴落として成功したが、悪因悪果を身をもって知ることになった。

悪逆無道《あくぎゃくむどう》

類義語　悪逆非道《あくぎゃくひどう》　極悪非道《ごくあくひどう》　大逆無道《たいぎゃくむどう》

意味　人の道に外れたひどく悪い行い。
＊「悪逆」は古代中国の律で、国家・社会の秩序を乱すとして特に重く罰せられた「十悪」の一つ。父母や主君を殺そうとする罪。「無道」は道理に外れること。

用例
・悪逆無道の行いが、多くの人から批判された。
・彼は悪逆無道で、周囲からおそれられていた。

悪事千里《あくじせんり》

意味　悪い行いや評判は、隠そうとしてもたちまち世間に知れ渡ってしまうということ（故に悪事を働いてはならない）。＊「悪事千里を走る」の略。

用例
・失態は悪事千里で皆の知るところとなる。
・隠そうとしても悪事千里だから無駄だ。

出典　孫光憲《そんこうけん》『北夢瑣言《ほくぼうさげん》』

悪戦苦闘《あくせんくとう》

類義語 苦心惨憺《くしんさんたん》　千辛万苦《せんしんばんく》
難行苦行《なんぎょうくぎょう》

対義語 余裕綽綽《よゆうしゃくしゃく》

意味 手ごわい敵に対して苦しい戦いをすること。困難な状況の中で、打ち勝とうと必死に努力すること。

用例
・悪戦苦闘の末になんとか勝利した。
・不況の中、会社を再建するために悪戦苦闘した。
・苦手な工作の課題に悪戦苦闘する。

出典 『三国志演義《さんごくしえんぎ》』

悪人正機《あくにんしょうき》

類義語 他力本願《たりきほんがん》

意味 悪人こそ仏の救いの対象であるという、親鸞《しんらん》の説いた浄土真宗《じょうどしんしゅう》の根本的な思想。＊「正機」は、仏の教えや救いを受ける条件を備えている人々。

用例
・悪人正機の教えにかなうようになるだろう。
・悪人正機というが、彼を見ていると信じられない。

出典 『歎異抄《たんにしょう》』

悪口雑言《あっこうぞうごん》

類義語 罵詈雑言《ばりぞうごん》

意味 口汚くいろいろな人の悪口を言うこと。また、その言葉。＊「雑言」はさまざまな悪口や、でたらめな言いがかり。「ぞうげん」と読むのは誤り。

用例
・別れ際に悪口雑言を浴びせる。
・悪口雑言の応酬で、冷静な議論ができない。
・仲がよかったのに、今では互いに悪口雑言を言っている。

阿鼻叫喚《あびきょうかん》

類義語 死屍累累《ししるいるい》

意味 悲惨な状況にあって激しく泣きわめくようす。＊「阿鼻」は、仏教でいう八大地獄の第八で、最悪の地獄。そこに落ちた者が、地獄のさまざまな責め苦にあって泣き叫ぶようす。

用例 ・災害現場は阿鼻叫喚をきわめた。
・町は一瞬で阿鼻叫喚の場と化した。

出典 『法華経《ほけきょう》』法師功徳品《ほうしくどくほん》

蛙鳴蟬噪《あめいせんそう》

類義語 蛙鳴雀躁《あめいじゃくそう》 喧喧囂囂《けんけんごうごう》 驢鳴犬吠《ろめいけんばい》

意味 やかましく騒ぐこと。議論や文章がうるさく大げさなばかりで内容に乏しく、何の役にもたたないこと。蛙《かえる》や蟬《せみ》がやかましく鳴き騒ぐことから。

用例 ・蛙鳴蟬噪の議論にうんざりする。
・論文が蛙鳴蟬噪だと批判を受ける。

出典 儲欣《ちょきん》「韓愈平淮西碑評《かんゆのわいせいをたいらぐるひのひょう》」

阿諛追従《あゆついしょう》

類義語 阿諛曲従《あゆきょくしょう》 阿諛追随《あゆついずい》 阿諛便佞《あゆべんねい》 世辞追従《せじついしょう》

意味 人に気に入られようとして、こびへつらって機嫌をとること。＊「阿諛」は人の気に入るようなことを言ったりしたりすること。「追従」は人の後に従うこと。

用例 ・上司に阿諛追従ばかりするような人が重用される。
・阿諛追従の態度が反感を買う。

出典 『漢書《かんじょ》』匡衡伝《きょうこうでん》

暗雲低迷《あんうんていめい》

意味 先行きが不安で、よくないことが起こりそうなようす。空が暗くなり雲が低く垂れ込めて、今にも嵐になりそうな雲行きから転じて、先行きの不安さを表すようになった。

用例
・不景気が続き、世の中は暗雲低迷の様相だ。
・暗雲低迷の時期を乗り切った。
・チームは負け続け、暗雲低迷の状態が続く。

安車蒲輪《あんしゃほりん》

意味 老人をいたわり、大切にすること。また、賢者を優遇すること。＊「安車」は安心して乗れる車。「蒲輪」は車輪を蒲《がま》の穂でくるみ、振動を少なくした車。

用例
・両親に安車蒲輪の態度で接する。
・安車蒲輪の待遇をする。

出典 『漢書』中公伝《しんこうでん》

安心立命《あんしんりつめい》

類義語 安心決定《あんしんけつじょう》

意味 心を安らかにして、悩まず動揺しないこと。＊「安心」は仏教で信仰によって煩悩を絶った、心の乱れない状態。「立命」は儒教で、身を天命に任せること。

用例
・安心立命の境地に達するまでには修行が足りない。
・引退後は安心立命して暮らしている。

出典 天目高峯禅師《てんもくこうほうぜんじ》「示衆語《じゅうにしめすのご》」

暗中飛躍《あんちゅうひやく》

類義語 裏面工作《りめんこうさく》

意味 人に知られないように裏に回って策をめぐらし、ひそかに行動して活躍すること。政治活動などによく用いられる。＊「暗躍」は、この語を略した形。

用例
・暗中飛躍して各方面の了解をとりつけた。
・政権交代の裏には、彼の暗中飛躍があったようだ。
・財界の裏面で暗中飛躍する実力者だ。

暗中模索《あんちゅうもさく》

類義語 暗中模捉《あんちゅうもそく》 五里霧中《ごりむちゅう》 試行錯誤《しこうさくご》

対義語 明明白白《めいめいはくはく》

意味 暗闇の中を手探りして求めることから、手がかりや糸口を探しあれこれと試してみることの意。＊「暗中摸索」とも書く。「模」は手探りで探すという意味。

用例
・研究はまだ暗中模索の段階だ。
・暗中模索の状態のまま作業している。

出典 「隋唐嘉話《ずいとうかわ》」

安寧秩序《あんねいちつじょ》

類義語 天下太平《てんかたいへい》

意味 国や社会の安全・秩序が保たれ、世の中が不安のない平和な状態であること。＊「安寧」は世の中が穏やかで安定していることをいう。

用例
・安寧秩序を乱す行為は断じて許されない。
・言論の自由は世の中の安寧秩序の尺度だ。
・国家の安寧秩序を守る政治。

唯唯諾諾《いいだくだく》

意味 物事の善し悪しに関わらず、他人の言動に全く逆らわずに従うこと。他人の言いなりになること。＊「唯唯」は全く逆らわないさま。「諾諾」はうなずくこと。

用例
・唯唯諾諾として妻に従う夫。
・唯唯諾諾と聞くだけではなく、自分の意見を述べよ。

出典 『韓非子《かんぴし》』八姦《はっかん》

類義語 百依百順《ひゃくいひゃくじゅん》 付和雷同《ふわらいどう》

対義語 志操堅固《しそうけんご》 是是非非《ぜぜひひ》

遺憾千万《いかんせんばん》

意味 非常に残念に思うこと。大いに心残りであること。＊「遺憾」は憾《うら》みを遺《のこ》すという意味。「千万」はこの上ないこと。程度がはなはだしいという意味。

用例
・期待に沿えず、遺憾千万だ。
・あの男の傲慢さは、遺憾千万だ。
・遺憾千万の意を表す。

類義語 残念至極《ざんねんしごく》

衣冠束帯《いかんそくたい》

意味 昔の貴族が、朝廷に出仕するときに着用した服装。＊「衣冠」は「束帯」よりも略式の装束。はじめは夜勤の際に用いられたが、後に参朝のときにも着用されるようになった。主に江戸時代に、公家で使われた。

用例
・衣冠束帯に威儀を正した公家が描かれている絵巻物。
・皇室の行事に衣冠束帯で出席する。

意気軒昂《いきけんこう》

類義語 意気衝天《いきしょうてん》 意気揚揚《いきようよう》

対義語 意気消沈《いきしょうちん》 意気阻喪《いきそそう》

意味 意気込みが盛んで、元気で威勢のよいさま。自信に満ちあふれて、得意なさま。＊「意気」は気力。「軒」「昂」は、ともに高くあがるという意味。

用例
・老いてなお意気軒昂で、研究に取り組んでいる。
・明日の試合を前に意気軒昂、闘志に燃えている。
・意気軒昂として任地に赴いた。

意気消沈《いきしょうちん》

類義語 意気阻喪《いきそそう》

対義語 意気軒昂《いきけんこう》 意気衝天《いきしょうてん》 意気揚揚《いきようよう》 得意満面《とくいまんめん》

意味 元気をなくして、しょげかえっているようす。意気込みが衰えて、がっかりしていること。＊「消沈」は「銷沈」とも書き、気力が衰えて沈むことをいう。

用例
・採用されなくて意気消沈してしまった。
・対戦相手のすごさをまのあたりにして、意気消沈した。
・そのくらいのミスで意気消沈することはない。

意気衝天《いきしょうてん》

類義語 意気軒昂《いきけんこう》 意気揚揚《いきようよう》

対義語 意気消沈《いきしょうちん》 意気阻喪《いきそそう》

意味 意気込みが非常に盛んなこと。「衝天」は「天を衝《つ》く」という意味で、天を突き上げるほどの勢いをいう。＊「意気昇天」と書くのは誤り。

用例
・連戦連勝で、決勝に向けて意気衝天といったところだ。
・新コーチのもとで意気衝天している。
・彼は意気衝天の勢いで事業を成功させている。

意気投合《いきとうごう》

類義語 意気相投《いきそうとう》 情意投合《じょういとうごう》

対義語 犬猿之仲《けんえんのなか》 不倶戴天《ふぐたいてん》

意味 心が通じること。意見や考えがぴったり合うこと。気が合って親しくなること。＊「投合」は互いの気持ちなど二つのものがぴったり一致するという意味。

用例
・初対面からすっかり意気投合した。
・今後の経営策について意気投合する。
・居酒屋で会って意気投合し、家に泊めてやった。

意気揚揚《いきようよう》

類義語 意気軒昂《いきけんこう》 意気衝天《いきしょうてん》

対義語 意気消沈《いきしょうちん》 意気阻喪《いきそそう》

意味 誇らしげに威勢よく、得意そうに振る舞うようす。＊「揚揚」は得意そうなようす。「洋洋」とも書く。

用例
・試合に勝利した我々は、意気揚揚と帰路についた。
・意気揚揚と試合に臨んだが、負けてしまった。
・プレゼンでよい感触を得て、意気揚揚と席に戻った。

出典 司馬遷《しばせん》『史記《しき》』晏嬰伝《あんえいでん》

衣錦之栄《いきんのえい》

類義語 衣錦帰郷《いきんききょう》

意味 立身出世して、故郷に錦《にしき》を飾る名誉。裕福になり豪華な着物を着る栄誉。＊「衣錦」は錦を着ること。「錦」は豪華で美しい着物。

用例
・衣錦之栄を思い描き、故郷を旅立つ。
・帰郷の折に大歓迎を受け、衣錦之栄の思いだ。
・彼は衣錦之栄を目標に、師の元で修業を積んでいる。

出典 欧陽脩《おうようしゅう》「昼錦堂記《ちゅうきんどうき》」

異口同音《いくどうおん》

意味 多くの人が口々に同じことを言うこと。また、多くの人の意見や考えが一致することをいう。＊「異口」を「異句」と書かないように注意すること。

用例 ・周辺の住民は異口同音に、その施策に反対した。
・勇気ある彼の行動を、市民は異口同音に褒《たた》め称えた。

出典 『宋書《そうじょ》』庾炳之伝《ゆへいしでん》

類義語 異口同辞《いくどうじ》 異口同声《いくどうせい》 異人同辞《いじんどうじ》

意識朦朧《いしきもうろう》

意味 周囲の状況がわからなくなるほど、意識がはっきりしないさま。＊「朦朧」は「かすんでよく見えないこと」から「意識がぼんやりしてはっきりしないさま」を表す。

用例 ・炎天下で作業をしていて、意識朦朧の状態に陥った。
・高熱で意識朦朧としていたせいか、記憶が曖昧だ。

出典 王充《おうじゅう》『論衡《ろんこう》』実知《じっち》

意志堅固《いしけんご》

意味 心に思い決めたことをしっかりと守ること。＊「意志」は目標として決めたことを実現しようとする心の働き。「堅固」はくずれず、しっかりしていること。

用例 ・君の意志堅固ぶりには感心する。
・意志堅固もよいが、他人の意見にも少し耳を傾けたらどうだろうか。

類義語 意志強固《いしきょうこ》

対義語 意志薄弱《いしはくじゃく》

意志薄弱《いしはくじゃく》

類義語　薄弱《はくじゃく》意志《いし》行《こう》 優柔不断《ゆうじゅうふだん》

対義語　意志堅固《いしけんご》 志操堅固《しそうけんご》

意味　何かをやろうとする気持ちが弱く、我慢したり、実行したりできないこと。一度はやると決めたことでも、すぐにやめてしまうこと。＊「薄弱」は弱く少ないという意味。

用例
・そんな意志薄弱なようでは世の中を渡っていけない。
・締め切り前だが、意志薄弱でつい誘惑に負けてしまう。
・彼は意志薄弱なので、実行できたためしがない。

石部金吉《いしべきんきち》

類義語　四角四面《しかくしめん》

意味　堅すぎるくらいまじめで融通がきかない人。＊「石」と「金」という堅いものの代表の二つを人名のように組み合わせた語。男女の愛情を理解できない人を皮肉って使うことが多い。

用例
・石部金吉といわれるくらいで、浮いた噂《うわさ》一つ聞かない。
・石部金吉で冗談も通じない。
・彼のことを石部金吉だと思っていたが、まさか結婚するとは。

意匠惨憺《いしょうさんたん》

類義語　苦心惨憺《くしんさんたん》 創意工夫《そういくふう》

意味　あれこれと工夫し、苦心して創作すること。＊「意匠」は主に絵画や詩文などを書くときの工夫についていう。「惨憺」は心を悩まして苦労するようす。「惨憺」は「惨澹」とも書く。

用例
・意匠惨憺の末にようやく完成した作品。
・一字一句に意匠惨憺の跡が滲《にじ》み出ている。
・意匠惨憺の見えない課題の出来に、教授は激怒した。

医食同源《いしょくどうげん》

意味 食べることと病気を治すことは同じで、病気の予防にはまず食生活に気を配るのが大切だということ。
＊薬と食べ物はもともと同じ源であるという意から。

用例 ・医食同源というように、暴飲暴食は病気のもとだから気をつけるべきだ。
・母は医食同源を意識した献立づくりをしている。

以心伝心《いしんでんしん》

類義語 教外別伝《きょうげべつでん》 拈華微笑《ねんげみしょう》 不立文字《ふりゅうもんじ》 維摩一黙《ゆいまいちもく》

意味 黙っていても心と心が通じていること。心を以《もっ》て心に伝うとも訓読みし、本来、禅宗で、言葉では説明できない悟りの境地を師から弟子へ心を通して伝えることをいった。

用例 ・二人は以心伝心の間柄だ。
・以心伝心で、言わなくても彼女の気持ちがわかった。

出典 道原《どうげん》『景徳伝灯録《けいとくでんとうろく》』

異体同心《いたいどうしん》

類義語 一心同体《いっしんどうたい》 寸歩不離《すんぽふり》

意味 体は別々であっても、心は一つであるかのように固く結ばれていること。夫婦・兄弟・友人などの仲がよく、関係が深いときに使うことが多い。

用例 ・夫婦は異体同心の言葉通り、固い絆《きずな》で結ばれている。
・異体同心かと思うくらい同じ考えの友人。
・異体同心の味方を得て、勇気がわく。

異端邪説《いたんじゃせつ》

類義語 異端異説《いたんいせつ》 異端邪宗《いたんじゃしゅう》

意味 正統からはずれた、間違った思想・学説のこと。宗教や学問において、正統と認められない学説や、正統に異議を唱える、主流ではない少数派の主張をいう。

用例
・当初は異端邪説とされていた。
・異端邪説と切り捨てずに検討するべきだ。

出典 『宋史《そうし》』程顥伝《ていこうでん》

一意専心《いちいせんしん》

類義語 一所懸命《いっしょけんめい》 一心不乱《いっしんふらん》 専心専意《せんしんせんい》 全身全意《ぜんしんぜんい》

意味 他のことは考えず、一つのことに集中し打ち込むこと。
＊「一意」も「専心」も、ほぼ同じ意味で、一つのことに心を集中すること。

用例
・一意専心に研究にはげむ。
・一意専心が最後までやりとげるための秘訣《ひけつ》だ。

出典 『管子《かんし》』内業《ないぎょう》

一衣帯水《いちいたいすい》

類義語 衣帯一江《いたいいっこう》 衣帯之水《いたいのみず》

意味 一本の帯のように狭い川や海峡のこと。また、それが隔てている両者がきわめて近いこと。親しい関係であることのたとえ。
＊「衣帯」は衣服の帯のこと。

用例
・一衣帯水をなしている地に、短い橋が架かっている。
・一衣帯水の隣国とは友好関係にある。

出典 『陳書《ちんじょ》』後主紀《こうしゅき》

一言居士《いちげんこじ》

類義語 百黙一言《ひゃくもくいちげん》

意味 何か事あるごとに、自分の意見をひとこと言わないと気がすまない人。＊「一言」は「いちごん」とも読む。「居士」はもとは在家で仏教を修行する男性をいう。

用例
・一言居士といわれるだけあって、会議で口をはさまないことがない。
・あの一言居士が文句をつけないはずがない。

一期一会《いちごいちえ》

意味 一生に一度の出会い。人と人との出会いの大切さのたとえ。
＊茶会は毎回一生に一度だという茶道の心得から生まれた語。「一期」は仏教語で「一生」を意味する。

用例
・人との出会いを一期一会の思いで大切にしたい。
・残された日は毎日が一期一会だった。

出典 『茶湯一会集《さとういちえしゅう》』

一言半句《いちごんはんく》

類義語 一言片句《いちごんへんく》 片言隻語《へんげんせきご》
対義語 千言万語《せんげんばんご》

意味 ほんのわずかな短い言葉。＊「一言」は「いちげん」とも読む。「一言半句も……ない」のように、後に打ち消しの語を伴って用いられることが多い。

用例
・一言半句も聞き漏らすまいと耳を傾ける。
・彼は一言半句の弁解もしなかった。

出典 朱熹《しゅき》『朱子文集《しゅしぶんしゅう》』答陳安卿書《ちんあんけいにこたうるしょ》

一字千金
いちじせんきん

意味 文章や文字がすぐれていて、極めて価値があること。＊秦《しん》の呂《りょ》不韋《ふい》が『呂氏春秋《りょししゅんじゅう》』を著したとき、一字でも誤りを指摘する者がいたら千金を与えると言った故事による。

用例
・一字千金の重みが感じられる傑作。
・一字千金と心得てよく読みなさい。

出典 司馬遷《しばせん》『史記《しき》』呂不韋伝

類義語 一言千金《いちごんせんきん》 一字百金《いちじひゃっきん》 一字連城《いちじれんじょう》

一日千秋
いちじつせんしゅう

意味 一日が千年に感じられるほど待ちこがれること。思慕の情の強いことをいう。＊「一日」は「いちにち」とも読む。「秋」は年の意。「千秋」は長い年月の意。『詩経《しきょう》』の「一日三秋」から出た語。

用例
・恋人の帰国を待つ彼女は、一日千秋の思いだろう。
・合格通知を一日千秋の思いで待つ。

類義語 一日三秋《いちじつさんしゅう》 一刻千秋《いっこくせんしゅう》

一日之長
いちじつのちょう

意味 一日先に生まれて、年齢が少し上であること。そこから、他の人よりも経験・知能・知識などがいくらか勝っていること。
＊「一日」は「いちにち」とも読む。

用例
・新人と比べたらやはり一日之長がある。
・一日之長だという理由で私に遠慮することはない。

出典 『論語《ろんご》』先進《せんしん》

一汁一菜《いちじゅういっさい》

類義語 節衣縮食《せついしゅくしょく》 粗衣粗食《そいそしょく》
対義語 三汁七菜《さんじゅうしちさい》

意味 ご飯のほかに、一椀《わん》の汁物と一品のおかずだけの食事。質素で粗末な食事のこと。＊「菜」はおかずのこと。修行僧や奉公人はこのような食事が多かった。
用例 ・子どものために、自分は一汁一菜で我慢している。
・一汁一菜の食生活が健康の秘訣《ひけつ》だ。
出典 『甲陽軍艦《こうようぐんかん》』

一族郎党《いちぞくろうとう》

類義語 一家眷属《いっかけんぞく》

意味 血縁関係にある同族と、その家来たちのこと。家族と関係者全員のこと。また、有力者とそのとりまきの人々。＊「郎党」は家臣の意。「ろうどう」とも読み、「郎等」とも書く。
用例 ・一族郎党を引き連れて参戦した。
・社長の一族郎党が関与しているらしい。
・一族郎党を総動員して選挙活動をする。

一諾千金《いちだくせんきん》

類義語 一諾百金《いちだくひゃくきん》 季布一諾《きふのいちだく》
対義語 軽諾寡信《けいだくかしん》

意味 約束を絶対に守ることのたとえ。＊楚《そ》の国の季布《きふ》は、一度承諾したことは決してひるがえさず、「千金を得るよりも季布の一諾を得る方が価値がある」と言われたことから。
用例 ・一諾千金、約束を簡単に破ってはいけない。
・一諾千金の心構えでのぞむ。
出典 司馬遷《しばせん》『史記《しき》』季布伝

一念通天《いちねんつうてん》

意味 強い信念で事に当たれば、その意志は天に通じ、必ず成し遂げられる。＊「念」は強い思いをいう。「一念天に通ず」とも訓読みする。

用例
・一念通天で長年の努力が報われた。
・一念通天でついに会社を設立した。
・一念通天の思いで打ち込む。

一念発起《いちねんほっき》

類義語 一心発起《いっしんほっき》 一念発心《いちねんほっしん》 感奮興起《かんぷんこうき》 緊褌一番《きんこんいちばん》

意味 あることを成し遂げようと強く心に誓い、努力すること。＊もとは仏教語で、「一念発起菩提心《ぼだいしん》」の略。「菩提」は悟りの意で、仏教に帰依し、修行する決心が生じることをいう。

用例
・一念発起して仕事に没頭する。
・一念発起して生活を改善する。
・彼は一念発起して会社を立ち上げた。

一罰百戒《いちばつひゃっかい》

類義語 信賞必罰《しんしょうひっばつ》

意味 一つの罪を罰し、多くの人々の戒めとすること。他の人が同じような罪を犯さないよう、見せしめのために一人を厳しく罰すること。

用例
・一罰百戒の意味で、厳しく処分した。
・一罰百戒の効果を期待する。
・一罰百戒とはいえ、少し厳しすぎる。

一病息災《いちびょうそくさい》

類義語 無《む》病《びょう》息《そく》災《さい》

意味 一つくらい持病がある方が、体を気づかうのでかえって健康で長生きするということ。＊「息災」はもと仏教語で、仏の力で災難を除くことをいう。

用例
・持病を得てから一病息災でかえって元気になった。
・この病気とは一病息災の長いつきあいだ。
・一病息災で養生しながら生きている。

一部始終《いちぶしじゅう》

類義語 一《いち》伍《ご》一《いち》什《じゅう》

意味 物事の始めから終わりまですべて。細々とした詳しい顚末《てんまつ》。＊「一部」は一冊の書物の意。書物の始めから終わりまでということから。

用例
・事件の一部始終を聞く。
・現在に至るまでの一部始終について話す。
・彼の体験の一部始終が感動を呼んだ。

一望千里《いちぼうせんり》

類義語 一望千頃《いちぼうせんけい》 一望無垠《いちぼうむぎん》 天涯一望《てんがいいちぼう》

意味 千里も一目で見渡せるということから、大変見晴らしがよいこと。見渡す限り広々として眺望がよいこと。＊「一望」は一目で見渡すこと。

用例
・展望台からは一望千里、すばらしい景色だ。
・眼下に一望千里の絶景が広がる。
・富士山の頂上はまさに一望千里の眺めだ。

一枚看板《いちまいかんばん》

意味　大勢の集まりの中心人物のこと。集団を代表する人物。また、他人に誇れるただ一つのもの。＊歌舞伎の劇場の前に掲げられた大きな看板に、中心となる役者の姿を描いたところからいう。

用例　・彼は我がチームの一枚看板だ。
・党の一枚看板となる政策。
・いずれは一座の一枚看板と呼ばれるようになりたいと思う。

一網打尽《いちもうだじん》

類義語　一網無遺《いちもうむい》

意味　悪人たちを一気に残らず捕らえること。＊「一網」は一度打った網。「打尽」は取り尽くすこと。一度網を打っただけで、周辺の魚を全部捕らえるということからいう。

用例　・麻薬組織を一網打尽にした。
・一網打尽というわけにはいかず、取り逃がしてしまった。

出典　『宋史《そうし》』范純仁伝《はんじゅんじんでん》

一目十行《いちもくじゅうぎょう》

意味　一目で十行も読むこと。ものすごい速さで本を読むこと。読書の能力が優れていることをいう。また、人の才気が優れていること。

用例　・一日ですべて読み終わるとは、まさに一目十行だね。
・彼は一目十行というくらいの理解度の速さだ。

出典　『北斉書《ほくせいじょ》』河南王孝瑜伝《かなんおうこうゆでん》

一目瞭然
いちもくりょうぜん

意味　一目見ただけではっきりわかること。＊「一目」はちょっと見ること。「瞭然」は疑う余地もないくらいはっきりとしていること。

用例　・図で見れば一目瞭然だ。
・比較すれば一目瞭然なのに、なぜ納得しないのか。

出典　黎靖徳《れいせいとく》『朱子語類《しゅしごるい》』

類義語　一目即了《いちもくそくりょう》　明明白白《めいめいはくはく》

対義語　曖昧模糊《あいまいもこ》　五里霧中《ごりむちゅう》

一文半銭
いちもんはんせん

意味　わずかな金額。ほんの少しのお金。＊「いちもんきなか」とも読む。「一文」は銅貨の穴あき銭一枚。わずかな金という意味。「半銭」は一文銭の半分で、ごくわずかの金銭、わずかの量という意味。

用例　・一文半銭たりとも家に入れない。
・他人のものは一文半銭、盗んではならない。

類義語　一紙半銭《いっしはんせん》

一陽来復
いちようらいふく

意味　悪いこと、苦しいことが終わり、幸運が訪れること。＊「来復」は去ったものが再び訪れること。陰（悪）がきわまって陽（よいこと）が帰ってくる。「来福」と書くのは誤り。

用例　・一陽来復の春を待つ。
・今はつらくても、一陽来復で、またいいときがくる。

出典　『易経《えききょう》』復卦《ふくか》

一利一害《いちりいちがい》

意味 物事の利害はすべて表裏一体であり、よいことがあれば悪いこともあるということ。

用例
・君の提案には一利一害あって、賛成しにくい。
・一利一害で、よいことばかりではない。
・ゆとり教育の一利一害について議論する。

出典 『元史《げんし》』耶律楚材伝《やりつそざいでん》

類義語 一長一短《いっちょういったん》 一得一失《いっとくいっしつ》

一粒万倍《いちりゅうまんばい》

意味 一粒の種から万の収穫を得る意から、わずかなものから多くの利益を得ること。転じて、わずかなものでも粗末にしてはいけないということ。

用例
・一粒万倍の大成功を収める。
・一粒万倍というから、米一粒も無駄にしてはいけない。

出典 『報恩経《ほうおんきょう》』

一蓮托生《いちれんたくしょう》

意味 仏教で、夫婦が同じ蓮《はす》の花の上に生まれ変わるということから、運命・行動をともにすること。

用例
・成功するも失敗するも、君とは一蓮托生だ。
・社長が破産すれば、一蓮托生だ。
・嫌いな兄だが家族は一蓮托生だ、支えざるを得ない。

出典 『観無量寿経《かんむりょうじゅきょう》』下《げ》・中品《ちゅうぼん》

一路平安《いちろへいあん》

類義語　一《いち》路《ろ》順風《じゅんぷう》

意味　旅立つ人に対し、旅の無事を祈っていう言葉。「どうぞご無事で」という意味。

用例
・道中の一路平安を祈る。
・一路平安でありますように。
・見送る人が「一路平安」と口々に言った。

出典　『紅楼夢《こうろうむ》』

一攫千金《いっかくせんきん》

類義語　一攫万金《いっかくばんきん》

意味　苦労しないで一度に大金を得ること。＊「一攫」の「攫」はつかむことで、ひとつかみという意味。「獲」と書くこともある。「千金」は莫大《ばくだい》な金のこと。

用例
・一攫千金を夢見ている。
・一攫千金の富を得ようとした。
・一攫千金の投機をねらう。

一家眷属《いっかけんぞく》

類義語　一族郎党《いちぞくろうとう》

意味　家族・親族・身内の者全部。部下など関係者全員をいうこともある。＊「眷属」は一族・親族、または家来・部下を意味する。「一家眷族」とも書く。

用例
・一家眷属が集まった。
・そんなことをしたら一家眷属が路頭に迷う。
・一家眷属をあげて擁護する。

一家団欒《いっかだんらん》

類義語 親子団欒《おやこだんらん》 家族団欒《かぞくだんらん》

意味 家族が集まって仲よく食事をしたりして楽しむこと。＊「団欒」は、月などが丸いことをいい、転じて車座に座ること。大勢の人が輪のように並んで座ることをいう。

用例 ・単身赴任の父が戻り、久しぶりに一家団欒の夕食だった。
・アルバムに一家団欒のようすを映した写真をはる。
・年末年始は一家団欒で楽しむ予定だ。

一竿風月《いっかんふうげつ》

意味 一本の釣《つ》り竿《ざお》を友として、俗事を忘れて自然の中で風や月を楽しむことから、のんびりとした生活を送ることのたとえ。悠々自適の生活。＊「いっかんのふうげつ」とも読む。

用例 ・一竿風月、自然と親しむ。
・定年後は田舎で一竿風月の生活を楽しむつもりだ。

出典 陸游《りくゆう》「感旧詩《かんきゅうし》」

一喜一憂《いっきいちゆう》

類義語 一顰一笑《いっぴんいっしょう》
対義語 泰然自若《たいぜんじじゃく》

意味 ちょっとした状況の変化があるごとに喜んだり悲しんだりして、落ち着かないこと。周囲の状況にいちいち振り回されることにも使う。

用例 ・些細《ささい》なことに一喜一憂するな。
・勝敗をめぐって一喜一憂が繰り返される。

出典 『道徳指帰論《どうとくしいきろん》』名身塾親篇《めいしんじゅくしんぺん》

一気呵成《いっきかせい》

類義語 一瀉千里《いっしゃせんり》

意味 物事を中断せずに一気にやりとげること。主に詩や文章を書き上げることをいう。＊「一気」は一呼吸の意。「呵」は息を吹きかけるという意味。

用例 ・原稿を一気呵成に書きあげた。
・初めての脚本執筆は、やはり一気呵成にはできなかった。
・勢いに乗じ、敵の陣地を一気呵成に奪取した。

一騎当千《いっきとうせん》

類義語 一人当千《いちにんとうせん》

意味 一人で千人の敵と戦うことができるほど強いこと。また、人並みはずれた能力があること。＊「当千」は「とうぜん」とも読む。千に相当するという意味。

用例 ・敵の本陣を前に、一騎当千の兵将が集まった。
・一騎当千の彼の加入で形勢逆転に成功した。

出典 『太平記《たいへいき》』

一虚一実《いっきょいちじつ》

意味 急にからになったり満ちたりする。変化を予測できないことをいう。＊「虚」はからっぽであること。真実ではないという意味もある。「実」は満ちていることや真実をいう。

用例 ・選挙の情報は一虚一実で、安心できない。
・会社の先行きは一虚一実だ。
・恋をしている人の気持ちは、一虚一実だ。

一挙一動《いっきょいちどう》

類義語 一言一行《いちごんいっこう》

意味 手を挙げたり、体を動かしたりする一つ一つの小さな動き。他人から行動が注目されているときに使う。＊「一挙」は一回の動作（挙動）。

用例
・一挙一動が皆の注目を集める。
・失礼のないよう一挙一動に注意しなさい。
・幼い孫の一挙一動を見守る。

一挙両得《いっきょりょうとく》

類義語 一挙両全《いっきょりょうぜん》 一石二鳥《いっせきにちょう》

対義語 一挙両失《いっきょりょうしつ》

意味 一つの行動で二つの利益を手に入れること。＊「一挙」は一回の動作。一度の仕事。

用例
・健康維持とストレス解消、ウオーキングは一挙両得だ。
・会社の利益と社会貢献の一挙両得を狙う。
・簡単に一挙両得の結果になるほど、世の中は甘くない。

出典 『晋書《しんじょ》』束晳伝《そくせきでん》

一口両舌《いっこうりょうぜつ》

意味 発言の内容が先と後で食い違うこと。前に言ったことと違う内容を言うこと。二枚舌を使うこと。＊一つの口に二枚の舌があるということから。

用例
・一口両舌な奴《やつ》だ。
・彼の一口両舌にだまされるな。
・あまりの一口両舌に、あきれ果てた。

一国一城《いっこくいちじょう》

意味 一つの国や一つの城。また、それを領有していること。転じて、他からの支配を受けず独立していること。独立して事業を営む人のこともいう。

用例
・乱世を経て一国一城に統一された。
・会社をやめて独立し、一国一城の主となった。
・小さな工場だが私にとっては一国一城だ。

一刻千金《いっこくせんきん》

類義語 一刻千秋《いっこくせんしゅう》 春宵一刻《しゅんしょういっこく》

意味 短い時間が千金に値するほど貴重であるということ。楽しいことや充実した時間が過ぎ去りやすいことを惜しんでいう語。
＊蘇軾《そしょく》の詩の「春宵一刻値千金《しゅんしょういっこくあたいせんきん》」という句から。

用例
・親友と過ごす時間は一刻千金だ。
・君にとって今は一刻千金の時期だ。

出典 蘇軾「春夜《しゅんや》」

一顧傾城《いっこけいせい》

類義語 傾国美女《けいこく(の)びじょ》 傾城傾国《けいせいけいこく》

意味 ちょっと振り返るだけで君主に政治を忘れさせ、一つの国を失わせるほどの絶世の美人のたとえ。＊「一顧」は一度かえりみること。「傾城」は城が傾くこと。

用例
・楊貴妃《ようきひ》は一顧傾城の美女だ。
・名君だったのに、一顧傾城の美女のため、晩節を汚した。
・一顧傾城とは、まさに彼女のためにある言葉だ。

一切合切《いっさいがっさい》

意味 すべて。全部。何もかも。＊「一切」「合切」はどちらも「すべて。残らず」という意味。同義語を重ねて意味を強めた語。「合切」は「合財」とも書く。

類義語 森羅万象《しんらばんしょう》

用例 ・火事で一切合切を失ってしまった。
・一切合切話してしまえば楽になる。
・一切合切決彼が悪いと決めつけるのはどうかと思う。

一殺多生《いっさつたしょう》

意味 多くのものを生かすために、害をなす一つのものを犠牲にすること。一人の悪人を殺しても、多数の人を生かすこと。＊「いっせつたしょう」とも読む。

用例 ・為政者は時に、一殺多生の判断をせまられる。
・一殺多生に従った苦渋の決断。
・組織を守るため、一殺多生、罷免するしかなかった。

一子相伝《いっしそうでん》

意味 学問や武道、芸能などの奥義を子ども一人にだけ、直々に伝えること。門外不出で直々に伝え、他のものには秘密にすること。
＊「相伝」は代々伝えていくこと。

類義語 一家相伝《いっかそうでん》 父子相伝《ふしそうでん》

用例 ・この伝授は一子相伝である。
・一子相伝の技を大切に守っていかねばならない。
・一子相伝といわずに広く世間に知らせるべき技術だ。

一視同仁《いっしどうじん》

意味 すべての人を差別することなく平等に愛し、接すること。＊「一視」は分けへだてなく見ること。「仁」は思いやり、いつくしみの心。

類義語 怨親平等《おんしんびょうどう》 兼愛無私《けんあいむし》 公平無私《こうへいむし》

用例 ・一視同仁の心で生徒に接する。
・その医師は身分や貧富で差別しない一視同仁の人だ。

対義語 依怙贔屓《えこひいき》

出典 韓愈《かんゆ》「原人《げんじん》」

一紙半銭《いっしはんせん》

意味 一枚の紙と半銭（銭五厘）の意から、ごくわずかなもののたとえ。特に、仏教で寄進の額が少ないことなどについていう。

類義語 一文半銭《いちもんはんせん》

用例 ・一紙半銭の慈悲を施してほしい。
・給料日前は財布に余裕がないので、一紙半銭をおろそかにしない生活を心がける。
・あんな息子には一紙半銭も遺産を与えるな。

一瀉千里《いっしゃせんり》

意味 物事が非常にすみやかに行われること。また、文章や弁舌がよどみないことのたとえ。＊「瀉」は、川の水が流れること。一度流れ出すと千里にも流れるということ。

類義語 一瀉百里《いっしゃひゃくり》 一気呵成《いっきかせい》

用例 ・仕事を一瀉千里に進める。
・大衆に向かって一瀉千里にまくしたてる。

出典 『福恵全書《ふくけいぜんしょ》』 郵政《ゆうせい》

一宿一飯《いっしゅくいっぱん》

類義語 一飯《いっぱん》之《の》恩《おん》 一飯《いっぱん》之《の》報《むくい》

意味 一晩の宿と、一度の食事をごちそうになること。他人にちょっとしたことで世話になること。＊少しの恩義を忘れないようにするという意味で用いることが多い。

用例
・旅の途中で一宿一飯にありついた。
・この一宿一飯の恩は一生忘れない。
・彼には一宿一飯の恩義があるので断れなかった。

一唱三嘆《いっしょうさんたん》

類義語 一読三嘆《いちどくさんたん》

意味 一度唱えると三度感嘆することから、詩文がすぐれていることのたとえ。詩文を読み、何度もほめること。＊「三嘆」は「三歎」とも書く。

用例
・一唱三嘆するような名作だ。
・新作を読み、一唱三嘆した。

出典 『礼記《らいき》』楽記《がくき》

一触即発《いっしょくそくはつ》

類義語 一髪千鈞《いっぱつせんきん》 危機一髪《ききいっぱつ》 剣抜弩張《けんばつどちょう》 累卵之危《るいらんのき》

意味 少し触れただけですぐに爆発しそうだということから、非常に緊迫しているようす。＊「一触」は少し触れること。「即」はすぐに、の意。

用例
・両軍は一触即発の状態になった。
・会議場には一触即発の緊張感が漂っている。
・上司とはまさに一触即発という感じだった。

一所懸命《いっしょけんめい》

類義語 一意専心《いちいせんしん》　一心不乱《いっしんふらん》

意味 必死に取り組むこと。全力で打ち込むようす。＊主君から賜った領地を生活の頼みとして命を懸けて守るということから。「一生懸命」はこれが転じた語。

用例
・一所懸命な演技に感動する。
・一所懸命に働いた結果、今がある。
・些細《ささい》な仕事にも一所懸命に取り組む姿が評価される。

一進一退《いっしんいったい》

意味 進んだり退いたりすること。状況や病状などが、よくなったり悪くなったりすること。よい方向へ向かず、なかなか進展しないこと。

用例
・病状は一進一退を繰り返す。
・一進一退していた状況が好転した。

出典 『荀子《じゅんし》』修身《しゅうしん》

一心同体《いっしんどうたい》

類義語 異体同心《いたいどうしん》　一味同心《いちみどうしん》
寸歩不離《すんぽふり》

対義語 十人十色《じゅうにんといろ》

意味 複数の人間が心を一つにして、一人の人間のように考え、行動すること。信頼しあって強く結びついていることのたとえ。
＊「一身同体」と書くのは誤り。

用例
・彼とは一心同体の親友だ。
・チーム全員が一心同体となって戦えば勝てる。
・夫婦は一心同体というが、幻想だ。

一心不乱《いっしんふらん》

類義語 一意専心《いちいせんしん》 一所懸命《いっしょけんめい》 一心一意《いっしんいちい》 無我夢中《むがむちゅう》

意味 一つのことに集中して、他に心を奪われないこと。わき目もふらずにするようす。＊「一心」はここでは一つのことに集中した心の意味。「不乱」は「ぶらん」とも読む。

用例
・一心不乱に勉強し、合格する。
・展覧会に出す絵の制作に、一心不乱になっている。
・一心不乱になっていて、周りが見えていない。

一炊之夢《いっすいのゆめ》

類義語 邯鄲之枕《かんたんのまくら》 邯鄲之夢《かんたんのゆめ》

意味 人生のはかなさのたとえ。＊盧生《ろせい》という青年が、邯鄲《かんたん》で枕を借りて眠ったところ、栄枯盛衰の五十年の人生を夢に見たが、目覚めたら、炊きかけの粟《あわ》もまだ炊き上がらないわずかな時間であったという「枕中記《ちんちゅうき》」の故事による。

用例
・富と名声を得たが、すでに一炊之夢と帰した。
・人生は一炊之夢にすぎない。

一寸光陰《いっすんこういん》

意味 ほんのわずかな時間のこと。わずかな時間も無駄にしてはいけないという戒め。＊「一寸」はわずかなこと。「光陰」は月日・年月・時間。「一寸の光陰軽んずべからず」の略。

用例
・楽しい時間ほど、不思議と一寸光陰に感じるものだ。
・一寸光陰軽んずべからずと自分に言い聞かせてがんばる。

出典 朱熹《しゅき》「偶成《ぐうせい》」

一世一代《いっせいちだい》

類義語 一世一度《いっせいちど》
対義語 日常茶飯《にちじょうさはん》

意味 一生のうちでたった一度のこと。もと、能役者や歌舞伎役者が引退の花道として得意の芸を披露することをいった。＊「一世」は「いっせい」とも読む。

用例
・この場面は彼の一世一代の名演といわれている。
・一世一代の大仕事のつもりでやる。
・一世一代の大芝居を打つ。

一世風靡《いっせいふうび》

意味 その時代の大勢の人がなびき従うこと。世に広く流行すること。＊「風靡」は草が風になびくように従うこと。「一世を風靡する」などと使う。

用例
・この曲はかつて一世風靡し、誰もが口ずさんでいた。
・一世風靡した大スターだった。
・新感覚の小説が一世風靡した時代。

一石二鳥《いっせきにちょう》

類義語 一挙両全《いっきょりょうぜん》 一挙両得《いっきょりょうとく》 一発双貫《いっぱつそうかん》
対義語 一挙両失《いっきょりょうしつ》 一挙両損《いっきょりょうぞん》

意味 一度で二つの目的を果たすこと。一つの石を投げて、二羽の鳥をつかまえることから。＊英語のことわざ「To kill two birds with one stone.」の訳語。

用例
・一石二鳥の名案を提示した。
・趣味と実益を兼ねた一石二鳥の効果がある。
・そううまく一石二鳥とはいかないだろう。

一旦緩急《いったんかんきゅう》

類義語 一時緩急《いちじかんきゅう》

意味 ひとたび緊急事態が起きたら。＊「一旦緩急あれば」の形で使われることが多い。「一旦」はある朝、ある日。「緩急」は、ここでは「緩やか」の意はなく、「急」のみの意。

用例
・一旦緩急あれば、すぐに駆けつけるつもりだ。
・一旦緩急あれば、部署の壁をこえ対応する態勢を整える。

出典 司馬遷《しばせん》『史記《しき》』袁盎伝《えんおうでん》

一致団結《いっちだんけつ》

類義語 一致協力《いっちきょうりょく》 一徳一心《いっとくいっしん》 群策群力《ぐんさくぐんりょく》 和衷共済《わちゅうきょうさい》

意味 多くの人々が、同じ目的のために心を一つにしてまとまって行動すること。＊「一致」は二つ以上のものがぴったり一つになること。

用例
・一致団結して困難を乗り切った。
・勝った要因はチームの一致団結にあったと思う。
・社員全員が一致団結できるかどうかが鍵だ。

一知半解《いっちはんかい》

類義語 言者不知《げんしゃふち》 半知半解《はんちはんかい》

意味 ちょっと知っているだけで、十分に理解していないこと。知識が生半可でいい加減なこと。なまわかり。なまかじり。

用例
・説明を聞いたら、一知半解であることがわかった。
・一知半解の徒とそしられる。
・一知半解の物知り顔が鼻につく。

出典 厳羽《げんう》『滄浪詩話《そうろうしわ》』詩弁《しべん》

一張一弛《いっちょういっし》

類義語 緩急自在《かんきゅうじざい》

意味 時に厳しく、時に優しく人に接すること。弓や琴の弦を張ることとゆるめることから。＊人を指導・教育するときなどに用いられる。

用例
・生徒に対して一張一弛の心構えで接する。
・指導者は一張一弛であるべきだ。

出典 『礼記《らいき》』雑記《ざっき》

一朝一夕《いっちょういっせき》

類義語 一旦一夕《いったんいっせき》

意味 わずかな時間。一日か一晩かというほどの、非常に短い期間のたとえ。用例のような否定の表現を伴って使われることが多い。

用例
・一朝一夕には作れない労作。
・一朝一夕に結論を出すべきではない。
・両者の差は一朝一夕で埋まるものではない。

出典 『易経《えききょう》』坤《こん》・文言伝《ぶんげんでん》

一長一短《いっちょういったん》

類義語 一利一害《いちりいちがい》 一得一失《いっとくいっしつ》

意味 よい点もあるが悪い点もあるということ。
＊「一」は「あるいは」という意味。「一短一長」ともいう。

用例
・どの意見も一長一短があって甲乙つけがたい。
・西洋式も東洋式も一長一短で、後は好みによる。
・一長一短で決め手に欠ける問題の判断を社長に委ねる。

出典 王充《おうじゅう》『論衡《ろんこう》』無形《むけい》

一擲千金《いってきせんきん》

類義語 乾坤《けんこん》一擲《いってき》

意味 大金をここぞとばかりに一度に使うこと。気前のいいこと。豪快な振る舞いのたとえ。＊「擲」はなげうつこと。「千金」は多くの金。

用例
・一擲千金の投資をしたが、失敗した。
・一擲千金の豪遊をする。

出典 呉象之《ごしょうし》「少年行《しょうねんこう》」

一点一画《いってんいっかく》

意味 漢字を構成している一つの点、一つの画。わずかでも欠かせない、おろそかにできないもののたとえ。＊「画」は文字の字画のこと。一筆で書く線や点。

用例
・一点一画もおろそかに書いてはならない。
・一点一画も修正する必要がない。
・一点一画もゆるがせにしない筆致。

一刀両断《いっとうりょうだん》

類義語 一剣両断《いっけんりょうだん》 快刀乱麻《かいとうらんま》

意味 一太刀《ひとたち》で真二つに割るところから、物事をすみやかに思い切って処理すること。ためらわずきっぱりと決断すること。＊「両断」は「両段」とも書く。

用例
・反論を一刀両断のもとに切り捨てた。
・この問題は一刀両断というわけにはいかない。

出典 黎靖徳《れいせいとく》『朱子語類《しゅしごるい》』論語《ろんご》

いっとくいっしつ
一得一失

類義語 一利一害《いちりいちがい》 一長一短《いっちょういったん》

意味 利益があると同時に損失もあること。損得の度合いが同じくらいの場合にも用いる。また、よいこともあれば悪いこともあること。

用例
・市にとって一得一失があるので、よく検討するべきだ。
・科学の進歩では一得一失があるものだ。

出典 『無門関《むもんかん》』

いっぴんいっしょう
一顰一笑

類義語 一喜一憂《いっきいちゆう》

意味 顔をちょっとしかめたり、少し笑ったりすること。わずかな表情の変化。＊この場合の「一」は「ちょっと」の意。「顰」は顔をしかめること。

用例
・相手の一顰一笑を気にしない。
・彼女の一顰一笑が気にかかる。

出典 『韓非子《かんぴし》』内儲説《ないちょぜい》

いっぺん（の）ひょうしん
一片氷心

意味 透明で清らかな心。俗世間に染まらず、名利を求めない美しい心。＊「一片」は「ひとかけら」という意味。「氷心」は氷のように澄み切った清らかな心のこと。

用例
・自分の中の一片氷心を信じる。
・世間から離れて一片氷心となりたいものだ。

出典 王昌齢《おうしょうれい》「芙蓉楼送辛漸《ふようろうにてしんぜんをおくる》」

猗頓之富
いとんのとみ

類義語 陶朱《とうしゅ》猗頓《いとん》

意味 巨額の富、財産。大富豪。＊「猗頓」は春秋時代の富豪の名。貧しい身の上から、陶朱公《とうしゅこう》に教えられて牧畜を行い、わずか十年で莫大《ばくだい》な財産を築いたとされる。

用例
・実家は、猗頓之富というほどではないが、裕福な方だ。
・裸一貫から猗頓之富を築く。

出典 司馬遷《しばせん》『史記《しき》』貨殖伝《かしょくでん》

意馬心猿
いばしんえん

対義語 虚心坦懐《きょしんたんかい》 明鏡止水《めいきょうしすい》

意味 馬が暴れて走り回り、猿が騒ぎ立てるのを制しがたいように、煩悩や欲望で心が抑え切れないこと。＊もとは仏教語。「意」も「心」という意味。「心猿意馬」ともいう。

用例
・彼は自らの意馬心猿を他人に見せない。
・意馬心猿の日々から解放されたいものだ。

出典 『参同契《さんどうけい》』発揮《はっき》

威風堂堂
いふうどうどう

類義語 威風凜凜《いふうりんりん》 威武堂堂《いぶどうどう》 耀武揚威《ようぶようい》

意味 態度や雰囲気が、重々しくどっしりとしていて威厳があり、立派であるようす。＊「威風」は威厳があるさま。「堂堂」は立派なさま。

用例
・祝勝会で威風堂堂と入場する選手。
・表彰台で威風堂堂としていた。
・先生の態度は威風堂堂たるものだった。

韋編三絶《いへんさんぜつ》

意味 何度も繰り返して熱心に本を読むこと。学問に熱心に励むことのたとえ。＊「韋編」は書物を綴《と》じる紐《ひも》のこと。「三絶」は三度も切れること。

用例
・彼の辞書は韋編三絶で、ぼろぼろだ。
・先生は読書家、まさに韋編三絶の人だ。

出典 司馬遷《しばせん》『史記《しき》』孔子世家《こうしせいか》

類義語 熟読玩味《じゅくどくがんみ》　読書三到《どくしょさんとう》　読書百遍《どくしょひゃっぺん》

移木之信《いぼくのしん》

意味 約束を実行すること。＊秦《しん》の商鞅《しょうおう》が、都の南門に立てた木を北門に移した者には懸賞金を与えるという布告をし、約束通りに与えたという故事から。

用例
・トップに立つ者に必要なのは移木之信だ。
・当選したら移木之信はどこへやら、だ。

出典 司馬遷『史記』商君伝《しょうくんでん》

意味深長《いみしんちょう》

意味 表面の意味の奥に、別の意味が隠されていること。言葉などの意味に奥深い含みがあること。＊「深長」を「慎重」と書くのは誤り。「意味深」などとも使う。

用例
・演説の最後の言葉は意味深長だ。
・彼女はこちらを見て意味深長な微笑をうかべた。

出典 朱熹《しゅき》『論語序説《ろんごじょせつ》』

類義語 意在言外《いざいげんがい》　微言大義《びげんたいぎ》

倚門之望《いもんのぼう》

意味 子の帰りを待ちわびる母の心。母が子を愛する気持ちの深いこと。＊斉《せい》の王孫賈《おうそんか》の母が家の門に寄りかかって子の帰りをひたすら待ち続けたという故事から。

用例 ・近々帰ると聞いてから、母はずっと倚門之望だ。
・母の倚門之望もむなしく、アメリカから帰国しない。

出典 劉向《りゅうきょう》『戦国策《せんごくさく》』斉《せい》策

因果応報《いんがおうほう》

類義語 悪因悪果《あくいんあっか》 自業自得《じごうじとく》 善因後果《ぜんいんこうか》 善因善果《ぜんいんぜんか》 積善余慶《せきぜん(の)よけい》

意味 善いことをすればよい報いを、悪いことをすれば悪い報いをうける。＊「因果」は仏教語で、前世の行いが現世に報いとなって現れることをいう。

用例 ・誰も彼の味方をしないのは因果応報だ。
・舌切り雀《すずめ》は、因果応報を説いた昔話だ。

出典 『大慈恩寺三蔵法師伝《だいじおんじさんぞうほうしでん》』

殷鑑不遠《いんかんふえん》

類義語 他山之石《たざんのいし》

意味 戒めとすべき失敗の例はすぐ目の前にあるというたとえ。＊悪政で滅んだ殷の手本は、遠い時代に求めなくても、前代の夏《か》にあるという故事から。

用例 ・殷鑑不遠、前任者の失敗を戒めとするべきだ。
・昨年落第した経験を殷鑑不遠として今年の試験に臨む。

出典 『詩経《しきょう》』大雅《たいが》・蕩《とう》

慇懃無礼《いんぎんぶれい》

類義語 慇懃尾籠《いんぎんびろう》
対義語 慇懃三指《いんぎんさんし》

意味 うわべは丁寧だが、実は押しつけがましく尊大であること。また、丁寧すぎるとかえって失礼にあたること。＊「慇懃」は「慇勤」とも書く。

用例
・慇懃無礼な態度に辟易《へきえき》する。
・慇懃無礼で誠意が感じられない態度。

出典 太田全斎《おおたぜんさい》『諺苑《げんえん》』

因循姑息《いんじゅんこそく》

類義語 因循苟且《いんじゅんこうしょ》 優柔不断《ゆうじゅうふだん》

意味 古い習慣にとらわれて、現状を改めず消極的になること。その場しのぎで決断できず、ぐずぐずしているようす。＊「因循」は古い習慣に従って改めないこと。「姑息」はしばらく休むということから、一時しのぎのこと。

用例
・因循姑息なやり方ではもう解決できない。
・因循姑息な経営に批判が集まる。

陰徳陽報《いんとくようほう》

意味 目立たなくても、隠れた善い行いをする者は、誰の目にもとまるような、よい報いが必ずあること。＊「陰徳あれば陽報あり」の略。

用例
・地味な練習を続け、勝ったのはまさに陰徳陽報だ。
・陰徳陽報というが、人格者は苦労をひけらかさない。

出典 『淮南子《えなんじ》』人間訓《じんかんくん》

隠忍自重《いんにんじちょう》

類義語 自戒自重《じかいじちょう》 忍之一字《にんのいちじ》
対義語 軽挙妄動《けいきょもうどう》

意味 じっとがまんして軽率な行動をしないこと。＊「隠忍」は苦しみを隠して堪え忍ぶこと。「自重」は行動をつつしみ、自分の品性を保つこと。

用例
・隠忍自重して行動してもらいたい。
・巻き返しをねらい、隠忍自重の日々を送る。
・あれだけの失敗をしたら、隠忍自重せざるを得ない。

有為転変《ういてんぺん》

類義語 有為無常《ういむじょう》 諸行無常《しょぎょうむじょう》 波瀾万丈《はらんばんじょう》
対義語 永久不変《えいきゅうふへん》 万古不易《ばんこふえき》

意味 世の中はとどまることなく移り変わり、無常であること。＊「有為」は仏教語で、常に生滅を繰り返している一切の現象のこと。「転変」は「てんぺん」とも読む。

用例
・有為転変とはいうが、彼の凋落《ちょうらく》ぶりには驚いた。
・川の流れるのを見て、世の有為転変を思う。
・有為転変する世相を見続けてきた人物。

右往左往《うおうさおう》

類義語 周章狼狽《しゅうしょうろうばい》
対義語 泰然自若《たいぜんじじゃく》 沈着冷静《ちんちゃくれいせい》

意味 混乱してうろたえ、行ったり来たりしているようす。また、多くの人が入り乱れるようす。＊「往」は「行く」という意味。右へ行ったり左へ行ったりしているということ。

用例
・助けを求める人々が右往左往して収拾がつかない。
・分娩《ぶんべん》室の前で右往左往するばかりの夫。
・こんなときこそ右往左往せずに落ち着いていなさい。

羽化登仙《うかとうせん》

類義語 壺中之天《こちゅうのてん》

意味 酒などに酔って気分がよくなることのたとえ。＊「羽化」は中国古来の神仙思想で、羽が生え、空中を飛べる仙人となること。仙人になって天に昇ることから。

用例
・同窓会で羽化登仙の気分になった。
・羽化登仙の夢からさめて、寂しくなった。

出典 蘇軾《そしょく》「前赤壁賦《ぜんせきへきのふ》」

烏合之衆《うごうのしゅう》

類義語 烏集之衆《うしゅうのしゅう》 烏集之交《うしゅうのまじわり》 瓦合烏衆《がごううしゅう》 獣聚鳥散《じゅうしゅうちょうさん》

意味 規律も統制もない、寄せ集めの人々。烏《からす》の群れのように数だけ多く、騒がしいばかりの集団。＊「烏合」はカラスの集まりの意。秩序なく集まるさまをいう。

用例
・烏合之衆をおそれて改革を躊躇《ちゅうちょ》してはいけない。
・指導者がいなければ烏合之衆にすぎない。

出典 『後漢書《ごかんじょ》』耿弇伝《こうえんでん》

右顧左眄《うこさべん》

類義語 内股膏薬《うちまたごうやく》 狐疑逡巡《こぎしゅんじゅん》 首鼠両端《しゅそりょうたん》 東眺西望《とうちょうせいぼう》

対義語 旗幟鮮明《きしせんめい》 終始一貫《しゅうしいっかん》

意味 周囲の目や意見を気にしてばかりで決断しないこと。＊「顧」は振り返って見ること。「眄」は横目で見ること。「左眄右顧」ともいう。

用例
・右顧左眄するだけで、改革は一向に進まない。
・右顧左眄しはじめたら、経営者として終わりだ。
・あの人は右顧左眄で信頼できない。

有象無象《うぞうむぞう》

類義語 有相無相《うそうむそう》 森羅万象《しんらばんしょう》

意味 種種雑多なろくでもない人々。多く集まったくだらない連中。＊もと仏教語で、宇宙に存在する形のあるもの、ないものすべての意。

用例
・有象無象の言うことなんか気にするな。
・有象無象とあなどってはいけない。
・有象無象が束になってかかってもかなわない。

内股膏薬《うちまたごうやく》

類義語 右顧左眄《うこさべん》 左顧右眄《さこうべん》 二股膏薬《ふたまたごうやく》 股座膏薬《またぐらごうやく》

対義語 旗幟鮮明《きしせんめい》 首尾一貫《しゅびいっかん》

意味 主義・主張がなくそのときの都合で自分の意見を変え、あちらについたりこちらについたりすること。＊内股にはった膏薬は、動くたびに右や左の股につくことから。

用例
・権力者の顔色をうかがうだけの内股膏薬な人だ。
・いわゆる内股膏薬で、敵につくか味方につくか不明だ。
・部長の態度は相変わらず内股膏薬だ。

有頂天外《うちょうてんがい》

類義語 欣喜雀躍《きんきじゃくやく》

意味 得意で夢中になり我を忘れること。＊「有頂天」よりさらに外に出るという、「有頂天」をさらに強調した語。「有頂天」は仏教で形あるものの世界の中で最上の天。

用例
・長年の目標を達成できて有頂天外の気分だ。
・観客の大歓声を受けて、有頂天外になる。
・彼のあまりの有頂天外ぶりが心配だ。

烏兎匆匆《うとそうそう》

類義語 烏飛兎走《うひとそう》 露往霜来《ろおうそうらい》

意味 月日がたつのが早いこと。＊「烏兎」は、太陽に烏《からす》が、月に兎がすむという中国の伝説から、太陽と月、日月のことをいう。「匆」はあわただしいという意味。

用例
・ここに住んで烏兎匆匆、いつしか二十年になった。
・歳月は烏兎匆匆に過ぎた。
・結婚三十年、烏兎匆匆の感がある。

海千山千《うみせんやません》

類義語 海千河千《うみせんかわせん》 千軍万馬《せんぐんばんば》 百戦錬磨《ひゃくせんれんま》 飽経風霜《ほうけいふうそう》

意味 世の中の裏も表も知りつくしたしたたかな人。長い年月にわたり、いろいろな苦労をつんで、すべてを知り尽くして狡賢《ずるがしこ》くなった人。＊蛇が海に千年、山に千年すむと竜になるという言い伝えによる。

用例
・相手の女は海千山千だ。
・海千山千の彼から見れば、赤子の手をひねるようなものだ。

有耶無耶《うやむや》

類義語 曖昧模糊《あいまいもこ》

意味 どうなるのかはっきりしないこと。あいまい。また、もやもやして胸がすっきりしないこと。＊有るかないかの意から。「耶」は疑問や反語の意を表す助字。

用例
・有耶無耶にしておいた方がいいと言われた。
・プロポーズの返事を有耶無耶にするのはよくない。
・胸の有耶無耶が晴れない。

紆余曲折《うよきょくせつ》

類義語 曲折浮沈《きょくせつふちん》 盤根錯節《ばんこんさくせつ》 羊腸小径《ようちょうしょうけい》

意味 事の成り行きや事情がこみいっていて厄介なこと。道が曲がりくねっていること。＊「紆余」「曲折」ともに曲がりくねっていること。

用例
・紆余曲折はあったが、最後は幸せになった。
・紆余曲折の末、ようやく解決できた。
・紆余曲折している山道。

雲煙過眼《うんえんかがん》

類義語 行雲流水《こううんりゅうすい》 虚静恬淡《きょせいてんたん》 無欲恬淡《むよくてんたん》

意味 雲や煙が目の前を過ぎ去っていくように、物事に深く執着しないこと。深く心にとどめないこと。＊「雲煙」は「雲烟」とも書く。

用例
・他人を気にしないたちで、たいてい雲煙過眼してしまう。
・自然の中で雲煙過眼の生活を送ってみたい。

出典 蘇軾《そしょく》「宝絵堂記《ほうかいどうき》」

雲散霧消《うんさんむしょう》

類義語 雲散鳥没《うんさんちょうぼつ》 雲消雨散《うんしょううさん》 煙散霧消《えんさんむしょう》 鳥没雲合《ちょうぼつうんごう》

対義語 雲合霧集《うんごうむしゅう》

意味 雲や霧が、風に吹かれたり日の光を浴びてすぐに消えてしまうように、あとかたもなく消え失せてしまうこと。＊「霧消」を「無消」と書くのは誤り。

用例
・長年の疑問が雲散霧消した。
・三百年の伝統が、彼一代で雲散霧消してしまった。
・実際やってみると不安は雲散霧消するのが常だ。

雲集霧散《うんしゅうむさん》

類義語 合従連衡《がっしょうれんこう》 離合集散《りごうしゅうさん》

対義語 雲合霧集《うんごうむしゅう》

意味 雲や霧が集まったり散ったりするように、多くの人やものが、群がり集まったり、散ったりすること。集合離散を繰り返すこと。

用例
・選挙のたびに雲集霧散する政治家。
・街の中心では、若者たちが雲集霧散を繰り返していた。
・屋上から撮影した映像には、雲集霧散する人々が映っていた。

出典 蕭統《しょうとう》『文選《もんぜん》』西都賦《せいとのふ》

雲蒸竜変《うんじょうりょうへん》

類義語 雲蒸竜騰《うんじょうりょうとう》

意味 雲がわき上がり、竜がそれに乗って天に昇るように英雄や豪傑が時を得て世に出て、大活躍することのたとえ。
＊「竜変」は「りゅうへん」とも読む。

用例
・雲蒸竜変の野望を抱く。
・将軍の雲蒸竜変を描いた物語。

出典 司馬遷《しばせん》『史記《しき》』彭越伝《ほうえつでん》

雲心月性《うんしんげっせい》

意味 清らかな雲のような心と、澄みきった月のように、世間の名誉や利益を求めず、無私無欲であること。＊「うんしんがっしょう」とも読む。

用例
・雲心月性の生活にあこがれる。
・煩悩だらけで、なかなか雲心月性とはいかない。
・雲心月性を求めて都会を離れる。

雲中白鶴《うんちゅうはっかく》

類義語 雲間《うんかん》之《の》鶴《つる》

意味 高潔で、品性・品格のある人物を、雲の中を飛翔する白い鶴にたとえていう言葉。俗世間から超越し、高く清らかな境地にある人。

用例
・彼は雲中白鶴の人で、我々のような俗人とは違う。
・先生は雲中白鶴のような人だった。
・雲中白鶴の境地には遠く及ばない。

雲泥万里《うんでいばんり》

類義語 雲泥《うんでい》之《の》差《さ》 天地雲泥《てんちうんでい》

意味 天上の雲と地上の泥ほどの差があるという意から、物事に大きな違いがあること。大変な差があること。＊「うんてんばってん」は「雲泥万里」が変化した語。

用例
・ライバルといわれていたが、実力は雲泥万里だ。
・自分の若い頃とは雲泥万里の違いだ。
・同じテーマの論文でも調べ方が雲泥万里だ。

運否天賦《うんぷてんぷ》

類義語 墜茵落溷《ついいんらくこん》

意味 運を天に任せること。運・不運は天によって決められているということ。＊「運否」は幸運と不運。「うんぴ」とも読む。「賦」は割り当てる、授けて与えるという意味。

用例
・人事は尽くした。後は運否天賦だ。
・先行きは不安だが、運否天賦でとにかく行ってみよう。
・これも運否天賦だと思ってあきらめる。

栄枯盛衰《えいこせいすい》

意味 栄えたり衰えたりすること。繁栄しているものも、いつかは衰退するということ。世の無常をいうこと。＊「栄枯」は草木が茂ることと枯れること。

用例 ・一族の栄枯盛衰を描いた物語。
・遺跡を訪れて人の世の栄枯盛衰を感じる。
・栄枯盛衰は世の常とはいえ、つらいことだ。

類義語 栄枯窮達《えいこきゅうたつ》 栄枯浮沈《えいこふちん》 盛者必衰《じょうしゃひっすい》 盛衰興亡《せいすいこうぼう》

郢書燕説《えいしょえんせつ》

意味 意味のないことをもっともらしく説明すること。＊郢の人からの手紙の誤った箇所を、燕の大臣がこじつけで解釈し実行したら、国がよく治まったという故事から。

用例 ・間違いを司会者が郢書燕説でうまくまとめてくれた。
・彼の解釈はほとんど郢書燕説だ。

出典 『韓非子《かんびし》』外儲説《がいちょぜい》

曳尾塗中《えいびとちゅう》

意味 窮屈な仕官生活より、貧しくても自由な方がいい。＊荘子《そうし》が「亀は死んで甲羅を尊ばれるより尾を泥の中に曳《ひ》いて生きる方がよい」と仕官を断った故事から。

用例 ・出世よりも曳尾塗中を選ぶ。
・宮仕えをやめて、田舎で曳尾塗中としよう。

出典 荘周《そうしゅう》『荘子《そうじ》』秋水《しゅうすい》

栄耀栄華《えいようえいが》

類義語 富貴栄華《ふうきえいが》

意味 権力や富を得て、今を盛りとおごり栄えること。また、贅《ぜい》を尽くした、派手な生活のたとえ。＊「栄耀」「栄華」ともに同じような意味。

用例
・栄耀栄華をほこった一族の末裔《まつえい》。
・金色堂《こんじきどう》に、奥州藤原氏《おうしゅうふじわらし》の栄耀栄華をしのぶ。
・この結婚式が一家の栄耀栄華の絶頂だった。

益者三友《えきしゃさんゆう》

対義語 損者三友《そんしゃさんゆう》

意味 有益な三種類の友人。第一に正直な人。第二に誠実で裏表のない人。第三に博学な人。＊損となる三種類の友人とあわせて「益者三友、損者三友」ともいう。

用例
・益者三友というが、自分にとって彼はまさにそれだ。
・一人で益者三友をかねたような人だ。

出典 『論語《ろんご》』季氏《きし》

依怙贔屓《えこひいき》

類義語 依怙偏執《えこへんしゅう》

対義語 一視同仁《いっしどうじん》

意味 公平でないこと。自分の気に入っている人や特定のものにかたよって目をかけること。＊「依怙」は頼りにする、一方の肩を持つという意味。

用例
・先生は特定の女子ばかり依怙贔屓をする。
・依怙贔屓をする上司は最悪だ。
・審査員の依怙贔屓で無理やり入賞させた。

会者定離《えしゃじょうり》

類義語 愛別離苦《あいべつりく》 盛者必衰《じょうしゃひっすい》 生者必滅《じょうしゃひつめつ》 朝有紅顔《ちょうゆうこうがん》

意味 出会った者にはいつか必ず別れがくるということ。世の中が無常であることを表す言葉。＊もと仏教語。「定」は必ずという意味。

用例
・会者定離は世の習いとはいえ、別れはつらい。
・会者定離と思ってあきらめる。

出典 『遺教経《ゆいきょうぎょう》』

越鳥南枝《えっちょうなんし》

類義語 胡馬北風《こばほくふう》

意味 故郷を忘れがたく、なつかしむこと。南方の越の国から渡ってきた鳥は、少しでも故郷に近い南向きの枝に巣をつくることから。

用例
・海外暮らしが長く、越鳥南枝の思いにかられる。
・彼が海辺に住みたがるのは越鳥南枝の類いだね。

出典 蕭統《しょうとう》『文選《もんぜん》』古詩十九首《こしじゅうきゅうしゅ》

得手勝手《えてかって》

類義語 我田引水《がでんいんすい》 勝手気儘《かってきまま》 手前勝手《てまえかって》 傍若無人《ぼうじゃくぶじん》

意味 わがままであること。他人の気持ちや立場を尊重しないで、自分の都合のよいように振る舞うこと。＊「得手」は、ここでは勝手気ままなこと。

用例
・彼の得手勝手は相変わらずだ。
・得手勝手なことをする人は、集団行動に向かない。
・得手勝手な性格を改めるよう指摘される。

蜿蜿長蛇《えんえんちょうだ》

類義語　紆余委蛇《うよいだ》

意味　行列などが曲がりくねって長く続いているようす。＊「蜿蜿」は、蛇がうねりながら行くさま。「蜿蜒」「蜒蜒」とも書く。「長蛇」は、長く並んでいるもののたとえ。

用例　・会場の前には蜿蜿長蛇の列ができていた。
・捕虜たちは蜿蜿長蛇、徒歩で移動させられた。

出典　『楚辞《そじ》』

鴛鴦之契《えんおうのちぎり》

類義語　鴛鴦交頸《えんおうこうけい》 偕老同穴《かいろうどうけつ》 琴瑟相和《きんしつそうわ》 比翼連理《ひよくれんり》

意味　夫婦の仲が非常によいこと。仲むつまじい夫婦の関係。＊「鴛鴦」はおしどりのこと。おしどりは常に雌雄一緒にいる、夫婦仲のよい鳥。

用例　・鴛鴦之契を結んだ二人。
・あの夫婦は鴛鴦之契が深い。

出典　干宝《かんぽう》『捜神記《そうじんき》』

遠交近攻《えんこうきんこう》

意味　遠い国と親交を結び近い国を攻める外交政策。＊中国の戦国時代に魏《ぎ》を追放された范雎《はんしょ》が秦《しん》の昭王《しょうおう》に進言した政策。「遠交近交」と書くのは誤り。

用例　・強硬な隣国に対し、遠交近攻の策をとる。
・遠交近攻よりも隣国と友好すべきだ。

出典　司馬遷《しばせん》『史記《しき》』范雎伝

燕雀鴻鵠《えんじゃくこうこく》

意味 大人物の志は小人物には理解できないこと。＊「燕雀」はツバメと雀《すずめ》、「鴻鵠」はオオトリとクグイでともに大きな鳥。「燕雀いずくんぞ鴻鵠の志を知らんや」の略。

用例 ・先生の志を聞き、燕雀鴻鵠と恐れ入った。
・燕雀鴻鵠だ、雑音は気にせずやり遂げてほしい。

出典 司馬遷《しばせん》『史記《しき》』陳渉世家《ちんしょうせいか》

遠水近火《えんすいきんか》

意味 遠く離れているものは、急場の役に立たないということ。遠くにある水は、近くの火事を消すのに役に立たないことから。＊「遠水は近火を救わず」の略。

用例 ・遠くの親類は遠水近火で、頼りにならない。
・遠水近火というから、彼ではなく私を頼ってくれ。

出典 『韓非子《かんぴし》』説林《ぜいりん》

円頂黒衣《えんちょうこくい》

意味 僧侶の姿のこと。
＊「円頂」は髪をそったまるい頭。坊主頭。また、僧侶のこと。「黒衣」は僧侶や尼僧が着る、墨染めの衣。

用例 ・円頂黒衣の僧が山門を入るのを見た。
・鎌倉《かまくら》で円頂黒衣の人を見かける。
・円頂黒衣の人は、静かに説教をはじめた。

円転滑脱《えんてんかつだつ》

意味 物事がぎくしゃくしないで滞りなく進むこと。物事にこだわらないこと。＊「円転」は丸く転がること。「滑脱」はよどむことなく自由自在に変化すること。

用例 ・円転滑脱な対応がうまい。
・円転滑脱な話術で丸く収まった。
・円転滑脱な人柄で、親しまれている。

類義語 円滑洒脱《えんかつしゃだつ》 軽妙洒脱《けいみょうしゃだつ》

鉛刀一割《えんとういっかつ》

意味 切れ味の悪い刀でも、一度だけなら物を断ち切る力があること。自分の力がないことを謙遜していう言葉。＊「鉛刀」は鉛でつくった切れ味の悪い刀。

用例 ・鉛刀一割かもしれませんが、がんばってみます。
・鉛刀一割とはとんでもない、すばらしい決着だった。

出典 『後漢書《ごかんじょ》』班超伝《はんちょうでん》

縁木求魚《えんぼくきゅうぎょ》

意味 誤った方法で目的を達成しようとすること。方法を誤ると成功できないことのたとえ。＊「木に縁《よ》りて魚を求む」とも訓読みする。

用例 ・縁木求魚の、このやり方ではうまくいくはずがない。
・この企画は縁木求魚もいいところだ。

出典 『孟子《もうし》』梁恵王《りょうけいおう》

類義語 敲氷求火《こうひょうきゅうか》

円満具足《えんまんぐそく》

類義語 完全無欠《かんぜんむけつ》 福徳円満《ふくとくえんまん》

意味 すべてが満ち足りていて、少しも不足がないこと。人柄が穏やかで円満なさま。＊「円満」は十分に満ち足りていること。「具足」は完全に備わっていること。

用例
・円満具足な解決策を模索する。
・家族と再会できた彼は円満具足な表情をしていた。
・円満具足な人柄で、敵がいない。

延命息災《えんめいそくさい》

類義語 無病息災《むびょうそくさい》

意味 寿命を延ばし、災いをとりのぞき、無事に過ごすこと。長寿と無事。＊「息災延命」ともいう。「息」はやむ、しずめるという意味。

用例
・神社に参詣し、ひたすらに延命息災を祈願する。
・病気を治し、延命息災で暮らしたい。
・祖母は梅干しを食べていれば延命息災だと思っている。

遠慮会釈《えんりょえしゃく》

対義語 傍若無人《ぼうじゃくぶじん》

意味 相手に対する思いやり。相手の意向を考えること。＊「会釈」はここでは相手に対する思いやりの意。「遠慮会釈がない」の形で、否定的に使われることが多い。

用例
・遠慮会釈もなく、自分の意見を言う。
・遠慮会釈なく他人の子を叱る。
・友人に対して遠慮会釈のないやつだ。

横行闊歩《おうこうかっぽ》

意味　大いばりで我が物顔に振る舞うこと。＊「横行」はほしいままに行うこと。「闊歩」は大またで堂々と歩くところから、いばって勝手気ままに行動することをいう。

用例　・いいかげんなやつらが横行闊歩する世の中。
・権力者の身内というだけで横行闊歩している。
・派手な服を着て大通りを横行闊歩している。

類義語　横行暴桀《おうこうごうけつ》　横行覇道《おうこうはどう》　横行跋扈《おうこうばっこ》　跳梁跋扈《ちょうりょうばっこ》

椀飯振舞《おうばんぶるまい》

意味　景気よく盛大にもてなすこと。＊「椀飯」は人をもてなすための食膳。もとは江戸時代の正月の行事で、一家の主人が親類縁者を招いて催した宴会のこと。「大飯」と書くのは誤り。「大盤振舞」とも書く。

用例　・そんな椀飯振舞をして、大丈夫か。
・祝賀会はずいぶんと椀飯振舞だった。

岡目八目《おかめはちもく》

意味　当事者よりもはたで見ている者の方が冷静に判断できること。＊「傍目《おかめ》」とも書く。囲碁で、他人の打っている碁をはたで見ている者の方が、対局者よりも冷静に見ることができ、八目先の手まで読めるという意から。

用例　・岡目八目だから、当事者でない君の意見を聞きたい。
・岡目八目で、自分のことはわからないものだ。

屋上架屋《おくじょうかおく》

類義語 屋下架屋《おくかかおく》 画蛇添足《がだてんそく》 牀上施牀《しょうじょうししょう》 頭上安頭《とうじょうあんとう》

意味 無駄なこと、余計なことを重ねて行うたとえ。屋根の上に屋根を架けるという意から。＊「屋上に屋《や》を架《か》す」と訓読する。この語が転じた四字熟語。

用例 ・計画の屋上架屋なところを見直す必要がある。
・屋上架屋かもしれないが、あらためて説明する。

出典 『世説新語《せせつしんご》』文学《ぶんがく》

温厚篤実《おんこうとくじつ》

類義語 温柔敦厚《おんじゅうとんこう》 温良篤厚《おんりょうとっこう》

意味 人柄が穏やかで情が深く、誠実で優しいこと。＊「温厚」は穏やかで情け深いようす。「篤実」は情が深く誠実なこと。「篤実温厚」とも使う。

用例 ・温厚篤実な人柄で、皆に好かれている。
・温厚篤実な彼が、珍しく怒りをあらわにした。
・温厚篤実と見せかけて、実はくせ者だ。

温故知新《おんこちしん》

類義語 鑑往知来《かんおうちらい》 覧古考新《らんここうしん》

対義語 記問之学《きもんのがく》

意味 昔のことを研究することで、新しい知識や見解を得ること。＊孔子《こうし》が師の資格として述べた言葉。「温」はたずねるという意味。「故」を「古」と書くのは誤り。

用例 ・温故知新の気持ちで、古典を読む。
・世界遺産をめぐる旅で、温故知新を実感する。

出典 『論語《ろんご》』為政《いせい》

音信不通《おんしんふつう》

類義語 消息不明《しょうそくふめい》

意味 電話や手紙による連絡がなく、消息が全くわからないこと。交際が全くないこと。＊「音信」は連絡、便り。「いんしん」とも読む。

用例 ・大喧嘩《おおげんか》して以来、彼女とは音信不通だ。
・海外旅行に出た弟が音信不通で、心配だ。
・兄が上京してから、音信不通のまま五年がたつ。

温凊定省《おんせいていせい》

類義語 扇枕温衾《せんちんおんきん》 冬温夏凊《とうおんかせい》

意味 子どもが親に孝行を尽くすこと。＊「温凊」は冬は温かく、夏は涼しく過ごせるようにしてやること。「定省」は寝具を調え、機嫌を伺うこと。「温清」と書くのは誤り。

用例 ・息子の温凊定省に感謝する。
・妻の温凊定省ぶりに感心する。

出典 『礼記《らいき》』曲礼《きょくらい》

怨憎会苦《おんぞうえく》

対義語 愛別離苦《あいべつりく》

意味 怨《うら》み憎んでいる人とも会わなければならない苦しみ。会いたくないのに会わねばならないつらさ。＊仏教でいう「八苦」の一つ。「八苦」は「生・老・病・死」と「愛別離苦・怨憎会苦・求不得苦《ぐふとくく》・五陰盛苦《ごおんじょうく》」をいう。

用例 ・怨憎会苦から逃れられないのが宮仕えのつらさだ。
・慈愛の心を持てば、怨憎会苦はなくなるはずだ。

音吐朗朗《おんとろうろう》

類義語 音吐晴朗《おんとせいろう》

意味 発声がさわやかで、声量が豊かであること。＊「音吐」は詩や文章などを読む声。「朗朗」は声が清らかに澄んでいて、高くはっきりと聞こえること。

用例
・先生の朗読の声は音吐朗朗と響きわたった。
・音吐朗朗たる演説ぶりが見事だった。
・自作の詩を音吐朗朗と読み上げた。

乳母日傘《おんばひがさ》

意味 子どもが大切に育てられること。過保護に育てられること。乳母がついて、外出のときには日傘がさしかけられることから。
＊「おんばひからかさ」とも読む。

用例
・乳母日傘で育てられたので世間知らずだ。
・あそこまで純粋なのは乳母日傘で育ったからだね。
・乳母日傘で大きくなったやつとは育ちが違う。

厭離穢土《おんりえど》

対義語 欣求浄土《ごんぐじょうど》

意味 煩悩に汚れた俗世を嫌って離れること。＊仏教語。「厭離」はいやだと思って離れること。「穢土」は穢《けが》れた国土。「えんりえど」とも読む。

用例
・厭離穢土の心を起こして出家する。
・厭離穢土と思うものの、なかなか世を捨てられない。

出典 源信《げんしん》『往生要集《おうじょうようしゅう》』序《じょ》

【か行】

会稽之恥《かいけいのはじ》

類義語 臥薪嘗胆《がしんしょうたん》

意味 戦いに敗れた恥。また、他人から受けた忘れることができない屈辱。＊中国の春秋時代《しゅんじゅうじだい》、越王勾践《えつおうこうせん》が呉王夫差《ごおうふさ》と戦って会稽山で負け、辱めを受けたという故事から。

用例 ・負け続けた相手にようやく勝ち、会稽之恥をすすいだ。

出典 司馬遷《しばせん》『史記《しき》』越世家《えつせいか》

開口一番《かいこういちばん》

意味 話し始めるや否や。口を開けるとすぐに。＊「開口」は口を開くこと。話を始めること。「一番」は、ここでは最初に、という意味。

用例 ・帰ってくると開口一番、「疲れた」とうなだれた。
・開口一番、ずけずけと文句を言った。

外交辞令《がいこうじれい》

類義語 社交辞令《しゃこうじれい》

意味 相手に外交上好感を抱かせるような、愛想のいい言葉。表面を繕って言う口先だけの言葉。＊「辞令」は人と応対するときの形式的な言葉、あいさつ。

用例 ・彼の言葉は外交辞令にすぎず、誠意が感じられない。
・外交辞令だと思いつつ、悪い気はしなかった。

解語之花《かいごのはな》

意味 美人であること。言葉を理解する花、ものを言う花ということから。＊唐《とう》の玄宗《げんそう》皇帝が楊貴妃《ようきひ》をさしていったという故事による。

用例
・彼女は上品で華やかで、解語之花と呼ぶにふさわしい方だ。
・道を歩けば誰もが振り返る、まさに解語之花だ。

出典 王仁裕《おうじんゆう》『開元天宝遺事《かいげんてんぽういじ》』

鎧袖一触《がいしゅういっしょく》

意味 敵を簡単にうち負かしてしまうこと。鎧《よろい》の袖が触れただけで相手をあっという間に倒してしまうということから。＊「鎧袖」は戦いのときに武将が身に着けた鎧の袖。

用例
・鎧袖一触の圧勝で、つけ入る隙も与えなかった。
・鎧袖一触だろうと油断してはいけない。

出典 頼山陽《らいさんよう》『日本外史《にほんがいし》』

対義語 勢力伯仲《せいりょくはくちゅう》

外柔内剛《がいじゅうないごう》

意味 外見は柔和に見えても、内面はしっかりしていて、意志が強いこと。態度は穏やかでも、しんが強いこと。＊「内剛外柔」ともいう。

用例
・一見おとなしそうだが、外柔内剛でしっかりした人だ。
・外柔内剛で、ああ見えて頑固なところがある。

出典 『唐書《とうじょ》』盧坦伝《ろたんでん》

類義語 外円内方《がいえんないほう》 外寛内明《がいかんないめい》 外柔中剛《がいじゅうちゅうごう》

対義語 外剛内柔《がいごうないじゅう》 内柔外剛《ないじゅうがいごう》

街談巷説《がいだんこうせつ》

類義語 街談巷議《がいだんこうぎ》 道聴塗説《どうちょうとせつ》 流言蜚語《りゅうげんひご》

意味 つまらない世間の噂《うわさ》話。ちまたの噂。似た言葉を重ねて意味を強調している。＊「街談」「巷説」ともに街の中でささやかれる世間話。

用例 ・週刊誌が扱う街談巷説。
・街談巷説に惑わされてはいけない。

出典 『漢書《かんじょ》』芸文志《げいもんし》

快刀乱麻《かいとうらんま》

類義語 一刀両断《いっとうりょうだん》 破邪顕正《はじゃけんしょう》

意味 こじれた面倒なことを、あざやかに手際よく解決すること。＊「快刀」は切れ味のよい刀。「乱麻」はもつれた麻の糸。もつれた糸を断ち切る、「快刀乱麻を断つ」の略。

用例 ・快刀乱麻の勢いで数々の難問を解決した。
・豪腕投手の快刀乱麻を断つ力投。

出典 『北斉書《ほくせいしょ》』文宣帝紀《ぶんせんていき》

槐門棘路《かいもんきょくろ》

意味 政府の最高の地位の人。＊古代中国で、槐《えんじゅ》や棘《いばら》を植え、三公《さんこう》（最高の地位にあって天子を補佐する三人）と九卿《きゅうけい》（九つの主要官職）の座を決めたところから。

用例 ・槐門棘路の面々がそろう。
・関係悪化の責任は槐門棘路すべてにある。
・代々槐門棘路を務めた家柄。

怪力乱神《かいりきらんしん》

意味 理性では説明できない不思議な現象や存在。＊「かいりょくらんしん」とも読む。「怪」は不思議な事柄。「力」は強い力。「乱」は正道を乱すこと。「神」は鬼神。

用例 ・怪力乱神を語りたがる人は、信用できない。
・怪力乱神の類は一切信じない。

出典 『論語《ろんご》』述而《じゅつじ》

偕老同穴《かいろうどうけつ》

類義語 鴛鴦《えんおう》之《の》契《ちぎり》 琴瑟相和《きんしつそうわ》 百年偕老《ひゃくねんかいろう》 比翼連理《ひよくれんり》

意味 夫婦が仲むつまじく、生涯添い遂げること。夫婦がともに老い、同じ墓穴に入るということから。＊「偕老」はともに老いること。「同穴」は墓を同じくすること。

用例 ・結婚式で偕老同穴を誓う。
・なかなか偕老同穴とまでは続かないものだ。

出典 『詩経《しきょう》』邶風《はいふう》・撃鼓《げきこ》／王風《おうふう》・大車《たいしゃ》

下学上達《かがくじょうたつ》

類義語 下学《かがく》之《の》功《こう》

意味 初歩的なところから学び、次第に深い真理にまで進み、学問を達成すること。＊「下学して上達す」とも訓読みする。「下学」は手近なことを学ぶ意。

用例 ・下学上達を心がけて研究に励みなさい。
・下学上達するには、まず基礎が大切だ。

出典 『論語』憲問《けんもん》

かかくのあらそい

蝸角之争

類義語 蝸牛角上《かぎゅうかくじょう》 蛮触之争《ばんしょくのあらそい》

意味 ささいなことで争うことのたとえ。＊「蝸角」はカタツムリの触角。極めて小さな世界のことをいう。カタツムリの左の角と右の角にある国が争ったという寓話《ぐうわ》から。

用例
・部内の蝸角之争に嫌気がさす。
・大事を前に蝸角之争をしている場合ではない。

出典 荘周《そうしゅう》『荘子《そうじ》』則陽《そくよう》

かかたいしょう

呵呵大笑

類義語 抱腹絶倒《ほうふくぜっとう》

対義語 破顔一笑《はがんいっしょう》

意味 からからと大きな声で笑うこと。豪快な笑いを表現するときに使うことが多い。＊「呵呵」は大声で笑うさま。「大笑」は「だいしょう」とも読む。

用例
・真相を聞くと、彼は天を仰いで呵呵大笑した。
・口論の後、互いに呵呵大笑して気持ちよく別れた。

出典 道原《どうげん》『景徳伝灯録《けいとくでんとうろく》』

かくぶつちち

格物致知

類義語 格物究理《かくぶつきゅうり》

意味 物事の真理を探究し、学問や知識を習得すること。＊「格物」は「ものにいたる」と読み、真理を究明してその極に至ろうとすること。「致」は極めること。

用例
・大学とは本来、格物致知の場であるべきだ。
・格物致知の精神を忘れずに研究に励む。

出典 『礼記《らいき》』大学《だいがく》

加持祈禱《かじきとう》

意味 病気や災難から逃れるために仏に祈り、その加護を受けること。＊「加持」は仏が衆生を守ること。「加護」と同義。「祈禱」は仏の加護を求めて祈ること。

用例
・ふだんは信仰心などないのに、加持祈禱を頼んだ。
・加持祈禱しても効験がない。
・医学が未熟だった頃は加持祈禱に頼るしかなかった。

家書万金《かしょばんきん》

意味 異国や旅先では、家族からの手紙は何ものにも勝るということ。＊杜甫《とほ》の詩の一節「家書万金に抵《あた》る」から。「家書」は家からの手紙。「万金」は多額の金。

用例
・赴任先で妻からの家書万金の便りを受け取る。
・家書万金となるよう、父に毎月手紙を書く。

出典 杜甫「春望《しゅんぼう》」

臥薪嘗胆《がしんしょうたん》

意味 目的達成のため、長い間苦難に耐えること。＊中国の春秋《しゅんじゅう》時代、夫差《ふさ》が薪の上に寝て身を苦しめ、また、勾践《こうせん》が苦い胆《きも》を嘗《な》めて復讐《ふくしゅう》心を忘れまいとした故事から。

用例
・臥薪嘗胆の末、オリンピックで金メダルをとった。
・今は臥薪嘗胆の時期と励ましあって耐える。

出典 司馬遷《しばせん》『史記《しき》』越世家《えつせいか》

類義語 越王之恥《えつおうのはじ》 会稽之恥《かいけいのはじ》 坐薪懸胆《ざしんけんたん》

佳人薄命《かじんはくめい》

類義語 紅顔薄命《こうがんはくめい》 才子多病《さいしたびょう》 美人薄命《びじんはくめい》

意味 美しい女性は不幸になりがちであるということ。また、美人は短命であるということ。＊「佳人」は美人のこと。「薄命」は薄幸であること。また、短命であること。

用例 ・佳人薄命というが、運が悪すぎる。
・彼女の訃報を聞き、佳人薄命と皆が思った。

出典 蘇軾《そしょく》「薄命佳人《はくめいかじん》」

嘉辰令月《かしんれいげつ》

類義語 黄道吉日《こうどうきちにち》 大安吉日《たいあんきちじつ》

意味 めでたい月日。よい日、よい月。＊「嘉」「令」ともに、よいという意味。「辰」は「日」を意味する。「嘉辰」を「喜辰」と書くのは誤り。

用例 ・嘉辰令月を決めて結婚式を挙げる。
・嘉辰令月とは今日のような日をいうのだろうと思った。
・嘉辰令月に人々から出発を祝ってもらう。

火中之栗《かちゅうのくり》

意味 危険な目にあうのを承知で介入すること。また、自分の利益にならないのに、他人のために危険をおかすこと。＊猿が猫をおだてていろりの中の栗を拾わせ、猫が大やけどをしたというフランスの寓話《ぐうわ》から。

用例 ・火中之栗を拾うようなまねはしない方がいい。
・火中之栗を拾っただけなのに逆うらみされた。

花鳥諷詠《かちょうふうえい》

意味 自然の移り変わりと、それに関わる人間のありさまを、見たまま客観的に詩歌に詠むこと。＊「花鳥」は花や鳥などの自然。高浜虚子《たかはまきょし》が提唱した近代俳句の理念。

用例 ・花鳥諷詠を旨とする俳句を詠んだ俳人。
・花鳥諷詠を論じた著作。
・単なる花鳥諷詠にあきたらなくなる。

花鳥風月《かちょうふうげつ》

類義語 琴歌酒賦《きんかしゅふ》 春花秋月《しゅんかしゅうげつ》 雪月風花《せつげつふうか》 風流韻事《ふうりゅういんじ》

意味 四季折々の自然の風物。また、それを鑑賞すること。＊花、鳥、風、月は古来から日本人が詩歌や画題とした代表的な自然の風物。

用例 ・花鳥風月を友とした歌人の歌を鑑賞する。
・花鳥風月を愛《め》でるひとときを大切にしたい。
・花鳥風月に親しむ場所が都会にはない。

隔靴掻痒《かっかそうよう》

類義語 隔靴爬痒《かっかはよう》
対義語 麻姑掻痒《まこそうよう》

意味 物事が思い通りに進まず、じれったいこと。＊靴の上からかゆいところを掻《か》くように、思うようにならないことから。「靴を隔てて痒《かゆ》きを掻く」とも訓読みする。

用例 ・彼のやり方は隔靴掻痒だ。
・あんな説明の仕方では隔靴掻痒で伝わらない。

出典 道原《どうげん》『景徳伝灯録《けいとくでんとうろく》』

確乎不抜《かっこふばつ》

類義語 旗幟鮮明《きしせんめい》 堅忍不抜《けんにんふばつ》
志操堅固《しそうけんご》

意味 意志がしっかりしていて動揺しないこと。＊「確乎」はしっかりしているようす。「確固」とも書く。「不抜」は固くて抜けない、動かせないこと。

用例 ・彼は最後まで確乎不抜の精神で自説を貫いた。
・確乎不抜の意志で事業をやり遂げた。

出典 『易経《えききょう》』乾《けん》・文言伝《ぶんげんでん》

活殺自在《かっさつじざい》

類義語 生殺与奪《せいさつよだつ》

意味 生かすも殺すも思いのままであること。思い通りに人を動かすこと。＊「活殺」は生かすことと殺すこと。「自在」は意のままであること。

用例 ・党員は党首の活殺自在だ。
・社長になってから活殺自在に社員を操っている。
・権力をかさに着た活殺自在のやり方はよくない。

合従連衡《がっしょうれんこう》

類義語 雲集霧散《うんしゅうむさん》 合従連横《がっしょうれんおう》
縦横之言《じゅうおうのげん》 蘇張之弁《そちょうのべん》

意味 時流によっていくつかの勢力が互いに手を組んだり離れたりすること。＊「合従」「連衡」ともに、中国の戦国時代、秦《しん》を中心に結ばれた諸国の同盟。

用例 ・政権を取るためだけに合従連衡している。
・近隣諸国と合従連衡しつつ、国益をはかる。

出典 司馬遷《しばせん》『史記《しき》』孟子伝《もうしでん》

活潑潑地《かっぱつはっち》

意味 気力が充実し、生き生きと活気にあふれているようす。勢いが盛んなようす。＊「潑」は水をそそぐこと。勢いがいいこと。「地」は助字。「かっぱつぱっち」とも読む。

用例 ・新天地で活潑潑地の活躍だそうだ。
・登場人物が活潑潑地に躍動する小説。

出典 朱子《しゅし》『中庸章句《ちゅうようしょうく》』

我田引水《がでんいんすい》

類義語 得手勝手《えてかってて》 勝手気儘《かってきまま》
牽強付会《けんきょうふかい》 自画自賛《じがじさん》

意味 周囲のことを考えず、自分の利益になるように取りはからうこと。自分に都合のいいような言動をすること。＊自分の田にだけ水を引き入れるということから。

用例 ・彼の説は我田引水だとそしりを受けた。
・我田引水な態度だから誰もついてこない。
・経験が浅いとどうしても我田引水に陥りがちだ。

瓜田李下《かでんりか》

類義語 悪木盗泉《あくぼくとうせん》 瓜田之履《かでんのくつ》
李下之冠《りかのかんむり》

意味 疑われるような行為はしてはいけないというたとえ。
＊「瓜田に履を納《い》れず、李下に冠を整《ただ》さず」の「瓜田」と「李下」を合わせた語。

用例 ・瓜田李下というから、満員電車では注意した方がいい。
・瓜田李下をものともせず、大胆な行動をとる。

出典 『古楽府《こがふ》』君子行《くんしこう》

画竜点睛《がりょうてんせい》

意味 最後の仕上げ。物事の肝心なところ。＊中国で絵の名手が、壁にかいた竜に睛《め》を入れたら、たちまち雲に乗って昇天したという故事から。「仕上げを欠いたせいで不完全なものになっている」という意味で「画竜点睛を欠く」と用いられることが多い。

類義語 点睛開眼《てんせいかいげん》

用例 ・力作だが、仕上げの雑さが画竜点睛を欠いている。

出典 『歴代名画記《れきだいめいがき》』

迦陵頻伽《かりょうびんが》

意味 声が非常に美しいことのたとえ。＊極楽浄土にいるという、美しい声で法を説くとされる想像上の鳥の名から。上半身は美女、下半身は鳥の姿をしている。

用例 ・迦陵頻伽のようなさえずりを聞く。
・若い頃は迦陵頻伽の歌声と評された。
・外側に迦陵頻伽を描いた蒔絵《まきえ》箱。

苛斂誅求《かれんちゅうきゅう》

意味 税金や借金などを情け容赦なく取り立てること。＊「苛斂」は苛酷に取り立てること。「誅求」は責め求めること。略して「苛求」ともいう。

類義語 苛政猛虎《かせいもうこ》 頭会箕斂《とうかいきれん》 賦斂之毒《ふれんのどく》

用例 ・借金の取り立てが苛斂誅求を極める。
・苛斂誅求の苦しみに耐えかね、ついに一揆《いっき》が起きた。
・苛斂誅求型の役人の代表のような人物だ。

夏炉冬扇《かろとうせん》

類義語　六菖十菊《りくしょうじゅうきく》

意味　時期外れで、役に立たないもののたとえ。暑い夏の火鉢と寒い冬の扇が役に立たないことから。

用例
・今となっては夏炉冬扇となってしまった大ホール。
・花見の怪談会なんて夏炉冬扇のようなイベントだ。
・落ち目の俳優の真似なんて夏炉冬扇の一発芸だ。

出典　王充《おうじゅう》『論衡《ろんこう》』逢遇《ほうぐう》

間雲孤鶴《かんうんこかく》

類義語　閑雲野鶴《かんうんやかく》　琴歌酒賦《きんかしゅふ》
悠悠自適《ゆうゆうじてき》

意味　俗世の煩わしさを超越し、自然の中で何ものにも束縛されず、思いのままに暮らす境地のこと。＊雲の間を群れを離れて一羽で飛ぶ鶴の境地。

用例
・祖父は八十を過ぎた間雲孤鶴の人で、会うと癒やされる。
・定年を前に間雲孤鶴の志が深くなってきた。
・間雲孤鶴と言いたいところだが、僕はただの暇人だ。

閑雲野鶴《かんうんやかく》

類義語　間雲孤鶴《かんうんこかく》　琴歌酒賦《きんかしゅふ》
悠悠自適《ゆうゆうじてき》

意味　何事にも束縛されず、のびのびと自由気ままな生活を送ること。
＊「閑雲」はしずかに空に浮かぶ雲。「野鶴」は野原に遊ぶ鶴のこと。

用例
・後年、彼は閑雲野鶴の身となった。
・かつて閑雲野鶴だった弟も結婚後は真面目な社会人だ。
・彼は閑雲野鶴の詩人だから、世事に動じない。

感慨無量《かんがいむりょう》

類義語 感慨一入《かんがいひとしお》

意味 感慨が量ることができないほど大きいということ。感動で胸がいっぱいになること。＊「感慨」は、しみじみと心に深く感じ入ること。「感無量」と略してもいう。

用例
・あの困難をよく乗り越えられたと感慨無量だ。
・娘の晴れ姿を見て父は感慨無量な表情を浮かべた。
・三十周年を迎えることができ、感慨無量だ。

鰥寡孤独《かんかこどく》

類義語 鰥寡惸独《かんかけいどく》 形影相隣《けいえいそうりん》 孤影悄然《こえいしょうぜん》 天涯孤独《てんがいこどく》

意味 身寄りのない人。＊「鰥」は妻を失った夫、「寡」は夫を失った妻、「孤」は親のない子、「独」は子のない老人。

用例
・鰥寡孤独な人だから、気にかけてあげなさい。
・財産はあるが、鰥寡孤独でやりきれない。
・鰥寡孤独で貧しい人を救うために活動している。

出典 『孟子《もうし》』梁恵王《りょうけいおう》

轗軻不遇《かんかふぐう》

意味 時世に恵まれず、世間に認められないでいること。志を果たせず、出世できないでいること。＊「轗軻」は車が思うように進まないことから、世間に認められないこと。

用例
・彼は轗軻不遇の身の上を切々と訴えた。
・学校を中退してから轗軻不遇で苦労している。
・その作家は終生轗軻不遇だった。

侃侃諤諤《かんかんがくがく》

類義語　諤諤《がくがく》之《の》臣《しん》　議論《ぎろん》百出《ひゃくしゅつ》　談論《だんろん》風発《ふうはつ》　百家《ひゃっか》争鳴《そうめい》

意味　正しいと思うことを遠慮なく堂々と主張すること。また、盛んに議論するようす。＊「侃侃」は信念を曲げないこと。「諤諤」ははばかることなく言うこと。

用例
・侃侃諤諤と抗議するばかりが能じゃない。
・株主総会の会場は侃侃諤諤だった。
・侃侃諤諤で会議は白熱したが、結論は出なかった。

緩急自在《かんきゅうじざい》

類義語　一張一弛《いっちょういっし》

意味　速度や勢いなどを自由自在に変えること。物事を自由自在に操ること。＊「緩急」はゆるやかなことと急なこと。遅いことと速いこと。

用例
・あの投手は緩急自在の投球で、打ちにくい。
・彼は緩急自在の巧みな話術で人心掌握に長《た》けている。
・緩急自在で人をあきさせない舞踏作品。

汗牛充棟《かんぎゅうじゅうとう》

類義語　載籍浩瀚《さいせきこうかん》　擁書万巻《ようしょばんかん》

意味　蔵書が非常に多いことのたとえ。また、多くの書物のこと。＊車に乗せて引くと牛が汗を流すほどの重さがあり、積むと家の棟に届くほどの多さがあるということから。

用例
・先生の自宅の書斎は汗牛充棟だ。
・引っ越しにあたり、汗牛充棟の一角を処分することになった。

出典　柳宗元《りゅうそうげん》「陸文通先生墓表《りくぶんつうせんせいぼひょう》」

頑固一徹《がんこいってつ》

意味 自分の考えや態度を変えず、あくまで押し通すようす。非常に頑固なこと。また、そのような人。＊「一徹」は思ったことを一筋に押し通すこと。

用例
・祖父は頑固一徹の生涯を送った。
・上司は頑固一徹で、説得するのが大変だ。
・先生は頑固一徹の学者だ。

眼光炯炯《がんこうけいけい》

類義語 双眸炯炯《そうぼうけいけい》

意味 眼光が鋭く光り輝くようす。観察力・洞察力がすぐれているようす。＊「炯炯」は鋭く光ること。光が輝くようす。「眼光炯炯として人を射る」などと使う。

用例
・眼光炯炯として、人を圧倒する。
・眼光炯炯で、学問も優秀だ。
・眼光炯炯の刑事が見張っている。

眼光紙背《がんこうしはい》

類義語 紙背之意《しはいのい》 熟読玩味《じゅくどくがんみ》

意味 書物をよく読み、その内容を奥深く理解すること。読書の理解力が優れて深いこと。＊「眼光紙背に徹す」の略。「紙背」は書物の紙の裏。

用例
・眼光紙背に徹するまで読み込んだ座右の書。
・眼光紙背に徹した書論が評判になる。
・待望の新刊を眼光紙背に徹するまで読んだ。

眼高手低《がんこうしゅてい》

類義語 志大才疎《しだいさいそ》

意味 ものを見る目は高いが、ものを作り出す能力や技術が低いこと。また、理想ばかり高く、実行する力や技術が伴わないこと。
＊「眼高く手低し」と読む。

用例
・彼は眼高手低なので、作家より批評家向きだ。
・博学だが、絶えず自分の眼高手低を嘆いている。
・理想が高いのは立派だが、どうも眼高手低のようだ。

換骨奪胎《かんこつだったい》

類義語 点鉄成金《てんてつせいきん》

対義語 活剝生呑《かっぱくせいどん》

意味 古人の詩文をまねつつ新しい工夫をして独自の作品を作ること。古い作品をもとに新しく作品を作ること。＊骨を換え、胎盤を取って自分の物として使うことから。

用例
・中国古典を巧みに換骨奪胎した小説。
・この案は前任者のものを換骨奪胎しただけじゃないか。

出典 『冷斎夜話《れいさいやわ》』

冠婚葬祭《かんこんそうさい》

意味 慶弔の儀式のこと。「冠」は元服、「婚」は結婚、「葬」は葬式、「祭」は祖先の祭祀《さいし》で、日本古来の四つの重大な礼式のこと。

用例
・親戚と会うのは冠婚葬祭のときくらいだ。
・冠婚葬祭のマナーについて書かれた本を買う。
・冠婚葬祭に向いた服がないので、スーツを新調した。

出典 『礼記《らいき》』礼運《れいうん》

関雎之化
かんしょのか

意味 夫婦の仲がよくて礼儀正しいこと。＊「関」は「関関」の略で、和らいでいること。「雎」は「雎鳩《しょきゅう》」の略。雌雄の仲がよいという水鳥のミサゴのこと。

用例
・兄夫婦は関雎之化で、あやかりたい。
・夫婦が関雎之化だと、子もよく育つ。

出典 『詩経《しきょう》』周南《しゅうなん》・関雎《かんしょ》

寛仁大度
かんじんたいど

類義語 寛洪大量《かんこうたいりょう》 闊達大度《かったつたいど》

意味 心が広く、慈悲深いこと。情けが深く度量が大きいこと。＊「寛仁」は心が広いこと。「大度」は度量が大きく、小さなことにこだわらないこと。「態度」と書くのは誤り。

用例
・人の上に立つ人物は、寛仁大度であるべきだ。
・彼は寛仁大度だから、許してくれるだろう。

出典 『漢書《かんじょ》』高帝紀《こうていき》

韓信匍匐
かんしんほふく

類義語 韓信之股《かんしんのまた》

意味 大望を成すために目前の恥を耐え忍ぶということ。＊「匍匐」は腹ばいで這《は》うこと。前漢《ぜんかん》の韓信が、若いときに受けた匍匐の辱しめに耐え、大将軍となった故事から。

用例
・馬鹿にされても韓信匍匐で自分の目的を達成した。
・いじめられても韓信匍匐を貫くことが将来のためだ。

出典 司馬遷《しばせん》『史記《しき》』淮陰侯伝《わいいんこうでん》

勧善懲悪《かんぜんちょうあく》

類義語 遏悪揚善《あつあくようぜん》 勧奨懲誡《かんしょうちょうかい》
破邪顕正《はじゃけんしょう》 撥乱反正《はつらんはんせい》

意味 善い行いをほめて勧め、悪事を行う者を懲らしめること。
＊小説や芝居などで、最後には善が栄え、悪は滅びるという筋書きなどをいう。

用例 ・勧善懲悪の社会を目指し、司法の道へ進んだ。
・時代劇には勧善懲悪の話が多い。

出典 左丘明《さきゅうめい》『春秋左氏伝《しゅんじゅうさしでん》』成公《せいこう》十四年

完全無欠《かんぜんむけつ》

類義語 円満具足《えんまんぐそく》 完美無欠《かんびむけつ》
金甌無欠《きんおうむけつ》 全知全能《ぜんちぜんのう》

意味 完璧であること。どこから見ても全く欠点や不足がないこと。
＊「完全」も「無欠」も同じような意味。同義語を重ねて強調していう語。

用例 ・完全無欠な選手で、比肩する者がいない。
・完全無欠すぎて、おもしろくない。
・完全無欠を求め過ぎると、仕事が進まない。

官尊民卑《かんそんみんぴ》

意味 政府や役人を尊んで、民間の人やものを見下し、卑しむこと。
＊「官」は政府や官庁の役人のこと。国家に関わる人やものをさす。「民」は民間人や民間企業。

用例 ・官尊民卑の風潮が残っている社会。
・官尊民卑の弊害が出てきている。
・上司の官尊民卑の姿勢を批判する。

冠帯之国《かんたいのくに》

意味 礼儀に厚い国。文明国。かつては野蛮な外国（夷狄《いてき》）に対する中国のことをさしてこういった。＊「冠帯」は、冠を着け、帯を結んだ礼儀に厚い服装。

用例 ・古代中国のことを冠帯之国と呼んだ。
・冠帯之国といわれるだけあって儀式がおごそかだ。
・冠帯之国などといって形式ばっている。

肝胆相照《かんたんそうしょう》

意味 心の底まで理解しあっている間柄。また、そのような深いつきあい。＊「肝胆」は肝臓と胆のう。心の奥底を意味する。「相照」は「相照《あいて》らす」とも訓読みする。

用例 ・正岡子規《まさおかしき》と夏目漱石《なつめそうせき》は肝胆相照の友人だった。
・知り合いになるとすっかり肝胆相照となった。

出典 『故事成語考《こじせいごこう》』

邯鄲之夢《かんたんのゆめ》

類義語 一炊之夢《いっすいのゆめ》 邯鄲之枕《かんたんのまくら》 南柯之夢《なんかのゆめ》 盧生之夢《ろせいのゆめ》

意味 人生の栄枯盛衰がはかないことのたとえ。＊邯鄲という町で、貧しい青年が道士から枕を借りて仮眠すると、出世して栄華を極め一生を送る夢を見たが、目覚めてみると、ほんのわずかな時間であったという故事から。

用例 ・かつての栄光も振り返ると邯鄲之夢にすぎない。

出典 『枕中記《ちんちゅうき》』

眼中之釘

がんちゅうのくぎ

類義語 眼中之刺《がんちゅうのし》 眼中之丁《がんちゅうのてい》

意味 眼《め》の中にある釘。邪魔者や、障害となるもののたとえ。身近にあってわざわいとなるもの。＊「眼中之釘を抜く」の形で使うことが多い。

用例
・彼さえいなければ一番になれるのに、眼中之釘だ。
・面倒な隣人が転居し、眼中之釘が抜けてほっとした。
・眼中之釘を抜くために、思い切った行動に出る。

歓天喜地

かんてんきち

類義語 歓欣鼓舞《かんきんこぶ》 狂喜乱舞《きょうきらんぶ》 欣喜雀躍《きんきじゃくやく》 手舞足踏《しゅぶそくとう》

意味 大喜びすること。＊「歓天」は天に向かって歓《よろこ》ぶこと。「喜地」は地に向かって喜ぶこと。「天に歓び地に喜ぶ」とも訓読みする。

用例
・優勝の瞬間はまさに歓天喜地だった。
・訪問先で歓天喜地の歓迎を受けた。
・皆が期待する歓天喜地の瞬間を、写真に残したいと思う。

出典 『水滸伝《すいこでん》』

旱天慈雨

かんてんじう

類義語 大旱慈雨《たいかんじう》

意味 困っているときに救いの手がさしのべられる。また、待ち望んでいたものが手に入る。＊「旱天」は「干天」とも書き、日照りのこと。

用例
・資金繰りが苦しいところ、旱天慈雨の申し出に感謝する。
・会社にとって旱天慈雨の事業となった。
・民衆は不況打開の策を旱天慈雨のように待っている。

環堵蕭然《かんとしょうぜん》

意味 家が非常にみすぼらしく、狭いこと。＊「環堵」は、小さな家。狭い家。貧しい家。「堵」は家をとりまく垣根のこと。「蕭然」はもの寂しいようす。

用例
・環堵蕭然としたあばら家に暮らす。
・環堵蕭然とはいえ、楽しい我が家だ。

出典 陶潜《とうせん》「五柳先生伝《ごりゅうせんせいでん》」

艱難辛苦《かんなんしんく》

類義語 艱難苦労《かんなんくろう》 四苦八苦《しくはっく》 千辛万苦《せんしんばんく》 粒粒辛苦《りゅうりゅうしんく》

意味 困難や大変な苦しみにあって悩むこと。また、そのような境遇や状態。＊「艱難」の「艱」「難」はともに困難の意。「辛苦」はつらい目にあって苦しむこと。

用例
・長い間の艱難辛苦に耐え、ついに成功させた。
・艱難辛苦を肥やしにして、努力を続ける。
・これまでの君の艱難辛苦を思うと、言葉がない。

奸佞邪智《かんねいじゃち》

類義語 奸佞邪心《かんねいじゃしん》

意味 心が曲がっていて悪賢く、人にこびへつらうこと。また、そのような人。＊「奸佞」はひねくれていて狡賢《ずるがしこ》いこと。「邪智」は悪知恵。

用例
・奸佞邪智の相手に苦労させられる。
・彼の奸佞邪智な言動が許せない。
・見るからに奸佞邪智なやつだ。

汗馬之労
かんばのろう

類義語 汗馬功労《かんばこうろう》 汗馬之功《かんばのこう》 犬馬之労《けんばのろう》

意味 物事をまとめるために駆け回って働くこと。懸命に努力すること。＊もとは戦場で馬に汗をかかせて駆け回った功績という意味を表す語。

用例 ・汗馬之労のかいあって見事に成功した。
・汗馬之労をいとわず奔走してくれた。

出典 司馬遷《しばせん》『史記《しき》』蕭相国世家《しょうしょうこくせいか》

玩物喪志
がんぶつそうし

類義語 玩人喪徳《がんじんそうとく》

意味 珍奇なものを愛玩し、それに心を奪われて本来の大切な志を忘れること。些細《ささい》なことにとらわれて目標を見失うこと。＊「物を玩べば志を喪《うしな》う」とも訓読みする。

用例 ・受験を前に玩物喪志だと父から叱咤《しった》される。
・玩物喪志なせいでなかなか大成しない。

出典 『書経《しょきょう》』旅獒《りょごう》

管鮑之交
かんぽうのまじわり

類義語 金石之交《きんせきのまじわり》 膠漆之交《こうしつのまじわり》 水魚之交《すいぎょのまじわり》 金蘭之契《きんらんのちぎり》 莫逆之友《ばくぎゃくのとも》 刎頸之交《ふんけいのまじわり》

意味 仲がよく、信頼しあい、理解しあう親密な間柄。＊中国、春秋《しゅんじゅう》時代の管仲《かんちゅう》と鮑叔牙《ほうしゅくが》が少年時代から変わらぬ友情を持ち続けたという故事から。

用例 ・管鮑之交で、苦楽を共にした学友。
・何があっても彼との管鮑之交は変わらない。

出典 司馬遷『史記』管晏伝《かんあんでん》

頑迷固陋《がんめいころう》

類義語 頑迷不霊《がんめいふれい》 狷介孤高《けんかいころう》 卑陋頑固《ひろうがんこ》 墨守成規《ぼくしゅせいき》

対義語 自由闊達《じゆうかったつ》

意味 頑固で融通がきかず、物事を柔軟に判断できないこと。＊「頑迷」はかたくなで柔軟性がなく、道理がわからないこと。「固陋」は古いものに執着すること。

用例 ・父は年々頑迷固陋になっていく。
・頑迷固陋な姿勢を改めて、取り組むべきだ。
・いかにも旧時代の頑迷固陋な人物だ。

閑話休題《かんわきゅうだい》

意味 横道にそれた話をもとに戻すときに使う言葉。さて。それはさておき。＊「閑話」は無駄話。とりとめのない話。「休題」は話を止めること。

用例 ・閑話休題、話を出張の報告にもどす。
・閑話休題とはぐらかされてしまった。

出典 『水滸伝《すいこでん》』

気韻生動《きいんせいどう》

意味 文学や絵画などに気高い趣が溢《あふ》れていること。＊「気韻」は気品があるようす。特に、画面に漂う品格。中国絵画の評価基準の一つで、文人画で重視された。

用例 ・この時期の彼の作品は気韻生動があるものばかりだ。
・気韻生動は東洋画の神髄だ。

出典 『輟耕録《てっこうろく》』叙画《じょが》

気宇壮大《きうそうだい》

類義語 気宇軒昂《きうけんこう》 気宇広大《きうこうだい》 気宇雄豪《きうゆうごう》 幕天席地《ばくてんせきち》

意味 意気込みや気構えが並はずれて大きいこと。度量や構想などのスケールが大きいこと。
＊「気宇」は物事に対する心の持ち方。

用例
・彼の気宇壮大な野望を聞いて驚く。
・気宇壮大な計画が発表され、志気が上がる。
・彼は酔うと決まって気宇壮大になる。

気炎万丈《きえんばんじょう》

類義語 大言壮語《たいげんそうご》

意味 意気込みが非常に盛んであること。
＊「気炎」は「気焔」とも書く。燃えるように盛んな意気。「万丈」は意気が盛んで激しいこと。

用例
・気炎万丈で試合に臨む。
・始まる前は気炎万丈だったのに、どうしたことか。
・皆が気炎万丈で、必ず成功するだろう。

奇貨可居《きかかきょ》

意味 絶好の機会を逃さず利用すべきというたとえ。＊珍しい品物は買っておけば将来大きな利益になることから。「奇貨」は珍しい財貨。「奇貨居《お》くべし」とも訓読みする。

用例
・奇貨可居、今彼をスカウトすれば将来きっと大スターになる。
・この誘いに乗らないわけがない。まさに奇貨可居だ。

出典 司馬遷《しばせん》『史記《しき》』呂不韋伝《りょふいでん》

亀鶴之寿《きかくのじゅ》

意味 長寿。長生き。＊「亀は万年」「鶴は千年」というように、どちらも長寿であると考えられていたことから、あやかって長寿を祝う場合に使われる。

用例
・祖母の亀鶴之寿を祝う。
・先生の亀鶴之寿を祈念する。

危機一髪《ききいっぱつ》

類義語 一触即発《いっしょくそくはつ》 一髪千鈞《いっぱつせんきん》
風前之灯《ふうぜんのともしび》

意味 一つ間違えば危機に陥るような状態であること。＊髪の毛一本のところまで危険が迫っていることから。「一髪」を「一発」と書くのは誤り。

用例
・危機一髪のところで切り抜けた。
・危機一髪につぐ危機一髪で気が休まる暇《いとま》がない。

出典 韓愈《かんゆ》「与孟尚書書《もうしょうしょにあたうるのしょ》」

奇奇怪怪《ききかいかい》

類義語 奇怪至極《きかいしごく》 奇怪千万《きかいせんばん》
奇奇妙妙《ききみょうみょう》 複雑怪奇《ふくざつかいき》

意味 常識では考えられないような不思議なこと。理解を超えた奇怪なこと。＊「奇」「怪」ともにあやしく不思議なこと。「怪怪奇奇」とも書く。

用例
・奇奇怪怪な現象は一切信じない学者。
・彼の突然の失踪は実に奇奇怪怪だ。

出典 韓愈「窮送文《きゅうをおくるのぶん》」

危急存亡《ききゅうそんぼう》

意味 危険が迫っていて、生きるか死ぬかの重大な瀬戸際であること。＊「危急」は危険・災難が迫っていること。「危急存亡の秋《とき》」と使うことが多い。

用例 ・我が社は危急存亡の状態にある。
・国の危急存亡を救うために立ち上がる。

出典 諸葛亮《しょかつりょう》「前出師表《ぜんすいしのひょう》」

類義語 生死存亡《せいしそんぼう》

規矩準縄《きくじゅんじょう》

意味 物事・行動の規準・法則となるもの。＊「規」はコンパス、「矩」は曲尺《かねじゃく》、「準」は水平をはかるための水盛《みずもり》、「縄」は墨縄。

用例 ・新入社員に職場の規矩準縄を教える。
・時代遅れになった規矩準縄を見直す。
・規矩準縄のしっかりした生活こそ、健康の秘訣《ひけつ》だ。

出典 『孟子《もうし》』離婁《りろう》

鬼哭啾啾《きこくしゅうしゅう》

意味 恐ろしい気配が漂うようす。＊浮かばれない亡霊が声をあげて泣くようすから。「哭」は声をあげて泣くこと。「啾啾」はすすり泣く声。

用例 ・激戦地の跡に立ち、鬼哭啾啾として胸がつまる。
・鬼哭啾啾として不気味な遺跡。

出典 王翰《おうかん》「飲馬長城窟行《いんばちょうじょうくつこう》」

旗鼓堂堂《きこどうどう》

意味 軍隊の行進やパレードなどが、整然と並び、堂々と行われるようす。転じて、隊列をなした行進が立派な様子。＊「旗鼓」は軍旗と太鼓のこと。転じて軍隊や軍事のこと。

用例 ・戦争が終わり、旗鼓堂堂と凱旋《がいせん》した。
・優勝パレードは、旗鼓堂堂としていた。
・独立記念日に旗鼓堂堂と行進する。

騎虎之勢《きこのいきおい》

類義語 騎虎難下《きこなんか》

意味 物事を行きがかり上途中で放棄できないこと。後に引けなくなることのたとえ。＊虎に乗った者は、途中で降りると虎に食われてしまうので降りられないことから。

用例 ・今の彼は騎虎之勢で、止められない。
・こうなった以上騎虎之勢で突き進むしかない。

出典 『隋書《ずいしょ》』独孤皇后伝《どっここうごうでん》

箕山之志《きざんのこころざし》

意味 世俗の名誉を嫌って節操を守り通そうという志。隠遁《いんとん》の志。＊自分に位を譲ろうとする堯帝《ぎょうてい》の申し出を断り、箕山に隠れ住んだ許由《きょゆう》の故事から。

用例 ・彼の箕山之志は固く、地位には目もくれなかった。
・立候補を期待されたが箕山之志を貫いた。

出典 『晋書《しんじょ》』向秀伝《しょうしゅうでん》

起死回生《きしかいせい》

類義語　起死再生《きしさいせい》
対義語　再起不能《さいきふのう》

意味　絶望的な状態が、再び挽回《ばんかい》できる状態に劇的に好転すること。
＊「起死」は死にかかっている者を生き返らせること。「回生起死」ともいう。

用例
・起死回生のゴールで延長戦に突入する。
・社の起死回生をかけたイベントが成功する。

出典　『国語《こくご》』呉語《ごご》

旗幟鮮明《きしせんめい》

類義語　確乎不動《かっこふどう》　確乎不抜《かっこふばつ》
対義語　右顧左眄《うこさべん》　首鼠両端《しゅそりょうたん》　付和雷同《ふわらいどう》

意味　主義・主張・態度が明白であるようす。旗印がはっきりとわかることから。＊「旗幟」は、戦場で敵味方の区別がつくように立てる旗と幟《のぼり》。転じて主義主張。

用例
・この件に関してははじめから旗幟鮮明で、賛成だ。
・上に立つ者が旗幟鮮明でないと、うまくいかない。
・態度を旗幟鮮明にして議論に参加するように言われる。

起承転結《きしょうてんけつ》

類義語　起承転合《きしょうてんごう》

意味　物事の順序。文章の構成。＊漢詩の絶句《ぜっく》が起句《きく》（一句目）・承《しょう》句《く》（二句目）・転句《てんく》（三句目）・結句《けっく》（四句目）で構成されることから。

用例
・起承転結をはっきりさせて話してほしい。
・今日のゲームは起承転結のメリハリがきいていた。
・起承転結に気をつけて文章を書く。

喜色満面《きしょくまんめん》

類義語 喜笑顔開《きしょうがんかい》 春風満面《しゅんぷうまんめん》
得意満面《とくいまんめん》

意味 喜びが顔いっぱいに溢《あふ》れていること。うれしさの表情に満ちていること。＊「色」は顔色の意味で、表情のこと。「喜色面に満つ」とも訓読みする。

用例
・孫の相手をしているときは、喜色満面だ。
・僕が褒めると彼はみるみる喜色満面となった。
・受賞式で名前を呼ばれ、喜色満面で出てきた。

疑心暗鬼《ぎしんあんき》

類義語 杯中蛇影《はいちゅうだえい》 半信半疑《はんしんはんぎ》
風声鶴唳《ふうせいかくれい》

対義語 虚心坦懐《きょしんたんかい》

意味 疑う気持ちが強くなり、何でもないことに不安や恐れを抱くこと。疑心があると暗がりに鬼を見るということから。＊「疑心暗鬼を生ず」の略。

用例
・親友に裏切られてから疑心暗鬼になってしまった。
・気持ちが落ち込むと疑心暗鬼を生じてくる。

出典 『列子《れっし》』説符《せっぷ》

杞人之憂《きじんのうれい》

類義語 杞人天憂《きじんてんゆう》

意味 無用な心配をすること。＊中国で周《しゅう》の時代に、杞の国の人が、天が落ちて来ないかと心配したという故事から。「杞憂《きゆう》」はこれを略した語。

用例
・講演会は大成功で、心配は杞人之憂だった。
・娘の進路に関する母の心配は杞人之憂に終わった。

出典 『列子』天瑞《てんずい》

奇想天外《きそうてんがい》

類義語 斬新奇抜《ざんしんきばつ》 石破天驚《せきはてんきょう》

対義語 平平凡凡《へいへいぼんぼん》

意味 普通では思いも寄らない奇抜な考え。＊「奇想」は奇抜な発想。「天外」は天の外で、はるかかなたの空。「奇想天外より落つ（来る）」などと使う。

用例
・奇想天外な冒険映画。
・彼が発表した計画は奇想天外で皆を驚かせた。
・彼女は時々奇想天外なことを言い出す。

気息奄奄《きそくえんえん》

類義語 残息奄奄《ざんそくえんえん》 半死半生《はんしはんしょう》

意味 今にも死にそうな、息もたえだえのようす。物事が今にも滅びそうなようす。＊「奄」はふさがって通じないこと。「奄奄」は息がふさがって呼吸がうまくできないこと。

用例
・救出されたときは気息奄奄の状態だった。
・不景気の煽《あお》りを受け、会社は気息奄奄だ。

出典 蕭統《しょうとう》『文選《もんぜん》』李密《りみつ》「陳情表《ちんじょうのひょう》」

佶屈聱牙《きっくつごうが》

類義語 佶屈晦渋《きっくつかいじゅう》

対義語 平談俗語《へいだんぞくご》

意味 文章が堅苦しくて難解で読みづらいこと。＊「佶屈」は「詰屈」とも書く。曲がりくねっていること。「聱」は聞こえにくいこと。「牙」は歯がかみ合わないこと。

用例
・比喩に凝りすぎて佶屈聱牙な文章になっている。
・佶屈聱牙で何が言いたいのかさっぱりわからない。

出典 韓愈《かんゆ》『進学解《しんがくかい》』

喜怒哀楽《きどあいらく》

類義語 嬉笑怒罵《きしょうどば》

意味 喜び、怒り、悲しみ、楽しみの四つの感情。人間の持つさまざまな感情のこと。

用例
・喜怒哀楽が激しくて、リーダーには向かない。
・数分の演技に喜怒哀楽をすべて表現する。
・喜怒哀楽がすぐ顔に出るからわかりやすい。

出典 『礼記《らいき》』中庸《ちゅうよう》

帰命頂礼《きみょうちょうらい》

意味 心から仏を信じること。身命を捧《ささ》げて仏教を信仰すること。
＊「帰命」は「帰依」に同じ。深い信心を表す。「頂礼」は頭を地につけ、足元を拝する最高の拝礼。

用例
・帰命頂礼を念じて仏道修行に励む。
・帰命頂礼を祈って戦地に赴く。
・お寺で帰命頂礼と唱える声が聞こえた。

鬼面仏心《きめんぶっしん》

対義語 人面獣心《じんめんじゅうしん》

意味 見た目は怖いが、本当は心やさしく、穏やかであること。
＊鬼のような怖い顔でも、仏のような心を持っているということから。

用例
・彼はああ見えて鬼面仏心だから、怖がらなくていい。
・鬼面仏心とはいかず、見た目通りで気むずかしい。
・部下には鬼面仏心で接することにしている。

亀毛兎角
きもうとかく

類義語 烏白馬角《うはくばかく》 塩香風色《えんこうふうしょく》
亀毛蛇足《きもうだそく》 蛇足塩香《だそくえんこう》

意味 実在するはずがないもの。あり得ないこと。また、きわめて珍しいもの。毛の生えた亀と角のある兎《うさぎ》は、実在しないことから。
＊「兎角亀毛」ともいう。

用例 ・そんな話は亀毛兎角だ。とても信じられない。
・かつては亀毛兎角といわれていたことが実現した。

出典 干宝《かんぽう》『捜神記《そうじんき》』

記問之学
きもんのがく

類義語 温故知新《おんこちしん》

意味 古い書物を暗記しているだけで、実生活に活用できない学問。
＊「記問」は古書を暗記しているだけで、その知識を活用しないこと。

用例 ・記問之学ではなく、実社会に役立つ学問をしたい。
・君がやっているのは記問之学にすぎない。

出典 『礼記《らいき》』学記《がくき》

脚下照顧
きゃっかしょうこ

意味 身近なことから気をつけること。自己反省を促す言葉。
＊もとは禅宗の標語。「脚下」は足もと。「照顧」は照らし顧みること。

用例 ・有頂天にならずに脚下照顧することが大切だ。
・他人を非難してばかりいるが、脚下照顧した方がいい。

出典 普済《ふさい》『大川語録《だいせんごろく》』

牛飲馬食《ぎゅういんばしょく》

類義語 鯨飲馬食《げいいんばしょく》 痛飲大食《つういんたいしょく》 暴飲暴食《ぼういんぼうしょく》

意味 たくさん飲み食いすること。人並み外れた大食ぶり、酒の飲みぶりをいう。牛のようによく飲み、馬のようによく食べることから。

用例
・牛飲馬食はつつしむよう医者に言われる。
・学生は牛飲馬食して騒げる店を好む。
・年をとって昔のように牛飲馬食できなくなったよ。

九牛一毛《きゅうぎゅう（の）いちもう》

類義語 滄海一粟《そうかいのいちぞく》 滄海一滴《そうかいのいってき》 大海一滴《たいかいのいってき》

意味 多くのもののうちの、ごく少数のこと。全体のうちのわずかな部分。些細《ささい》で取るにたらないこと。＊「九牛」は九頭の牛。たくさんの牛のうちの一本の毛の意から。

用例
・九牛一毛のミスだから気にすることはない。
・自分の業績など研究史の九牛一毛にすぎない。

出典 司馬遷《しばせん》「報任少卿書《じんしょうけいにほうずるのしょ》」

九死一生《きゅうしいっしょう》

類義語 十死一生《じっしいっしょう》 死中求活《しちゅうきゅうかつ》 万死一生《ばんしいっしょう》

意味 絶望的な状態から奇跡的に脱したときのたとえ。＊「九死」はほとんど命が助かりそうにない状態のこと。「九死に一生を得る」という形で用いられることが多い。

用例
・事故にあった飛行機に乗っていたが、九死一生を得た。
・九死一生の体験を取材させてもらう。
・重病だったが九死一生で退院した。

九切之功

きゅうじんのこう

意味 長い年月をかけた大きな仕事が、後一歩のところで手を抜いたために失敗することを表す。＊「九仞」は非常に高い山。「九仞之功を一簣《いっき》に欠く」の形で用いる。

用例 ・九仞之功を一簣に欠くことがないように注意しよう。
・もう少し注意していれば九仞之功を逃れられたのに。

出典 『書経《しょきょう》』旅獒《りょごう》

救世済民

きゅうせいさいみん

類義語 経世済民《けいせいさいみん》

意味 乱れた世の中を正して、苦しんでいる民衆を救うこと。
＊「救世」「済民」ともに、世の人々を苦しみの中から救うこと。「ぐせいさいみん」とも読む。

用例 ・救世済民を志して政治家になる。
・救世済民を目指す勇者の役を演じる。
・救世済民に尽くした宗教家。

窮鼠嚙猫

きゅうそごうびょう

類義語 窮鼠嚙狸《きゅうそごうり》 禽困覆車《きんこんふくしゃ》 困獣猶闘《こんじゅうゆうとう》

意味 追いつめられて必死になると、弱い者でも思わぬ力で強い者に抵抗すること。＊「窮鼠猫を嚙《か》む」の形で用いられることが多い。

用例 ・ふだんは腰を低くしているが、いざとなったら窮鼠嚙猫だ。
・彼があれだけ反抗するとは、窮鼠嚙猫だなあ。
・我がチームの怒濤《どとう》の追い上げは、まさに窮鼠嚙猫だった。

出典 『塩鉄論《えんてつろん》』詔聖《しょうせい》

旧態依然《きゅうたいいぜん》

類義語 旧套墨守《きゅうとうぼくしゅ》 十年一日《じゅうねんいちじつ》

対義語 心機一転《しんきいってん》 日進月歩《にっしんげっぽ》 日就月将《にっしゅうげっしょう》

意味 状態や体制が古いままで進歩がみられないこと。＊「旧態」は昔のままの古い状態。「依然」はもとのまま、以前のままであるようす。

用例
・党の体質は旧態依然としている。
・旧態依然の経営法では時流に乗り遅れる。
・旧態依然とした職場を改革する。

窮鳥入懐《きゅうちょうにゅうかい》

意味 困り果てた者が助けを求めてきたときに、それを見殺しにできないこと。＊「窮鳥懐に入らば猟師も殺さず」の形でも用いる。「窮鳥」は追いつめられた鳥。

用例
・窮鳥入懐だから、援助してやったらどうだ。
・窮鳥入懐というし、見のがしてやろう。

出典 『顔氏家訓《がんしかくん》』省事《しょうじ》

急転直下《きゅうてんちょっか》

類義語 一落千丈《いちらくせんじょう》

意味 事態が急激に変化すること。また、急に解決すること。＊「急転」は物事のようすが急に変わること。「直下」は一直線に落ちることから、結末に向かうこと。

用例
・最悪の事態が急転直下で好転した。
・急転直下の勢いで経済情勢が揺れ動く。
・死刑執行の場面で急転直下、死をのがれる展開。

窮余一策
きゅうよ（の）いっさく

意味 追いつめられて苦しまぎれに思いついた、一つの手段。
＊「窮余」は追いつめられて困ったあげくの果て。「一策」は一つの手段。

用例 ・しかたなく窮余一策として案出したものだ。
・負け続けて、もう窮余一策すら思いつかない。
・この政策は首相の窮余一策だ。

類義語 苦肉之計《くにくのけい》 苦肉之策《くにくのさく》 非常手段《ひじょうしゅだん》

恐悦至極
きょうえつしごく

意味 きわめて喜ばしいという意。特に目上の人について、その好意などを、たいそう喜ばしく思うこと。＊「恐悦」は相手の好意などをもったいなく思って喜ぶこと。

用例 ・面会でき、まず恐悦至極の旨を述べた。
・「恐悦至極に存じます」とつつしんで挨拶した。
・お目にかかれて、何より恐悦至極だと喜ぶ。

教学相長
きょうがくそうちょう

意味 人に教えることと、人から学ぶことは、互いに補い合うもので、両方を体験してこそ学問の向上もある。＊「教学相長ず」とも訓読みする。

用例 ・教育実習で教学相長を実感する。
・教授はスピーチで教学相長を強調した。

出典 『礼記《らいき》』学記《がくき》

鏡花水月《きょうかすいげつ》

意味 鏡にうつった花や水にうつった月のように、目には見えるが手にとれないもののたとえ。はかない幻のようなもの。＊「水月鏡花」とも書く。

用例 ・理想家で鏡花水月を追い求め続ける詩人。
・彼の絵には鏡花水月の趣がある。
・鏡花水月ではなく、現実的なものに関心がある。

狂言綺語《きょうげんきご》

意味 道理に合わない言葉と、表面を飾っただけの語。＊仏教・儒教の立場から、小説・物語・戯曲などを卑しめていった言葉。「きょうげんきぎょ」とも読む。

用例 ・文学を単に狂言綺語と切り捨てることはできない。
・たとえ狂言綺語でも、心のなぐさめになる。

出典 白居易《はくきょい》「香山寺白氏洛中集記《こうざんじはくしらくちゅうしゅうき》」

恐惶謹言《きょうこうきんげん》

類義語 恐恐謹言《きょうきょうきんげん》 恐懼再拝《きょうくさいはい》
恐惶敬白《きょうこうけいはく》

意味 恐れながらつつしんで申しあげるの意。改まった手紙の結びに書き添え、相手に最高の敬意を表す語。＊「恐」「惶」ともに恐れつつしむ意。「謹言」はつつしんで言うこと。

用例 ・手紙の最後を恐惶謹言と結んだ。
・恐惶謹言と書いたつもりが、字をまちがえた。

出典 『明衡往来《めいこうおうらい》』

行住坐臥《ぎょうじゅうざが》

類義語 行住進退《ぎょうじゅうしんたい》 挙措進退《きょそしんたい》 常住坐臥《じょうじゅうざが》 常住不断《じょうじゅうふだん》

意味 ふだんの行動。日常の立ち居振る舞いのすべてをさす。また、日々の暮らし。いつも。普段。＊行くことと止まること、坐《すわ》ることと臥《ふ》して横になることの四つの動作。

用例
・行住坐臥に師匠の教えを忘れず励む。
・初心を、行住坐臥忘れないよう心がける。
・行住坐臥、お念仏を唱える。

拱手傍観《きょうしゅぼうかん》

類義語 隔岸観火《かくがんかんか》 袖手傍観《しゅうしゅぼうかん》 無為無策《むいむさく》 冷眼傍観《れいがんぼうかん》

意味 手をこまねいているだけで何もしないでただ眺めていること。＊「拱手」は手を組んで何もしないこと。「傍観」は傍らで眺めていること。

用例
・負け続けるのを拱手傍観して見ていただけだ。
・ただ拱手傍観して彼を甘やかしていたわけではない。
・この件については皆、拱手傍観となった。

共存共栄《きょうそんきょうえい》

類義語 共存同栄《きょうそんどうえい》

対義語 弱肉強食《じゃくにくきょうしょく》 不倶戴天《ふぐたいてん》

意味 互いに助け合いながらともに存在し、ともに栄えること。手をとりあい、協力関係を築くこと。＊「きょうぞんきょうえい」とも読む。

用例
・隣国と共存共栄できる道を探る。
・大型店と共存共栄を図る。
・地域社会が共存共栄している。

驚天動地

きょうてんどうち

類義語 撼天動地《かんてんどうち》 驚天駭地《きょうてんがいち》 震地動天《しんちどうてん》 震天動地《しんてんどうち》

意味 世の中の人々を大いに驚かせること。＊天を驚かし地を動かすことから。

用例
・これは驚天動地の一大事だ。
・将来、驚天動地なことをやりそうな人物だ。
・驚天動地の大騒ぎだったそうだ。

出典 白居易《はくきょい》「李白墓《りはくのはか》」

器用貧乏

きようびんぼう

類義語 巧者貧乏《こうしゃびんぼう》 梧鼠之技《ごそのぎ》

意味 何でも器用にこなす人は、一つのことに集中できず、すべてにおいて中途半端になり、かえって大成することができないことのたとえ。

用例
・なまじ余計な才能があるから器用貧乏で成功しない。
・彼はいかにも器用貧乏な感じの人だ。
・何をやってもうまいが器用貧乏と陰でいわれている。

興味索然

きょうみさくぜん

対義語 興味津津《きょうみしんしん》

意味 興味が失われていくこと。関心がなくなりおもしろくないこと。＊「索然」は尽きてなくなるようす。心ひかれるものがなく、興ざめするようす。

用例
・会話ははずまず、興味索然のうちに食事は終わった。
・興味索然となってしまったので、話を聞き流してしまった。
・一度読んだら後は興味索然とするような小説だ。

興味津津《きょうみしんしん》

対義語 興味索然《きょうみさくぜん》 無味乾燥《むみかんそう》

意味 非常に関心があるようす。次々と関心が湧いて興味が尽きないようす。＊「津津」は後から後から湧き出てくるようす。「深深」と書くのは誤り。

用例
・興味津津でガイドの説明を聞く。
・観客は興味津津と見守った。
・世間が興味津津となる新作。

狂瀾怒濤《きょうらんどとう》

類義語 疾風怒濤《しっぷうどとう》 暴風怒濤《ぼうふうどとう》
対義語 天下太平《てんかたいへい》 平穏無事《へいおんぶじ》

意味 荒れ狂った大波のように、物事が非常に乱れていて手がつけられないようす。＊多く世の秩序が乱れた状態についていう。「瀾」と「濤」はともに大波のこと。

用例
・狂瀾怒濤のバーゲン会場に放り出された。
・狂瀾怒濤の時代を生き抜く。
・両軍入り乱れ、狂瀾怒濤のようだった。

虚虚実実《きょきょじつじつ》

意味 互いに計略や秘術の限りを尽くして必死で戦うこと。＊「虚」は守りに隙があること。「実」は守りが堅いこと。相手の守りの堅いところを避け、隙をねらうこと。

用例
・虚虚実実の駆け引きをする。
・虚虚実実で、なかなか決着しない。
・二人の虚虚実実のやりとりに感心する。

曲学阿世《きょくがくあせい》

意味　真理をゆがめた学問で、時流や権力者、世の中にこびへつらうこと。＊「曲学」は真理を曲げた学問。「阿世」は世間にこびへつらうこと。

用例
・曲学阿世の汚名を受ける。
・曲学阿世の徒を利用する。

出典　司馬遷《しばせん》『史記《しき》』儒林伝《じゅりんでん》

旭日昇天《きょくじつしょうてん》

類義語　旭日東天《きょくじつとうてん》　破竹之勢《はちくのいきおい》

意味　朝日が天に昇るように勢いが非常に盛んであるようす。＊「旭日」は朝の太陽。「昇天」は天に昇ること。「旭日昇天の勢い」とも使う。

用例
・旭日昇天の勢いで進軍する。
・選挙で大勝して旭日昇天の新政党。
・旭日昇天の人気役者だ。

玉石混淆《ぎょくせきこんこう》

類義語　玉石同置《ぎょくせきどうち》　玉石同架《ぎょくせきどうか》　玉石雑糅《ぎょくせきざつじゅう》　参差錯落《しんしさくらく》

意味　すぐれたものと劣ったものが入り混じっていることをいう。＊「玉」は宝石。「石」は石ころ。「混」も「淆」も混じり合うという意味。「混交」とも書く。

用例
・傑作選と銘打っているが玉石混淆だ。
・玉石混淆の生徒を一斉に教えるのは難しい。

出典　『抱朴子《ほうぼくし》』外篇《がいへん》・尚博《しょうはく》

跼天蹐地《きょくてんせきち》

意味 世間に気兼ねしながらびくびく暮らすこと。肩身が狭く人目を気にして暮らすこと。＊「跼天」は天の下で体を縮めること。「蹐地」は音をたてないように地を歩くこと。

用例 ・跼天蹐地の思いで頭を下げて生きている。
・民衆を跼天蹐地させる独裁政治。

出典 『詩経《しきょう》』小雅《しょうが》

曲突徙薪《きょくとつししん》

意味 災難を未然に防ぐこと。＊「曲突」は煙突を曲げること。「徙薪」は薪を移すこと。煙突を曲げ、薪を移して火事を防ぐことから。

用例 ・曲突徙薪できたのは君のおかげだ。
・備えは万全だったはずなのに曲突徙薪できなかった。
・我が社も、曲突徙薪の方策を考えなければならない。

出典 『漢書《かんじょ》』霍光伝《かくこうでん》

虚心坦懐《きょしんたんかい》

類義語 一点素心《いってんそしん》 虚心平意《きょしんへいい》 光風霽月《こうふうせいげつ》 明鏡止水《めいきょうしすい》

対義語 意馬心猿《いばしんえん》 疑心暗鬼《ぎしんあんき》

意味 わだかまりのない素直な気持ちであること。先入観や偏見がなく、心を開いていること。＊「虚心」は心に何もないこと。「坦懐」は大らかなこと。

用例 ・腹を割って虚心坦懐に話し合うことができた。
・彼女のためにどんなことでも虚心坦懐にやる。
・これまでのことを虚心坦懐に見つめ直してほしい。

挙措進退《きょそしんたい》

類義語 挙止進退《きょししんたい》 挙措動作《きょそどうさ》 起居動静《ききょどうじょう》 行住坐臥《ぎょうじゅうざが》

意味 立ち居振る舞い。日常の動作。身の処し方。＊「挙措」は立ち居振る舞い。「進退」は進むことと動くことから、行動すること。振る舞うこと。

用例
・挙措進退、どこにも浮ついたところがない。
・その挙措進退から人格者だと評判になる。
・彼女の挙措進退の美しさに感心する。

漁夫之利《ぎょふのり》

類義語 鷸蚌之争《いつぼうのあらそい》 犬兎之争《けんとのあらそい》 田父之功《でんぷのこう》

意味 両者が争っている間に、第三者が利益を横取りすること。＊シギとハマグリが争っているのを利用して、漁夫が両方ともつかまえた故事から。

用例
・伏兵に漁夫之利を得させる結果となる。
・この機会に乗じて漁夫之利を得ようとたくらむ。

出典 劉向《りゅうきょう》『戦国策《せんごくさく》』燕《えん》策

毀誉褒貶《きよほうへん》

意味 人をほめたり、悪口を言いけなしたりすること。＊「毀」「貶」はどちらも悪口を言うこと。「誉」「褒」はどちらもほめること。同義語を重ねて意味を強めた言葉。

用例
・世間の毀誉褒貶で判断してはいけない。
・彼の業績については毀誉褒貶が相半ばしていた。
・毀誉褒貶の言葉をどれも真摯に受けとめた。

虚無恬淡
きょむてんたん

類義語 虚静恬淡《きょせいてんたん》 無欲恬淡《むよくてんたん》

意味 私心がなく、物事にこだわらず、淡々としていること。
＊「恬淡」は欲や執着がなく、あっさりしていること。

用例
・母は金銭について虚無恬淡な人だ。
・その若さで虚無恬淡ではつまらない。
・年をとって虚無恬淡の境地になった。

出典 荘周《そうしゅう》『荘子《そうじ》』刻意《こくい》

機略縦横
きりゃくじゅうおう

類義語 機知縦横《きちじゅうおう》

意味 状況に応じて計略を自由自在にめぐらせること。＊「機略」は臨機応変の策略。「縦横」は思いのままに振る舞うこと。自由自在であること。

用例
・機略縦横の経営が評価される。
・機略縦横で、才知に富んだ武将。
・諸葛亮《しょかつりょう》は機略縦横の軍師であった。

議論百出
ぎろんひゃくしゅつ

類義語 侃侃諤諤《かんかんがくがく》 議論沸騰《ぎろんふっとう》 議論噴出《ぎろんふんしゅつ》 甲論乙駁《こうろんおつばく》

対義語 衆議一決《しゅうぎいっけつ》 満場一致《まんじょういっち》

意味 多くの意見が出て、議論が活発に行われること。盛んに議論されること。＊「百」は数が多いことを表し、「百出」はいろいろなものが次々と多くあらわれること。

用例
・議論百出で一向にまとまらない。
・立候補者選出をめぐって議論百出した。
・その作品の評価は現在に至るまで議論百出している。

金甌無欠《きんおうむけつ》

類義語 完全無欠《かんぜんむけつ》 十全十美《じゅうぜんじゅうび》

意味 完全で欠点がないこと。特に、国家が、外国からの侵略を受けたことがないことのたとえ。＊「金甌」は傷のない黄金のかめ。

用例 ・金甌無欠を誇ったが、凋落《ちょうらく》した。
・その国の金甌無欠ともいうべき歴史が一転した。
・金甌無欠というが、内実は諸国から無視されたに過ぎない。

出典 『南史《なんし》』朱异伝《しゅいでん》

槿花一日《きんかいちじつ》

類義語 槿花一朝《きんかいっちょう》

意味 栄華がはかないものであること。＊「槿花」はむくげの花。朝開いて夕方にはしぼむ。「槿花一日の栄」の形で使われることが多い。

用例 ・流行作家になっても槿花一日の栄にすぎない。
・人間の一生など槿花一日だ。

出典 白居易《はくきょい》「放言《ほうげん》」

金科玉条《きんかぎょくじょう》

類義語 金科玉律《きんかぎょくりつ》 金律金科《きんりつきんか》

意味 最も重要で絶対的なよりどころとなる法律や規則。＊「金」「玉」はどちらも貴重なものの意。「科」「条」はどちらも法律の条文のこと。

用例 ・師匠の教えを金科玉条としている。
・間違った練習方法を金科玉条としていては勝てない。

出典 蕭統《しょうとう》『文選《もんぜん》』揚雄《ようゆう》「劇秦美新《げきしんびしん》」

欣喜雀躍《きんきじゃくやく》

類義語 有頂天外《うちょうてんがい》 歓天喜地《かんてんきち》
狂喜乱舞《きょうきらんぶ》 得意満面《とくいまんめん》

意味 雀《すずめ》がはね回るように大喜びすること。小躍りして喜ぶさま。＊「欣喜」はたいそう喜ぶこと。「雀躍」は雀がぴょんぴょんとはね回ること。

用例
・プロポーズを承諾されて欣喜雀躍していた。
・受賞したときの彼の欣喜雀躍ぶりが想像される。
・彼女の姿を見つけると欣喜雀躍して駆け寄っていった。

謹厳実直《きんげんじっちょく》

類義語 謹厳温厚《きんげんおんこう》 謹厳慎行《きんげんしんこう》
謹厳重厚《きんげんじゅうこう》 四角四面《しかくしめん》

意味 つつしみ深く、正直で誠実、真面目であること。＊「謹厳」はつつしみ深く、軽はずみなところがないこと。「実直」は真面目で正直なこと。律儀。

用例
・今どきの若者にしては珍しく謹厳実直だ。
・謹厳実直な働きぶりが社長の目にとまる。
・彼は謹厳実直な人柄だから、信頼できる。

勤倹力行《きんけんりっこう》

意味 勤勉で、倹約してつつましく、努力して物事を行うこと。＊「勤倹」は勤勉に働き、倹約につとめること。「力行」は努力して励むこと。「きんげんりょっこう」とも読む。

用例
・ひたすら勤倹力行して、財を築いた。
・謹厳力行な姿勢に頭が下がる。
・成功のかげには特別な謹厳力行があったに違いない。

金口木舌《きんこうぼくぜつ》

意味 すぐれた言論によって民衆を啓蒙し指導する人。＊「金口」は雄弁で、立派な意見を言う人。「木舌」は「木鐸《ぼくたく》」と同義で、社会の指導者。

用例 ・記者となり金口木舌の士となって働く。
・世の金口木舌となるような政治家を志す。

出典 揚雄《ようゆう》『揚子法言《ようしほうげん》』学行《がくこう》

緊褌一番《きんこんいちばん》

類義語 一念発起《いちねんほっき》

意味 気持ちを引き締めて物事に当たること。＊「緊褌」は褌《ふんどし》をきつく締め直すこと。大きな勝負の前の心構えをいう。「一番」は最も大切なこと。一番勝負。

用例 ・今度の企画には緊褌一番で全力を尽くすよう誓う。
・緊褌一番、絶対に負けるわけにはいかない。
・今が緊褌一番のときだから、がんばろう。

金枝玉葉《きんしぎょくよう》

類義語 金枝花萼《きんしかがく》 瓊枝玉葉《けいしぎょくよう》 竹之園生《たけのそのう》

意味 天子の一族のこと。皇族のこと。＊「金枝」「玉葉」ともに天子の一族を敬っていう語。「枝」「葉」は一族や子孫をたとえる言葉。

用例 ・金枝玉葉の身で、不遇な境涯に身を置いている。
・皇居に集まった人々は、金枝玉葉の栄華を祝う。

出典 蕭倣《しょうほう》『享太廟楽章《たいびょうにがくしょうをたてまつる》』

琴瑟相和《きんしつそうわ》

類義語 鴛鴦之契《えんおうのちぎり》 偕老同穴《かいろうどうけつ》
比翼連理《ひよくれんり》 夫唱婦随《ふしょうふずい》

対義語 琴瑟不調《きんしつふちょう》 琴瑟不和《きんしつふわ》

意味 夫婦の仲がたいそうよいこと。また、兄弟、友人の関係がよいこと。＊「瑟」は、中国古来の弦楽器。琴と瑟がよく調い、調和しているということから。

用例
・夫婦は琴瑟相和で、末永く幸せに暮らした。
・あの兄弟は琴瑟相和とはほど遠い関係だ。

出典 『詩経《しきょう》』小雅《しょうが》

金城鉄壁《きんじょうてっぺき》

類義語 金城千里《きんじょうせんり》 金城湯池《きんじょうとうち》
湯池鉄城《とうちてつじょう》 難攻不落《なんこうふらく》

意味 非常に堅固な城壁。他から攻められても負けない、頑丈な備えのこと。＊「金城」は金でできた城。「鉄壁」は鉄で造った城壁。ともに堅固な備えのたとえ。

用例
・金城鉄壁の守りで勝ち抜いたチーム。
・金城鉄壁で付け入る隙がない。

出典 徐積《じょせき》「和倪復《げいふくにわす》」

錦上添花《きんじょうてんか》

意味 美しいものに、さらに美しいものを重ねること。立派なものをより立派にすること。＊「錦」は美しい絹織物。「錦上に花を添える」とも訓読みする。

用例
・市長の出席は錦上添花となった。
・彼女の歌は、パーティーの錦上添花だった。

出典 王安石《おうあんせき》「即時《そくじ》」

金城湯池《きんじょうとうち》

類義語 金城千里《きんじょうせんり》 金城鉄壁《きんじょうてっぺき》 湯池鉄城《とうちてつじょう》 難攻不落《なんこうふらく》

意味 他から攻められても負けない、守りが堅固な城。また、そのように堅固な備えのこと。＊「金城」は金でできた城。「湯池」は熱湯をたたえた堀。

用例 ・金城湯池を誇った領地に攻め入られた。
・金城湯池のこの選挙区から出馬すればまず大丈夫だ。

出典 『漢書《かんじょ》』蒯通伝《かいとうでん》

近所合壁《きんじょがっぺき》

意味 近所の家。近くの家々。壁一つを隔てた隣近所。＊「近所」は自分の家の近く。近辺。「合壁」は壁一つで隣り合っている家。

用例 ・夫婦げんかが近所合壁に知れ渡る。
・近所合壁で評判の美人。
・近所合壁の間柄で、助け合うようにしている。

錦心繍口《きんしんしゅうこう》

類義語 錦心繍腸《きんしんしゅうちょう》 錦繍心肝《きんしゅうしんかん》 錦繍之腸《きんしゅうのちょう》

意味 詩や文章を作る才能にすぐれている人。＊「錦」「繍」はともに美しさの形容。「錦心」は美しい思い。美しい心。「繍口」は美しい言葉のこと。

用例 ・錦心繍口の作家と評される。
・錦心繍口の才を存分に発揮する。

出典 柳宗元《りゅうそうげん》「乞巧文《きっこうぶん》」

きんせいぎょくしん
金声玉振

類義語 知勇兼備《ちゆうけんび》

意味 知恵と人徳が兼ね備わり、よく調和していることのたとえ。立派な人物として大成すること。特に、孔子《こうし》の完成された人格をたたえていう語。

用例
・優秀な両親の才能を受け継いだ、金声玉振の人だ。
・少し話しただけで金声玉振さがわかる。

出典 『孟子《もうし》』万章《ばんしょう》

きんせきのまじわり
金石之交

類義語 管鮑《かんぽう》之《の》交《まじわり》 金蘭《きんらん》之《の》契《ちぎり》 膠漆《こうしつ》之《の》交《まじわり》 刎頸《ふんけい》之《の》交《まじわり》

意味 固く結ばれた友情。決して変わることのない関係。
＊「金」と「石」は非常に固いもののたとえ。

用例
・彼とは金石之交を結んだ仲だ。
・チームメイトと金石之交を誓った。
・金石之交に免じて許してほしい。

出典 『漢書《かんじょ》』韓信伝《かんしんでん》

きんでんぎょくろう
金殿玉楼

意味 黄金や宝石で飾り立てた豪華な御殿のこと。＊「金」は黄金。「玉」は宝石。「殿」「楼」ともに、高くて大きく、立派な建物のことをいう。

用例
・金殿玉楼のような市庁舎に批判が集まる。
・金殿玉楼でなくてもよいから自分の城が欲しい。

出典 李商隠《りしょういん》「和韓録事送宮人入道《かんろくじのきゅうじんのにゅうどうをおくるにわす》」

金蘭之契《きんらんのちぎり》

類義語 金石《きんせき》之《の》交《まじわり》 管鮑《かんぽう》之《の》交《まじわり》 水魚《すいぎょ》之《の》交《まじわり》 刎頸《ふんけい》之《の》交《まじわり》

意味 非常に親密な友情のこと。＊友情の固さは金を断ち切るほど強く、その美しさは香りの高い蘭のようだという意から。「金蘭之交」ともいう。

用例 ・よきライバルであり金蘭之契を結ぶ友人でもある。
・母と金蘭之契を結んでいた友人たちに招待された。

出典 『易経《えききょう》』繋辞《けいじ》

空空漠漠《くうくうばくばく》

類義語 空空寂寂《くうくうじゃくじゃく》

意味 限りなく広く、空虚なこと。ぼんやりとして、とらえどころがないようす。＊「空漠」の意味を強めた語。「空漠」は果てしなく広く、漠然としてとらえどころがないこと。

用例 ・空空漠漠とした空を見上げる。
・空空漠漠とした物思いにふけっていた。
・空空漠漠とした人で、何を考えているのかわからない。

空谷跫音《くうこく（の）きょうおん》

意味 孤独なときに、予期せぬ訪問者や便りを得た喜びのたとえ。＊「空谷」は人のいない寂しい谷。「跫音」は足音。誰もいない山奥で聞こえる足音という意から。

用例 ・異国の地で旧友に再会し、空谷跫音だった。
・空谷跫音の便りに感激する。

出典 荘周《そうしゅう》『荘子《そうじ》』徐無鬼《じょむき》

空前絶後《くうぜんぜつご》

類義語 冠前絶後《かんぜんぜつご》 前代未聞《ぜんだいみもん》

対義語 日常茶飯《にちじょうさはん》

意味 これまでに例がなく、今後もありそうにない珍しいこと。
＊「空前」は以前に例がないこと。「絶後」は将来あり得ないこと。

用例 ・空前絶後の大事件でも落ち着いて対処していた。
・空前絶後の大記録をうち立てた。
・私にとって今回のテストは、空前絶後の成績といえるだろう。

出典 『宣和画譜《せんながふ》』

空即是色《くうそくぜしき》

類義語 一切皆空《いっさいかいくう》 色即是空《しきそくぜくう》

意味 実体がないことが、すべての現象の姿であるということ。＊仏教語。「色」は存在する物すべて。すべての現象には実体がないと説く「色即是空」と対になる語。

用例 ・空即是色の境地を和歌に詠む。
・世は空即是色と心得て、達観している。

出典 『般若心経《はんにゃしんぎょう》』

空中楼閣《くうちゅう（の）ろうかく》

類義語 海市蜃楼《かいししんろう》 空中楼台《くうちゅうろうだい》 空理空論《くうりくうろん》 砂上楼閣《さじょうろうかく》

意味 現実味のない考えや理論のたとえ。＊「楼」は高い建物。空に築いた高い楼閣のように、根拠のない空想であるということ。

用例 ・君の企画は空中楼閣で、とても採用されないだろう。
・空中楼閣といわれていた事業を成し遂げる。
・盤石な態勢を整えなければ、何をやっても空中楼閣だよ。

出典 孔尚仁《こうしょうじん》『桃花扇《とうかせん》』入道《にゅうどう》

空理空論
くうりくうろん

類義語 海市蜃楼《かいししんろう》 空中楼閣《くうちゅうのろうかく》 空中楼台《くうちゅうろうだい》 紙上談兵《しじょうだんぺい》

意味 筋は通っているが、現実味がなく、役立ちそうもない理論や主張。＊「空理」「空論」ともに、現実を無視した観念的な理論のこと。

用例
・学者の言うことは空理空論で役に立たない。
・空理空論ではない現実に即した打開策を聞きたい。
・多くの人から空理空論と馬鹿にされようとも、私は夢の技術を実現してみせる。

愚者一得
ぐしゃ（の）いっとく

類義語 千慮一得《せんりょ(の)いっとく》 百慮一得《ひゃくりょ(の)いっとく》

対義語 千慮一失《せんりょ(の)いっしつ》 智者一失《ちしゃ(の)いっしつ》

意味 どんなに愚かな人でも、たまにはよい知恵や意見を思いつくことがあること。＊自分の考えを述べるときに謙遜していうことが多い。

用例
・私見だが、愚者一得と思って聞いてもらいたい。
・愚者一得ともいうから、話だけでも聞いてみよう。

出典 司馬遷《しばせん》『史記《しき》』淮陰侯伝《わいいんこうでん》

苦心惨憺
くしんさんたん

類義語 悪戦苦闘《あくせんくとう》 意匠惨憺《いしょうさんたん》 彫心鏤骨《ちょうしんるこつ》 粒粒辛苦《りゅうりゅうしんく》

意味 目的を達成するために心を砕き苦労を重ねること。＊「苦心」はいろいろと試みたりして心を苦しめること。「惨憺」は心を砕き思い悩むようす。

用例
・苦心惨憺の末にようやく会社を再建した。
・苦心惨憺した甲斐《かい》あって高い評価を得た。
・彼の作品には苦心惨憺の跡が滲《にじ》み出ている。

苦肉之計《くにくのけい》

類義語 窮余一策《きゅうよ(の)いっさく》 苦肉之策《くにくのさく》 非常手段《ひじょうしゅだん》

意味 自分の身を苦しめてまで相手をあざむこうとするはかりごと。また、苦し紛れに考え出した策。＊「苦肉」は自分の身を苦しめること。

用例 ・『三国志演義《さんごくしえんぎ》』では、黄蓋《こうがい》の苦肉之計で曹操《そうそう》の軍は壊滅した。
・苦肉之計だったが予想外の効果をあげた。
・彼の苦肉之計に頼るしかない状況だ。

愚問愚答《ぐもんぐとう》

対義語 愚問賢答《ぐもんけんとう》

意味 くだらない質問とくだらない答え。つまらない問答。
＊「愚問」はおろかな質問。「愚答」はおろかな答え。まれに、自分の質問や回答、問答をへりくだって使うことがある。

用例 ・会議は愚問愚答の繰り返しになってしまった。
・教師も生徒も水準が低く、愚問愚答の授業だ。
・愚問愚答のように思えたが、全く無駄ではなかった。

君子三楽《くんしさんらく》

意味 君子の三つの楽しみ。一に、父母兄弟が無事であること。二に、自分の行いが天にも他人にも恥じることがないこと。三に優秀な人材を育ててあげること。

用例 ・教員生活を振り返り、君子三楽だったと感謝する。
・君子三楽というが、現実はそうはいかない。

出典 『孟子《もうし》』尽心《じんしん》

君子豹変《くんしひょうへん》

類義語 大人虎変《たいじんこへん》

対義語 小人革面《しょうじんかくめん》

意味 節操なくそれまでの思想・行動・態度をがらりと変えること。＊もとは、君子は過ちに気がつくとすぐに改める、という意味だった。

用例
・君子豹変する野党に呆《あき》れる。
・間違っていたのだから君子豹変でも改めるべきだ。

出典 『易経《えききょう》』革卦《かくか》

群雄割拠《ぐんゆうかっきょ》

類義語 治乱興亡《ちらんこうぼう》

対義語 千里同風《せんりどうふう》

意味 多くの英雄たちが各地で勢力を張り、覇権を争っている状態。また、多くの勢力が拮抗《きっこう》して争っている状態。
＊「雄」は英雄。「割拠」はそれぞれが自分の領地を拠点に勢力を張ること。

用例
・戦国時代は群雄割拠の時代だ。
・家電業界は各メーカーが群雄割拠している。

鯨飲馬食《げいいんばしょく》

類義語 牛飲馬食《ぎゅういんばしょく》 痛飲大食《つういんたいしょく》 暴飲暴食《ぼういんぼうしょく》

意味 飲んだり食べたりする量が非常に多く、その勢いが凄《すさ》まじいこと。＊「鯨飲」は、鯨が水を飲むように大量に飲むこと。「馬食」は馬のように大食いすること。

用例
・鯨飲馬食したせいで胃を悪くした。
・鯨飲馬食して無理に体重を増やす。
・部長の宴会での鯨飲馬食ぶりに驚く。

形影相弔《けいえいあいとむらう》

意味 孤独で、訪れる人もなく寂しく暮らすようす。＊「形影」は形とその影。「相弔」は互いに慰めいたわりあうこと。自分の体と影がともに慰め合うということから。

用例 ・年をとってから、形影相弔という身になった。
・身寄りがなく形影相弔とした境涯らしい。

出典 李密《りみつ》『陳情表《ちんじょうひょう》』

軽挙妄動《けいきょもうどう》

類義語 軽率短慮《けいそつたんりょ》 軽慮浅謀《けいりょせんぼう》

対義語 隠忍自重《いんにんじちょう》 熟慮断行《じゅくりょだんこう》 思慮分別《しりょふんべつ》 泰然自若《たいぜんじじゃく》

意味 事情をわきまえずに、軽はずみな行動をとること。＊「軽挙」は軽はずみな行い。「妄動」は考えもなくむやみに行動すること。

用例 ・上司の軽挙妄動のとばっちりを受ける。
・軽挙妄動をくれぐれもつつしんでほしい。
・彼の軽挙妄動が生んだ悲劇だ。

鶏群一鶴《けいぐん（の）いっかく》

類義語 群鶏一鶴《ぐんけいいっかく》 鶏群孤鶴《けいぐんこかく》 泥中之蓮《でいちゅうのはす》 嚢中之錐《のうちゅうのきり》

意味 多くの凡人の中に、際立ってすぐれた人物が一人だけいること。＊鶏の群れの中に、鶴が一羽交じっているということから。

用例 ・有力選手が集まる中でさえも、鶏群一鶴の存在だった。
・入社当時から鶏群一鶴と注目されていた。
・彼を鶏群一鶴と呼べるかどうかは、まだわからない。

出典 『晋書《しんじょ》』嵆紹伝《けいしょうでん》

鶏口牛後《けいこうぎゅうご》

類義語 鶏尸牛従《けいしぎゅうしょう》

意味 大きな組織の末端よりも、小さい組織のトップである方がよいということ。＊牛の尻よりも鶏の口になる方がましということ。「鶏口となるも牛後となるなかれ」の略。

用例
・鶏口牛後の言葉通り、大企業を辞めて独立した。
・息子の鶏口牛後の志に理解を示す。

出典 司馬遷《しばせん》『史記《しき》』蘇秦伝《そしんでん》

傾国美女《けいこく(の)びじょ》

類義語 一顧傾国《いっこけいこく》 一顧傾城《いっこけいせい》
傾城傾国《けいせいけいこく》

意味 君子の心を惑わし、国を傾けてしまうほどの美人。絶世の美女。＊「傾国」は、国を傾けるほどの絶世の美女の意。「傾国」だけでも使う。

用例
・楊貴妃《ようきひ》は傾国美女として知られる。
・今も昔も、傾国美女は人の心を惑わせる。

出典 『漢書《かんじょ》』外戚伝《がいせきでん》

傾城傾国《けいせいけいこく》

類義語 一顧傾国《いっこけいこく》 一顧傾城《いっこけいせい》
傾国美女《けいこく(の)びじょ》

意味 絶世の美女。非常に美しい女性。＊「傾城」は一つの城を、「傾国」は一つの国を傾けてしまうほどの美女。君主が溺れて国を傾けるほどの美女ということから。

用例
・彼の運命を狂わせた、まさに傾城傾国だ。
・江戸時代に傾城傾国とうたわれた遊女。

出典 『漢書』外戚伝

経世済民《けいせいさいみん》

類義語 救世済民《きゅうせいさいみん》 経国済民《けいこくさいみん》

意味 世の中を治め、民衆を救うこと。＊「経」は治めること。「済」は救うこと。「世を経め民を救う」とも訓読みする。「経済」はこれを略してできた言葉。

用例
・経世済民に尽くした政治家だった。
・経世済民の志を忘れて権力に溺れている。
・経世済民が実現されていた時代。

蛍雪之功《けいせつのこう》

類義語 苦学力行《くがくりっこう》 蛍窓雪案《けいそうせつあん》 車胤聚蛍《しゃいんしゅうけい》 孫康映雪《そんこうえいせつ》

意味 苦学すること。＊中国古代、晋《しん》の車胤《しゃいん》が蛍を集めてその光で書物を読み、孫康《そんこう》が雪の明かりで書物を読んだという故事から。

用例
・蛍雪之功あって志望校に見事合格した。
・実験の成功は長年の蛍雪之功によるものだ。
・蛍雪之功と呼ばれるほどの努力ができる人間になりたい。

出典 『晋書《しんじょ》』車胤伝／孫康伝

軽諾寡信《けいだくかしん》

対義語 季布一諾《きふのいちだく》 千金之諾《せんきんのだく》 一諾千金《いちだくせんきん》

意味 安請け合いする人はあまり信用できないということ。＊「軽諾」はよく考えないで軽く引き受けること。「寡」は少ないことで、「寡信」は信用できないこと。

用例
・軽諾寡信とそしられても仕方がない。
・社長は軽諾寡信の傾向がある。

出典 『老子《ろうし》』

軽佻浮薄《けいちょうふはく》

類義語 軽佻《けいちょう》浮華《ふか》 軽佻佞巧《けいちょうねいこう》 短慮軽率《たんりょけいそつ》 鼻先思案《はなさきしあん》

意味 言動に落ち着きがなく、軽はずみで浮ついていること。
＊「佻」も軽いという意味。「浮薄」は浮ついていること。言動だけでなく、浮ついた考え方などに使う場合もある。

用例
・軽佻浮薄で、社内での信頼は薄い。
・軽佻浮薄な内容の作品だと酷評される。
・あのように軽佻浮薄な男との結婚を認めるわけにはいかない。

敬天愛人《けいてんあいじん》

意味 天を敬い、人を愛し思いやること。＊西郷隆盛《さいごうたかもり》（号は南洲《なんしゅう》）が学問の目的として掲げた語として知られる。「天を敬し、人を愛す」とも訓読みする。

用例
・敬天愛人の精神を忘れずに学問に精進する。
・敬天愛人を実践している宗教家だ。

出典 『南洲遺訓《なんしゅういくん》』

鶏鳴狗盗《けいめいくとう》

類義語 竹頭木屑《ちくとうぼくせつ》

意味 卑しくくだらない者。また、くだらない者でも役に立つことがあること。＊中国古代、斉《せい》の孟嘗君《もうしょうくん》が、こそどろや鶏の鳴き真似のうまい者に助けられた故事から。

用例
・能力があると言われるが、私などは鶏鳴狗盗の類だ。
・成功しても昔の知人に、鶏鳴狗盗と陰口を言われる。

出典 司馬遷《しばせん》『史記《しき》』孟嘗君伝

桂林一枝

けいりん（の）いっし

意味 わずかな出世。＊出世したことを謙遜していう語。晋《しん》の郤詵《げきしん》が進士《しんし》に合格したとき、「桂林（美しい林）の一枝を得たにすぎない」と帝《みかど》に言ったという故事から。

用例 ・桂林一枝に過ぎないので、祝いなど不要だ。
・今回の私の昇進は桂林一枝といったところだ。

出典 『晋書《しんじょ》』郤詵伝

月下氷人

げっかひょうじん

類義語 月下老人《げっかろうじん》 赤縄繋足《せきじょうけいそく》

意味 仲人のこと。＊仲人の意の「月下老人」と「氷人」を合わせた語。未来の妻を予言した「月下老人」、婚約を予言する夢に出てきた「氷人」、ともに中国の故事による語。

用例 ・結婚式で月下氷人のスピーチを聞く。
・部下の月下氷人を快く引き受ける。

出典 『続幽怪録《ぞくゆうかいろく》』／『晋書』索紞伝《さくたんでん》

結跏趺坐

けっかふざ

意味 座禅の組み方。また、座禅を組むこと。＊仏教で、左右の足の甲を反対の足のもものの上に乗せて押さえる座り方。「跏」はあぐらを組むこと。「趺」は足の甲のこと。

用例 ・結跏趺坐して瞑想《めいそう》している若い僧侶。
・禅寺で結跏趺坐のやり方を教わる。
・結跏趺坐を保持するのは現代人には難しい。

月卿雲客《げっけいうんかく》

類義語 卿相雲客《けいしょううんかく》

意味 公卿《くぎょう》や殿上人《てんじょうびと》。高位高官の人々。＊「月卿」は公卿のこと。宮中を天に、天子を日に、公卿を月になぞらえたことから。「雲客」は雲の上の人という意から。

用例
・月卿雲客の華麗な姿を描いた絵巻物。
・月卿雲客が招かれて歌合《うたあわせ》が催された。
・かつて月卿雲客が通ったとされる道。

牽衣頓足《けんいとんそく》

意味 非常につらい別れのたとえ。＊「牽衣」は衣を引くこと。「頓足」は足をばたばたと踏むこと。出征する兵士を見送る家族が悲しんで衣を引き足を踏むようすから。

用例
・牽衣頓足に後ろ髪を引かれる思いで旅立つ。
・牽衣頓足を振り切って戦地に赴く。

出典 杜甫《とほ》「兵車行《へいしゃこう》」

狷介孤高《けんかいここう》

類義語 頑迷固陋《がんめいころう》 狷介孤独《けんかいこどく》 狷介固陋《けんかいころう》 狷介不屈《けんかいふくつ》

意味 志を固く守り、妥協せず他の人々と協調しないようす。
＊「狷介」は、頑固で志を固く守り、他人に心を開かないこと。「孤高」は俗世を離れて志を守ること。

用例
・彼は狷介孤高の人で、サラリーマンには向かない。
・狷介孤高で、偉業を成し遂げた人物。
・大学教授は狷介孤高というイメージがある。

懸河之弁《けんがのべん》

意味 よどみのない話し方。雄弁。＊「懸河」は勢いよく流れる川。傾斜の急な川。勢いよく流れる川の水のような弁舌ということから。

用例
・懸河之弁をふるう政治家。
・弁護人は法廷で懸河之弁をふるった。

出典 『晋書《しんじょ》』郭象伝《かくしょうでん》

牽強付会《けんきょうふかい》

類義語 我田引水《がでんいんすい》 牽強附合《けんきょうふごう》 漱石枕流《そうせきちんりゅう》

意味 筋が通らなくても自分の都合に合わせて、無理にこじつけること。＊「牽強」はこじつけること。「付会」は関係ないものを一つにすること。「附会」「傅会」とも書く。

用例
・牽強付会が多い論文で説得力に欠ける。
・牽強付会の主張で誰も納得しない。

出典 『朱子全書《しゅしぜんしょ》』学《がく》

喧喧囂囂《けんけんごうごう》

類義語 蛙鳴雀噪《あめいじゃくそう》 蛙鳴蟬噪《あめいせんそう》 侃侃諤諤《かんかんがくがく》 驢鳴犬吠《ろめいけんばい》

意味 多くの人が口やかましく騒ぐようす。また、そのように騒いで収拾がつかないこと。＊「喧喧」はやかましいこと。「囂囂」は口々に言い立てるようす。

用例
・会議は喧喧囂囂となり、決着がつかなかった。
・不用意な発言で喧喧囂囂と非難される。
・彼の処遇をめぐって喧喧囂囂の声がやまなかった。

蹇蹇匪躬《けんけんひきゅう》

意味 臣下が我が身を顧みず、主人に尽くすこと。＊「蹇蹇」は忠義を尽くすこと。「匪躬」は自分の功名や富貴を顧みないこと。

用例 ・栄光のかげには、家臣の蹇蹇匪躬がある。
・蹇蹇匪躬だった会社勤めを終える。
・彼の蹇蹇匪躬とした働きで、窮地を逃れることができた。

出典 『易経《えききょう》』蹇卦《けんか》

拳拳服膺《けんけんふくよう》

類義語 銘肌鏤骨《めいきるこつ》

意味 つつしんで心にとどめ、決して忘れないこと。＊「拳拳」は両手でうやうやしく捧《ささ》げ持つこと。「服膺」は胸に刻んで忘れないこと。

用例 ・先生の教えを拳拳服膺し、研究に励む。
・原理を拳拳服膺し、実践に臨む。

出典 『礼記《らいき》』中庸《ちゅうよう》

言行一致《げんこういっち》

意味 口で言うことと、実際の行動が矛盾することなく一致していること。自分が主張した通りに実行すること。＊「言行」は口で言うことと実際に行うこと。

用例 ・常に言行一致している姿勢はリーダーにふさわしい。
・彼は言行一致に非常にこだわっている。
・先生なのに言行一致しないことが多い。

けんこうりへい
堅甲利兵

意味 強い軍隊や強力な軍事力のこと。＊「堅甲」は「堅固な鎧《よろい》」の意味。「利兵」は鋭利な刃物で武装した兵隊、鋭利な兵器の意味。

用例
・堅甲利兵を加速する国が、国際的に非難を受ける。
・あそこは社内の実力者が集う、堅甲利兵の部署だ。

出典 『孟子《もうし》』梁恵王《りょうけいおう》

類義語 堅甲利刃《けんこうりじん》

けんこんいってき
乾坤一擲

意味 運命をかけ、のるかそるかの大勝負をすること。＊「乾」は天、「坤」は地。「一擲」はさいころなどを一度投げること。天下をさいころの一投に賭けることから。

用例
・決勝で乾坤一擲の作戦が成功した。
・乾坤一擲の策をとる道しか残されていない。

出典 韓愈《かんゆ》「過鴻溝《こうこうをすぐ》」

類義語 一擲千金《いってきせんきん》　一六勝負《いちろくしょうぶ》

けんどちょうらい
捲土重来

意味 一度失敗した者が再び勢力を得て巻き返すこと。＊「捲土」は土を巻き上げるほど激しい勢い。「重来」は重ねて来るという意味。「けんどじゅうらい」とも読む。

用例
・決勝で大敗して捲土重来を誓う。
・来年の試験に捲土重来を期す。

出典 杜牧《とぼく》「題烏江亭《うこうていにだいす》」

類義語 死灰復燃《しかいふくねん》　七転八起《しちてんはっき》

対義語 一蹶不振《いっけつふしん》

堅忍不抜

けんにんふばつ

類義語 確乎不動《かっこふどう》 確乎不抜《かっこふばつ》 堅忍持久《けんにんじきゅう》 志操堅固《しそうけんご》

意味 意志が強く、困難に屈することなく、じっと耐えて心を動かさないこと。＊「堅忍」は、つらいことによく耐え忍ぶこと。「不抜」は意志が強く動揺しないこと。

用例 ・堅忍不抜に仕事に取り組んできた。
・彼の堅忍不抜とした態度に皆が感心した。

出典 蘇軾《そしょく》「鼂錯論《ちょうそろん》」

堅白同異

けんぱくどうい

類義語 堅石白馬《けんせきはくば》 白馬非馬《はくばひば》

意味 詭弁《きべん》。＊目で見ると白さはわかるが堅さはわからず、手で触れると堅さはわかるが白いとわからないから、堅くて白い石は存在しないという、古代中国の理論。

用例 ・堅白同異をいくら並べても無駄だ。
・そんな堅白同異にはごまかされない。

出典 公孫竜《こうそんりゅう》「堅白論《けんぱくろん》」

犬馬之労

けんばのろう

類義語 汗馬之労《かんばのろう》 犬馬之報《けんばのほう》

意味 主君や他人のために懸命に働くこと。また、それをへりくだっていう言葉。＊犬や馬が主人のために働くような働きであるということから。

用例 ・尊敬する上司の下で犬馬之労を尽くす。
・入社以来犬馬之労をいとわなかったつもりだ。

出典 『韓非子《かんぴし》』五蠹《ごと》

権謀術数

けんぼうじゅっすう

意味 さまざまな計略をめぐらすこと。人を巧みにあざむくはかりごと。＊「権謀」は臨機応変のはかりごと。「術数」は同様に計略・策略の意。

用例 ・権謀術数の限りを尽くして政権を手に入れた。
・彼女を手に入れるための権謀術数を考える。

出典 朱熹《しゅき》『大学章句《だいがくしょうく》』序

類義語 奸智術策《かんちじゅっさく》　権謀術策《けんぼうじゅっさく》　手練手管《てれんてくだ》

肩摩轂撃

けんまこくげき

意味 人や車で道路が混み合うようす。＊「肩摩」は人の肩と肩がすれ合うこと。「轂撃」は車両がぶつかり合うこと。「轂」は車の車軸を受けるところ。

用例 ・さびれていた商店街が肩摩轂撃となった。
・アイドルが突然現れて肩摩轂撃の大混乱となる。

出典 劉向《りゅうきょう》『戦国策《せんごくさく》』斉《せい》策

絢爛豪華

けんらんごうか

意味 ぜいたくで華やかで美しいようす。＊「絢爛」は華やかで美しいようす。「豪華」はぜいたくで立派なようす。「豪華絢爛」ともいう。

用例 ・絢爛豪華な宮殿に圧倒される。
・新作映画の絢爛豪華な衣装が話題になる。
・隣家の飾りつけの絢爛豪華さに比べると恥ずかしい。

類義語 絢爛華麗《けんらんかれい》　錦繍綾羅《きんしゅうりょうら》

黔驢之技《けんろのぎ》

意味 稚拙な技量で恥をかくたとえ。＊中国の黔州《けんしゅう》で、虎が初めて見た驢馬《ろば》を恐れたが、驢馬に蹴られると、大して力がないことがわかり、食い殺した故事から。

用例
・生半可な知識をひけらかし、黔驢之技と侮られる。
・初舞台は黔驢之技となってしまった。

出典 柳宗元《りゅうそうげん》「三戒《さんかい》」

行雲流水《こううんりゅうすい》

類義語 一所不住《いっしょふじゅう》 雲煙過眼《うんえんかがん》
対義語 定雲止水《ていうんしすい》

意味 物事にとらわれず、自然のままに行動すること。＊「行雲」は空を流れていく雲。「流水」は流れる水。自然に滞らずに動いていくことから。

用例
・行雲流水の境涯を詠んだ歌人。
・田舎で行雲流水の生活を楽しむ。

出典 蘇軾《そしょく》「与謝民師推官書《しゃみんしすいかんにあたうるのしょ》」

効果覿面《こうかてきめん》

意味 効果がすぐにはっきりと現れること。＊「覿」は見ること。「覿面」はまのあたりにはっきりと現れるという意味。「適面」と書くのは誤り。

用例
・新薬は効果覿面で、すぐに治った。
・宣伝の効果覿面で、飛ぶように売れている。
・トレーナーの指導は効果覿面だった。

傲岸不遜《ごうがんふそん》

類義語 傲岸不屈《ごうがんふくつ》 傲岸無礼《ごうがんぶれい》 傲慢不遜《ごうまんふそん》 傍若無人《ぼうじゃくぶじん》

対義語 平身低頭《へいしんていとう》

意味 威張っていて人を見下すような態度をとること。＊「傲岸」はおごりたかぶっていること。「不遜」はへりくだる気持ちがないこと。

用例
・社長の傲岸不遜な態度には辟易《へきえき》する。
・大臣の発言の傲岸不遜さに批判が集まる。
・傲岸不遜で思いやりがないから誰もついてこない。

厚顔無恥《こうがんむち》

類義語 寡廉鮮恥《かれんせんち》

対義語 純情可憐《じゅんじょうかれん》

意味 厚かましくて恥知らずなこと。他人のことを顧みず自分のことだけ考え図々しく行動すること。＊「厚顔」は面の皮が厚いこと。鉄面皮《てつめんぴ》であること。

用例
・彼の厚顔無恥な態度に耐えられない。
・年をとって厚顔無恥になってきた。

出典 蕭統《しょうとう》『文選《もんぜん》』孔稚珪《こうちけい》「北山移文《ほくざんいぶん》」

剛毅果断《ごうきかだん》

類義語 剛毅果敢《ごうきかかん》 勇猛果敢《ゆうもうかかん》

対義語 薄志弱行《はくしじゃっこう》 優柔不断《ゆうじゅうふだん》

意味 自分の意志を強く持ち、物事を思い切って行うこと。＊「剛毅」は意志が強くくじけないこと。「果断」は決断力があり、思い切って行うようす。

用例
・剛毅果断なリーダーで、皆に頼られている。
・剛毅果断にやってのけたのには感心した。
・船長の剛毅果断な決断が船員を救った。

綱紀粛正《こうきしゅくせい》

類義語 秋霜烈日《しゅうそうれつじつ》
対義語 綱紀廃弛《こうきはいし》

意味 乱れた規律を正し、内部を引き締めること。特に政治の方針や政治家・役人の態度についていう。＊「綱」は太いつな、「紀」は細いつなで、国を治める大小の規律。「粛正」は厳しく取り締まること。「粛清」と書くのは誤り。

用例 ・綱紀粛正と銘打って反対派を弾圧する。
・社内の風紀が乱れているので、綱紀粛正が必要だ。

剛毅朴訥《ごうきぼくとつ》

類義語 質実剛健《しつじつごうけん》
対義語 巧言令色《こうげんれいしょく》

意味 意志が強固で、飾り気がないこと。＊「剛毅」は意志が強くくじけないこと。「朴訥」は飾り気がなく、口数が少ないこと。「木訥」とも書く。

用例 ・見合い相手はいかにも剛毅木訥な人だった。
・剛毅木訥で取引先から信用されている。

出典 『論語《ろんご》』子路《しろ》

巧言令色《こうげんれいしょく》

類義語 舌先三寸《したさきさんずん》 美辞麗句《びじれいく》
対義語 剛毅朴訥《ごうきぼくとつ》 質実剛健《しつじつごうけん》

意味 巧みな言葉で人にこびへつらうこと。口先だけで誠意がないこと。＊「巧言」は巧みな言葉。「令色」は相手に気に入られようと顔色を変えること。

用例 ・巧言令色で世の中を渡ってきた。
・彼の巧言令色は今に始まったことではない。

出典 『論語』学而《がくじ》

鴻鵠之志《こうこくのこころざし》

意味 大人物の偉大な志。＊「鴻鵠」はオオトリとクグイで、どちらも大きな鳥。「燕雀《えんじゃく》いずくんぞ鴻鵠之志を知らんや」の形で用いられることが多い。

用例
・鴻鵠之志を抱いて入庁する。
・彼の鴻鵠之志を誰も理解していない。

出典 司馬遷《しばせん》『史記《しき》』陳渉世家《ちんしょうせいか》

高材疾足《こうざいしっそく》

意味 高い能力があり、すぐれた働きをする人。＊「高材」はすぐれた才能。「高才」とも書く。「疾」は速いの意で、「疾足」は足が非常に速いこと。

用例
・同期の中でも高材疾足と評価が高い。
・高材疾足の経営者がしのぎを削っている。

出典 司馬遷『史記』淮陰侯伝《わいいんこうでん》

光彩陸離《こうさいりくり》

意味 光が入り乱れてまばゆいばかりに美しくキラキラと輝くようす。＊「光彩」はキラキラと輝く光。「陸離」は光が入り乱れて美しいようす。

用例
・光彩陸離とした才能が溢《あふ》れている作品。
・夕日に照らされた金閣寺《きんかくじ》は光彩陸離としていた。
・花嫁の光彩陸離とした姿に目を奪われる。

類義語 光彩奪目《こうさいだつもく》

高山流水《こうざんりゅうすい》

意味 音楽がすぐれて美しいこと。また、知己のこと。＊琴の名手伯《はく》牙《が》が、高い山や流れる水を思って琴を弾くと、親友の鍾子期《しょうしき》がそれをよく感じとったという故事から。

用例 ・巨匠の演奏は高山流水だ。
・彼は、得難い高山流水の友だった。

出典 『列子《れっし》』湯問《とうもん》

好事多魔《こうじたま》

意味 よいことには、思いがけない妨害や邪魔が入るものだということ。＊「好事魔多し」とも訓読みする。「好事」はよろこばしいこと。「魔」は悪いこと。さまたげとなること。

用例 ・好事多魔というから、絶好調のときほど注意が必要だ。
・受賞直後の入院とはまさに好事多魔だ。

出典 高明《こうめい》『琵琶記《びわき》』

膠漆之交《こうしつのまじわり》

意味 深い友情。非常に親しく離れがたい関係であること。＊「膠漆」はにかわとうるし。接着剤として用いられたことから、くっついて離れないことのたとえ。

用例 ・学生時代から変わらない膠漆之交の間柄だ。
・膠漆之交を結んだ友人と酒を酌み交わす。

出典 元稹《げんしん》『説剣《せっけん》』

類義語 管鮑之交《かんぽうのまじわり》　金石之交《きんせきのまじわり》　水魚之交《すいぎょのまじわり》　刎頸之交《ふんけいのまじわり》

曠日弥久《こうじつびきゅう》

意味 無駄に月日を費やすこと。また、無駄に事を長引かせること。＊「曠日」は無駄に月日を過ごすこと。「弥久」は長期間にわたること。

用例 ・大学を中退してから曠日弥久のようだ。
・曠日弥久して戦意が喪失している。

出典 劉向《りゅうきょう》『戦国策《せんごくさく》』燕《えん》策

類義語 曠日持久《こうじつじきゅう》

口耳之学《こうじのがく》

意味 受け売りの薄っぺらい学問。＊口と耳でする学問ということから。聞きかじっただけで身についていない知識を、得意になって口にするような学問という意味。

用例 ・彼の研究は口耳之学にすぎない。
・口耳之学でのしあがっただけで底が浅いやつだ。

出典 『荀子《じゅんし》』勧学《かんがく》

類義語 口耳四寸《こうじしすん》 道聴塗説《どうちょうとせつ》

公序良俗《こうじょりょうぞく》

意味 社会の秩序と善良な風俗、それに基づく道徳観。＊「公序」は公共の秩序。「良俗」はよい風俗と習慣。「公共秩序」「良風美俗」をそれぞれ略した語。

用例 ・公序良俗に反する行いを見すごすことはできない。
・公序良俗を乱す小説だと弾圧される。
・公序良俗が保たれているように見えるが、見せかけだ。

黄塵万丈《こうじんばんじょう》

意味 強い風に吹かれて黄色い土ぼこりがもうもうと立ち上るようす。戦場での砂煙をたとえていう場合もある。

＊「黄塵」は黄色い土煙。「万丈」は非常に高く舞い上がること。

用例 ・大地は見渡すかぎり黄塵万丈にかすんでいた。
・黄塵万丈の風に乗って戦士の雄叫《おたけ》びが聞こえる。
・黄塵万丈で、目を開けていられない。

後生可畏《こうせいおそるべし》

意味 若者や後輩は、将来に大きな可能性を秘めているので、おそれるべきだということ。＊「後生」は後から生まれること。「こうせいかかい」とも読む。

用例 ・後生可畏、来シーズンのレギュラーは危ないだろう。
・後生可畏とはいってもまだまだ若い者には負けない。

出典 『論語《ろんご》』子罕《しかん》

功成名遂《こうせいめいつい》

意味 立派に成功した上に、あわせて世間的な名誉も手に入れること。＊「功成り名を遂ぐ」とも訓読みする。「功」は成功をおさめた仕事。「名」は名声・名誉。

用例 ・功成名遂で胸を張って故郷に帰る。
・息子の功成名遂を周囲に吹聴《ふいちょう》する。

出典 『老子《ろうし》』

浩然之気
こうぜんのき

類義語 正大之気《せいだいのき》

意味 物事にとらわれない、ゆったりとした大きな気持ち。＊「浩」は水が豊かであること。「浩然」はひろびろとゆったりしているようす。「気」は気持ち。

用例 ・浩然之気を養い、再起を図る。
・都会に疲れたので田舎で浩然之気を養う気になった。

出典 『孟子《もうし》』公孫丑《こうそんちゅう》

広大無辺
こうだいむへん

類義語 広大無量《こうだいむりょう》

意味 限りなく広くて大きいこと。＊「広大」は広くて大きいこと。「宏大」「洪大」とも書く。「無辺」は広々として果てがないこと。限りがないこと。

用例 ・広大無辺の宇宙のように無限の可能性がある。
・子を思う母の慈愛は広大無辺だ。
・広大無辺な大地の恵みに感謝する。

巧遅拙速
こうちせっそく

意味 上手で遅いことと下手でも速いこと。＊「巧遅拙速に如《し》かず」の形で、上手で遅いよりも下手でも速い方がいいという意味で使われることが多い。

用例 ・締め切りを守れないのでは巧遅拙速に如かずだ。
・編集者としては巧遅拙速は、最終的にどちらも困る。

出典 孫武《そんぶ》『孫子《そんし》』作戦《さくせん》

こうどうきちにち
黄道吉日

類義語 嘉辰令月《かしんれいげつ》 大安吉日《たいあんきちじつ》

意味 陰陽道《おんみょうどう》で、何をしてもよいとされる日。事を行うのに最良の日柄。＊「おうどうきちにち」とも読む。「黄道」は地球から見て太陽が運行しているように見える軌道。

用例
・黄道吉日を選んで結婚式を挙げる。
・母は何かにつけて黄道吉日かどうか気にする。
・黄道吉日を考慮しつつスケジュールを組む。

こうとうむけい
荒唐無稽

類義語 荒唐之言《こうとうのげん》 荒唐不稽《こうとうふけい》 無稽荒唐《むけいこうとう》 妄誕無稽《もうたんむけい》

意味 大げさで根拠がなく、でたらめであること。＊「荒唐」「無稽」はともに根拠がなく、でたらめであること。「荒」「唐」は広く大きいという意味。「無稽」は「ぶけい」とも読む。

用例
・荒唐無稽な企画として却下される。
・荒唐無稽すぎて現実味のない小説。
・そんな荒唐無稽な話を信じるな。

こうとうりょくしゅ
紅灯緑酒

類義語 灯紅酒緑《とうこうしゅりょく》

意味 歓楽街・繁華街のこと。また、酒食にふける生活のこと。＊「紅灯」は繁華街の灯《あか》りのこと。「緑酒」は酒の美称。質のよい酒のこと。

用例
・連れだって紅灯緑酒に出掛ける。
・未成年が紅灯緑酒をうろついてはいけない。
・紅灯緑酒におぼれて身をほろぼした。

好評嘖嘖《こうひょうさくさく》

意味 評判がよく、人からさかんに褒められること。＊「好評」はよい評判。「嘖嘖」は口々に言いはやすようす。評判がよい場合に使われる。

用例 ・デビュー作は好評嘖嘖で、新人賞を受賞した。
・優勝してからどこへ行っても好評嘖嘖だ。
・好評嘖嘖の商品で、追加生産が追いつかない。

光風霽月《こうふうせいげつ》

類義語 虚心坦懐《きょしんたんかい》 青天白日《せいてんはくじつ》 明鏡止水《めいきょうしすい》

意味 心が澄んでいてわだかまりがないようす。非常に清々《すがすが》しいようす。＊「光風」は光の中を吹くさわやかな風。「霽月」はさえわたった月。

用例 ・困難を乗り越え今は光風霽月とした心境にある。
・和尚《おしょう》の光風霽月な人柄に癒やされる。

出典 『宋史《そうし》』周敦頤伝《しゅうとんいでん》

公平無私《こうへいむし》

類義語 一視同仁《いっしどうじん》 公正平等《こうせいびょうどう》 公明正大《こうめいせいだい》 無私無偏《むしむへん》

対義語 私利私欲《しりしよく》

意味 判断や行動が平等、個人的な感情や利益に左右されないこと。＊「公平」は平等に扱うこと。「無私」は私心がなく、利害の計算をしないこと。

用例 ・裁判官は公平無私でなくてはならない。
・公平無私な判定に文句をつける。

出典 韓嬰《かんえい》『韓詩外伝《かんしがいでん》』

ごうほうらいらく
豪放磊落

類義語 大胆不敵《だいたんふてき》 天空海闊《てんくうかいかつ》 幕天席地《ばくてんせきち》 磊磊落落《らいらいらくらく》
対義語 小心翼翼《しょうしんよくよく》

意味 気持ちが大きく、細かいことを気にかけないこと。
＊「豪放」も「磊落」も同じような意味で、度量が大きく小事にこだわらないこと。

用例 ・豪放磊落とした人物で、慕う者が多い。
・豪放磊落に見えるが失敗をいつまでも気にしている。
・くよくよせずにもっと豪放磊落になりなさい。

こうめいせいだい
公明正大

類義語 公正平等《こうせいびょうどう》 公平無私《こうへいむし》 正正堂堂《せいせいどうどう》 大公無私《たいこうむし》

意味 心が公平で良心に恥じることなく、不正や隠し事がないこと。
＊今は「公明正大」と使われるが、もとは「光明正大」と書いた。「公明」は公平で不正がないこと。「正大」は態度が正しく堂々としているようす。

用例 ・公明正大な姿勢で交渉に臨む。
・経営は常に公明正大に行われている。

こうもうへきがん
紅毛碧眼

類義語 紫髯緑眼《しぜんりょくがん》

意味 西洋人のこと。
＊「紅毛」は赤い髪の毛。「碧眼」は青緑色の目。江戸時代、特にオランダ人のことをいった。「碧眼紅毛」ともいう。

用例 ・西洋から招かれた紅毛碧眼の設計士。
・紅毛碧眼の異国の人と交流する。
・時代劇に出てくる、紅毛碧眼は出島《でじま》のオランダ人だ。

膏粱子弟《こうりょう（の）してい》

意味 富貴な家の子ども。＊贅沢な食事をする若者という意から。「膏」は脂肪のついた肉。「粱」は穀物。「子弟」は年の若い者。

用例
・膏粱子弟だから、食べ物にうるさい。
・彼は膏粱子弟だが、人づきあいでは倹約家だ。
・膏粱子弟とわかって以来、彼を狙う女性が増えた。

出典 『天香楼偶得《てんこうろうぐうとく》』

甲論乙駁《こうろんおつばく》

類義語 議論沸騰《ぎろんふっとう》 議論紛紛《ぎろんふんぷん》 議論百出《ぎろんひゃくしゅつ》 諸説紛紛《しょせつふんぷん》

対義語 衆議一決《しゅうぎいっけつ》 満場一致《まんじょういっち》

意味 議論がなかなかまとまらないようす。＊甲が何かを論ずると、乙がそれに反対するということから。「駁」は反対するという意味。

用例
・この話題になると決まって甲論乙駁になる。
・司会者は甲論乙駁をうまくさばいていた。
・甲論乙駁はあったが何とか決着した。

高論卓説《こうろんたくせつ》

類義語 高論名説《こうろんめいせつ》 名論卓説《めいろんたくせつ》

意味 卓越した見識の高い意見のこと。立派な論説。＊「高論」はすぐれた意見。「卓」はひときわ高くぬきんでていることで、「卓説」はすばらしい説。

用例
・先生の高論卓説をつつしんで聞く。
・学者の高論卓説だけでは解決しない。
・雑誌に掲載された高論卓説に刺激を受けた。

孤影悄然《こえいしょうぜん》

類義語 孤影孑然《こえいけつぜん》 孤影寥寥《こえいりょうりょう》

意味 ひとりぼっちでさびしげなようす。＊「孤影」は孤独でさびしそうに見える姿。「悄然」は元気がなく、しょんぼりしているようす。

用例
・孤影悄然とした後ろ姿を見送る。
・兄は孤影悄然と歩いていたので、声をかけそびれた。
・一人の老人が孤影悄然とたたずんでいた。

呉越同舟《ごえつどうしゅう》

類義語 楚越同舟《そえつどうしゅう》 同舟共済《どうしゅうきょうさい》

対義語 不倶戴天《ふぐたいてん》

意味 敵対するものが同じ場所にいること。敵同士が共通の利害のため協力すること。＊「呉」「越」はともに中国の春秋《しゅんじゅう》時代に敵対していた国。「呉越」は仲が悪いことをいう。

用例
・業界全体の危機を呉越同舟で乗り切る。
・敵対する団体が鉢合わせでまさに呉越同舟だった。

出典 孫武《そんぶ》『孫子《そんし》』九地《きゅうち》

古往今来《こおうこんらい》

類義語 往古来今《おうこらいこん》 古今東西《ここんとうざい》

意味 昔から今まで。古今。古来。
＊「古往」は昔という意。「今来」は今までという意。「きんらい」とも読む。「今来古往」ともいう。

用例
・古往今来、我が子がかわいくない親はいない。
・このような例は古往今来見たことがない。

出典 蕭統《しょうとう》『文選《もんぜん》』潘岳《はんがく》「西征賦《せいせいのふ》」

呉下阿蒙

ごか（の）あもう

意味 昔のままで進歩のない人。＊「阿」は親しみを表す語。呉の魯粛《ろしゅく》が、再会した呂蒙《りょもう》の学問の上達ぶりに、呉にいた頃の阿蒙ではないと言ったという故事から。

用例 ・君はもう入社当時の呉下阿蒙じゃないな。
・いつまでたっても呉下阿蒙で成長がみえない。

出典 陳寿《ちんじゅ》『三国志《さんごくし》』呉志《ごし》・呂蒙伝

狐疑逡巡

こぎしゅんじゅん

類義語 右顧左眄《うこさべん》 狐疑不決《こぎふけつ》 首鼠両端《しゅそりょうたん》 遅疑逡巡《ちぎしゅんじゅん》

意味 事に臨んで疑い深く、あれこれ迷って決心のつかないようす。＊「狐疑」は、キツネが疑い深いことから、相手を疑うこと。「逡巡」は決断できずにためらっていること。

用例 ・狐疑逡巡するより、まずはやってみることだ。
・狐疑逡巡しているようで返事が一向にこない。
・上に立つ者は狐疑逡巡してはいけない。

極悪非道

ごくあくひどう

類義語 悪逆非道《あくぎゃくひどう》 悪逆無道《あくぎゃくむどう》 大逆無道《たいぎゃくむどう》

意味 ひどくよこしまで、人の道に外れ、行いが悪いようす。＊「極悪」は極めて悪いこと。「非道」は「道に非ず」で人の道に外れていること。

用例 ・世間を震撼《しんかん》させた極悪非道の犯罪者が逮捕される。
・極悪非道の輩《やから》と非難されることも覚悟の上だ。
・極悪非道の暴君として歴史に名を残す。

国士無双

こくしむそう

類義語 古今無双《ここんむそう》 天下無双《てんかむそう》 天下第一《てんかだいいち》

意味 国中を探しても並ぶものがないほどすぐれた人物。＊「国士」はその国で特にすぐれた人物。「無双」は比べられる者がいないほどすぐれていること。

用例
・彼は国士無双の英雄とたたえられた人物だ。
・国士無双で国内はもとより海外でも比肩する者がいない。

出典 司馬遷《しばせん》『史記《しき》』淮陰侯伝《わいいんこうでん》

黒白分明

こくびゃくぶんめい

対義語 黒白混淆《こくびゃくこんこう》

意味 善と悪、是と非、正と邪がはっきりしていること。＊「黒白」は黒と白。「分明」は区別が明らかなこと。悪・非・邪などの黒と、善・是・正などの白が明白だという意。

用例
・あの判事は常に黒白分明、あざやかな判決を下す。
・彼は黒白分明のはっきりした政治家だ。
・裁判で黒白分明となるはずだ。

極楽浄土

ごくらくじょうど

類義語 九品浄土《くほんじょうど》 極楽世界《ごくらくせかい》 十万億土《じゅうまんおくど》 西方浄土《さいほうじょうど》

意味 仏教で、阿弥陀仏《あみだぶつ》が住むとされる世界。＊苦しみがなく、安楽な理想の世界。阿弥陀仏の力をかりれば、死後行くことができるとされる。

用例
・祖母は死んだら極楽浄土に行けると信じている。
・極楽浄土をこの世に実現させたような寺院。
・死んだら極楽浄土から子や孫たちを見守りたい。

国利民福《こくりみんぷく》

対義語　党利党略《とうりとうりゃく》

意味　国家の利益と国民の幸福。＊「国利」は国家の利益。国益。「民福」は民衆の幸福。

用例
・公務員として国利民福に貢献する。
・国利民福を増進するための機関を設立する。
・政治家は私利私欲よりも、先ず第一に国利民福を考えるべきだという考え方もある。

孤軍奮闘《こぐんふんとう》

類義語　孤城落日《こじょうらくじつ》　孤立無援《こりつむえん》　僑軍孤進《きょうぐんこしん》　四面楚歌《しめんそか》

意味　たった独りで困難な状況に懸命に立ち向かうこと。＊「孤軍」は味方のいない少人数の軍。援軍がない状態で懸命に闘うということから。

用例
・孤軍奮闘したが最後は力つきた。
・彼の孤軍奮闘の活躍がチームを救った。
・会社を再建するために孤軍奮闘している。

股肱之臣《ここうのしん》

類義語　股肱之良《ここうのりょう》　腹心之臣《ふくしんのしん》
対義語　身中之虫《しんちゅうのむし》　乱臣賊子《らんしんぞくし》

意味　最も信頼できる部下のこと。＊「股」はもも、「肱」はひじ。「股肱」は手足のことで、主君の手足となって働く腹心の家臣をいう。

用例
・総理の股肱之臣として働く人物。
・創業以来の股肱之臣を失う。
・私を、股肱之臣として長年支えてくれている人を紹介したい。

出典　司馬遷《しばせん》『史記《しき》』太史公自序《たいしこうじじょ》

五穀豊穣《ごこくほうじょう》

意味 穀物が豊かに実ること。＊「五穀」は米・麦・豆・粟《あわ》・黍《きび》の五種類の穀物をさすが、穀物の総称としても用いられる。「豊穣」は実り豊かなこと。

用例
・五穀豊穣を祈って行われる祭り。
・五穀豊穣をつかさどる神を祀《まつ》った神社。
・雨乞いと五穀豊穣を目的として舞う民俗芸能。

古今東西《ここんとうざい》

類義語 往古来今《おうこらいこん》 古往今来《こおうこんらい》

意味 昔から今まで、あらゆる場所において。＊「古今」は昔から今に至るまで。「東西」は東から西に至るまでありとあらゆる場所。「東西古今」ともいう。

用例
・古今東西の作品を所蔵する美術館。
・古今東西を探しても彼ほどの博学はいないだろう。
・占いは、古今東西さまざまなやり方がある。

古今独歩《ここんどっぽ》

類義語 海内無双《かいだいむそう》 古今無双《ここんむそう》 古今無比《ここんむひ》 古今無類《ここんむるい》

意味 昔から今に至るまで匹敵するものがないこと。＊「古今」は昔から今に至るまで。「独歩」は他に並ぶものがないほどすぐれていること。

用例
・古今独歩の作品と評価される。
・杜甫《とほ》は古今独歩の詩人だ。
・古今独歩の達人といわれている。

古今無双《ここんむそう》

意味 昔から今に至るまで並ぶものがいないということ。＊「古今」は昔から今に至るまで。「無双」は比べる者がないほどすぐれていること。「ここんぶそう」とも読む。

用例
・義経《よしつね》は古今無双の名将だ。
・首都圏を襲った台風は古今無双の規模だ。
・古今無双の大作とよぶにふさわしい。

類義語 国士無双《こくしむそう》 古今独歩《ここんどっぽ》 古今無比《ここんむひ》 古今無類《ここんむるい》

虎視眈眈《こしたんたん》

意味 隙をうかがい、機会をじっと狙っているようす。＊「虎視」は虎が獲物を狙うようにじっと機会をうかがっていること。「眈眈」はにらむ、狙うという意味。

用例
・虎視眈眈と反撃のときを待つ。
・彼は以前からあの地位を虎視眈眈と狙っていた。

出典 『易経《えききょう》』頤卦《いか》

後生大事《ごしょうだいじ》

意味 ある物事を非常に大切にすること。＊「後生」は仏教語で来世のこと。もとは、来世の安楽を大事とし、熱心に信仰するという意味。

用例
・母からもらったお守りを後生大事に持っている。
・先生の教えを後生大事と守る。
・後生大事に守ってきた伝統に終止符が打たれる。

こじょうらくじつ
孤城落日

類義語 孤城落月《こじょうらくげつ》 孤軍奮闘《こぐんふんとう》 孤立無援《こりつむえん》

意味 勢いが衰えひどく心細く頼りないようす。＊「孤城」は孤立無援の城。「落日」は沈もうとする太陽。勢いが衰えることのたとえ。

用例
・赴任先で孤城落日の日々を送る。
・与党はもはや孤城落日のありさまだ。
・孤城落日の会社、と呼ばれないように奮起すべきである。

出典 王維《おうい》「送韋評事詩《いひょうじをおくるし》」

こしょくそうぜん
古色蒼然

類義語 古色古香《こしょくここう》

意味 長い年月を経て、いかにも古めかしいようす。＊「古色」は年月を経たものの古びた色合い。「蒼然」は古びて色あせたようす。

用例
・山寺は古色蒼然としたようすだ。
・古色蒼然の社訓にうんざりする。

出典 謝肇淛《しゃちょうせい》『五雑俎《ござつそ》』人部《じんぶ》

こじらいれき
故事来歴

類義語 書言故事《しょげんこじ》

意味 昔から伝えられてきた物事の由来やいきさつ。＊「故事」は昔から伝わっているいわれのある事柄。「来歴」はそうなったいきさつ。経緯。

用例
・和歌は故事来歴を現代に伝える文学だ。
・この町の故事来歴に詳しい人を訪ねる。

出典 『書言字考節用集《しょげんじこうせつようしゅう》』

五臓六腑《ごぞうろっぷ》

意味 体の内部のすべて。または心の中。＊「五臓」は心臓・肺臓・脾臓《ひぞう》・肝臓・腎臓。「六腑」は大腸・小腸・胃・胆嚢《たんのう》・膀胱《ぼうこう》・三焦《さんしょう》（消化・排泄《はいせつ》を行う器官）。

用例
・腹が立って五臓六腑が煮えくり返る。
・ひさびさに飲んだ酒は五臓六腑にしみわたる。

出典 『漢書《かんじょ》』芸文志《げいもんし》

壺中之天《こちゅうのてん》

類義語 壺中天地《こちゅうてんち》 壺中之仙《こちゅうのせん》 一壺之天《いっこのてん》 羽化登仙《うかとうせん》

意味 俗世とかけ離れた別世界。ユートピア。また、酒を飲んで俗世を忘れる楽しみ。

用例
・山道を登っていくとそこはまるで壺中之天だった。
・壺中之天にも追っ手の手がのびる。
・パーティーで壺中之天のような心地になる。

出典 『後漢書《ごかんじょ》』方術伝《ほうじゅつでん》

胡蝶之夢《こちょうのゆめ》

類義語 一場春夢《いちじょうのしゅんむ》 荘周之夢《そうしゅうのゆめ》

意味 現実と夢の区別がつかなくなるたとえ。また、人生のはかなさのたとえ。＊荘子《そうし》が夢の中で胡蝶になり、自分と胡蝶の区別がつかなくなった故事から。

用例
・昨夜のことは胡蝶之夢のような出来事だった。
・これまでの人生がまるで胡蝶之夢のように感じる。

出典 荘周《そうしゅう》『荘子《そうじ》』斉物論《せいぶつろん》

克己復礼《こっきふくれい》

意味 自分の欲望を抑え、社会の規範や礼儀に従って行動すること。＊「己《おのれ》に克《か》ち礼に復《かえ》る」とも訓読みする。「克己」は自分の欲望に勝つこと。「復礼」は礼を行うこと。

用例
・新政権は克己復礼を重んじた。
・先生に言われた克己復礼の教えを守っている。

出典 『論語《ろんご》』顔淵《がんえん》

刻苦勉励《こっくべんれい》

類義語 刻苦精励《こっくせいれい》 刻苦勉学《こっくべんがく》 刻苦励精《こっくれいせい》 精励恪勤《せいれいかっきん》

意味 非常に苦労して努力し、勉強や仕事に励むこと。＊「刻苦」は身を削るように苦労して骨を折ること。「勉励」は勉め励むこと。

用例
・刻苦勉励によってついに大望を実現した。
・志望校合格のため、もっと刻苦勉励しなさい。
・彼は刻苦勉励して修養を積んだ。

五風十雨《ごふうじゅうう》

類義語 十風五雨《じゅっぷうごう》

意味 天候が順調で農作物が育つのに都合がよいこと。世の中が太平であること。＊五日に一度風が吹き、十日に一度雨が降ることは豊作の兆しとされる。

用例
・神社で五風十雨と五穀豊穣《ほうじょう》を祈る。
・五風十雨の太平の世を喜ぶ。

出典 王充《おうじゅう》『論衡《ろんこう》』是応《ぜおう》

鼓腹撃壌《こふくげきじょう》

類義語 含哺鼓腹《がんぽこふく》 撃壌之歌《げきじょうのうた》 国土成就《こくどじょうじゅ》 天下泰平《てんかたいへい》

意味 理想的な政治のもと、民衆が太平の世を楽しむようす。＊古代中国、尭帝《ぎょうてい》のとき、一人の老人が腹をたたき、大地をたたいて歌い、太平の世をたたえたという故事から。

用例 ・今の世は鼓腹撃壌でも、いつ悪くなるかわからない。
・平穏で鼓腹撃壌だった時代をなつかしむ。

出典 『十八史略《じゅうはっしりゃく》』五帝《ごてい》

鼓舞激励《こぶげきれい》

類義語 叱咤激励《しったげきれい》 叱咤督励《しったとくれい》

意味 励まして奮い立たせること。＊「鼓舞」は鼓を打ち、舞を舞うことから、人の気持ちを励ますこと。「激励」は励まして元気づけること。

用例 ・皆で鼓舞激励して大事業を成し遂げる。
・独立運動で同志を鼓舞激励した。
・彼女は彼を鼓舞激励して創作に向かわせた。

枯木寒巌《こぼくかんがん》

意味 人情味がなく冷淡であるようす。また、世俗から離れ情念を捨てた枯淡の境地。
＊「枯木」は枯れた木。「寒巌」は寒々とした岩。

用例 ・枯木寒巌の剣士が主人公の時代小説。
・枯木寒巌で多くを語らないので、近寄りがたい。
・修行して枯木寒巌の境地を得る。

孤立無援《こりつむえん》

類義語 孤軍奮闘《こぐんふんとう》 孤城落日《こじょうらくじつ》 僑軍孤進《きょうぐんこしん》 四面楚歌《しめんそか》

意味 仲間もおらず、たった独りで、助けてくれる者がいないこと。＊「孤立」は独りだけ他から離れて助けがないこと。「無援」は助けがないこと。「無縁」と書くのは誤り。

用例
・終戦直前日本は孤立無援になった。
・彼は部内で孤立無援の状態だ。
・たとえ孤立無援になっても信じてやり通すつもりだ。

五里霧中《ごりむちゅう》

類義語 曖昧模糊《あいまいもこ》 暗中模索《あんちゅうもさく》

対義語 一目瞭然《いちもくりょうぜん》 明明白白《めいめいはくはく》

意味 手がかりがなく、物事の状態がわからなくなり、どうすればよいか見込みが立たないようす。＊「霧中」を「夢中」と書くのは誤り。

用例
・開店したのはいいが先行きは五里霧中だ。
・前任者がいないまま引き継いだ仕事で、五里霧中だ。

出典 『後漢書《ごかんじょ》』張楷伝《ちょうかいでん》

欣求浄土《ごんぐじょうど》

類義語 安楽浄土《あんらくじょうど》 厭穢欣浄《おんえごんじょう》

対義語 厭離穢土《おんりえど》

意味 死後に極楽浄土に往生することを願うこと。＊仏教語。「欣求」は心から仏を願い求めること。「浄土」は仏の住む世界で一切の煩悩から離れた清らかな世界。

用例
・世の無常を感じ、欣求浄土の思いが強くなる。
・信心深い祖母は一心に欣求浄土を求めている。

出典 源信《げんしん》『往生要集《おうじょうようしゅう》』序

金剛不壊
こんごうふえ

類義語 金剛堅固《こんごうけんご》

意味 非常に固くて、決して壊れないこと。志が固く変わらないことのたとえ。＊「金剛」は金属の中で最も硬いもの。「不壊」は堅固で壊れないこと。

用例 ・挑戦者の前に金剛不壊の壁がそびえ立つ。
・彼の金剛不壊の志に感心する。
・あの人の信仰心は金剛不壊だ。

言語道断
ごんごどうだん

類義語 言語道過《ごんごどうか》

意味 ひどすぎて話にならないこと。＊もとは仏教語で、言葉で言い表せないという意。「言語」は言葉で表現すること。「道断」の「道」は「言う」の意で、言うにたえないこと。

用例 ・あれだけの失言をして謝らないなど言語道断だ。
・宴席での言語道断の振る舞いで身を滅ぼす。

出典 『維摩経《ゆいまきょう》』阿閦仏品《あしゅくぶつほん》

渾然一体
こんぜんいったい

類義語 表裏一体《ひょうりいったい》

意味 異質のものが一つに溶け合って一体となり、区別がつかないようす。＊「渾然」は「混然」とも書く。いくつかのものが溶け合って区別できないこと。

用例 ・東と西の文化が渾然一体となった建築物。
・ターナーの絵は自然と対象が渾然一体となっている。

出典 『淮南子《えなんじ》』精神訓《せいしんくん》

【さ行】

塞翁之馬《さいおうのうま》

類義語　塞翁失馬《さいおうしつば》　禍福糾纆《かふくきゅうぼく》

意味　運・不運は転々として定めがたいこと。＊中国の北部の塞に住む老人が、馬がいなくなるなどの一時的な運・不運を気にとめなかったという故事から。

用例　・災難続きだが塞翁之馬と考えて前向きになろう。

出典　『淮南子』人間訓《じんかんくん》

斎戒沐浴《さいかいもくよく》

類義語　精進潔斎《しょうじんけっさい》

意味　神仏の祭事を行う前に、飲食や行動をつつしみ、体を洗って清めること。＊「斎戒」は祭祀《さいし》を行う者が心身を清めること。「沐浴」は髪や体を洗い、清めること。

用例　・地鎮祭に斎戒沐浴して臨む。

出典　『孟子《もうし》』離婁《りろう》

採菓汲水《さいかきゅうすい》

意味　仏に供えるために木の実や花を採り、水を汲《く》むこと。転じて仏道修行。＊「採花」「採果」とも書く。

用例　・悟りを得るために採菓汲水して励む。
・退職後は心穏やかに採菓汲水の生活を楽しみたい。

出典　『法華経《ほけきょう》』提婆達多品《だいばだったほん》

才気煥発《さいきかんぱつ》

意味 鋭い才能が表に出ていること。＊才能が目立って表れている人物をほめる言葉。「才気」はすぐれた頭の働き。「煥発」は輝き現れ出ること。

用例 ・小学生のときから才気煥発で他の子とは違っていた。
・こんな会社では才気煥発な彼にはもったいない。
・才気煥発で実行力もあり、リーダーに適任だ。

類義語 才気横溢《さいきおういつ》

再三再四《さいさんさいし》

意味 同じことを何度も繰り返すこと。たびたび。＊「再三」はあることが二度三度行われること。「再四」は「再三」をさらに強調した語。「再四」単独では用いない。

用例 ・再三再四注意しているのに一向に改めない。
・再三再四申し出て、ようやく採用された。

出典 『紅楼夢《こうろうむ》』

才子佳人《さいしかじん》

意味 才能があるすぐれた男性と美しい女性。理想的な男女の組み合わせのこと。＊「才子」は才能のある人物で、多く男性についていう。「佳人」は美しい女性。

用例 ・才子佳人とはいかないが、妻とは理想の関係だ。
・パーティーには才子佳人が大勢招待された。
・才子佳人がめでたく結ばれるラストシーン。

才子多病《さいしたびょう》

類義語 佳人薄命《かじんはくめい》 美人薄命《びじんはくめい》

意味 才能のある人は体が弱く病気がちなことが多いということ。＊「才子」は才能のある人物。「才士」とも書く。多く男性についていう。「多病」は「たへい」とも読む。

用例
・すばらしい作家だが才子多病で寡作だ。
・才子多病というが彼は健康そのものだ。

出典 末広鉄腸《すえひろてっちょう》『雪中梅《せっちゅうばい》』序

才色兼備《さいしょくけんび》

類義語 才貌両全《さいぼうりょうぜん》 秀外恵中《しゅうがいけいちゅう》 徳才兼備《とくさいけんび》

意味 才能と美貌の両方に恵まれている人のこと。＊女性についていうことが多い。「才色」は主に女性のすぐれた才知と顔だち。「兼備」は兼ね備えていること。

用例
・才色兼備な上に性格もいい奥様でうらやましい。
・彼女は才色兼備だがきつい性格で損をしている。
・才色兼備の女優でスタッフの評判もいい。

採長補短《さいちょうほたん》

類義語 舎短取長《しゃたんしゅちょう》 取長補短《しゅちょうほたん》 助長補短《じょちょうほたん》 続短断長《ぞくたんだんちょう》

意味 他人の長所から学び、取り入れ、自分の短所を補うこと。また、物事のよいところを取り入れ足りないところを補うこと。＊「長を採り短を補う」とも訓読みする。

用例
・採長補短を心がけて人脈を広げる。
・この企画にはまだまだ採長補短が必要だ。
・多くの職人が招かれ、採長補短で銅像が完成した。

西方浄土《さいほうじょうど》

類義語 西方極楽《さいほうごくらく》 西方世界《さいほうせかい》 極楽浄土《ごくらくじょうど》

対義語 阿鼻地獄《あびじごく》 無間地獄《むげんじごく》

意味 人間の住む世界から西に十万億土をへだてた所にあるという、仏や菩薩《ぼさつ》が住む世界。＊仏教語。「浄土」は仏の住む世界で一切の煩悩から離れた清らかな世界。

用例
・西方浄土を目指して旅立つ物語。
・西方浄土はここかと思うほどのすばらしい眺め。
・祖母は西方浄土があると信じている。

昨非今是《さくひこんぜ》

意味 昨日は悪いと思ったことが今日はよいと思われること。境遇が変わり、考え方がすっかり変わることのたとえ。
＊「今是昨非」ともいう。

用例
・忙しい部署に転属して、昨非今是の心境になる。
・審判の判定が昨非今是のように感じられる。

出典 陶潜《とうせん》「帰去来辞《ききょらいのじ》」

左顧右眄《さこうべん》

類義語 内股膏薬《うちまたごうやく》 首鼠両端《しゅそりょうたん》 東眺西望《とうちょうせいぼう》 左見右見《とみこうみ》

意味 周囲の目や意見を気にしてばかりで決断しないこと。
＊「顧」は振り返って見ること。「眄」は横目で見ること。「右眄左顧」ともいう。

用例
・左顧右眄する政治家は信用されない。
・社長が左顧右眄しているから、うまくいかない。
・左顧右眄で意志が弱く、実行力もない。

座右之銘《ざゆうのめい》

意味 常に心に忘れず自分の戒めとする格言のこと。＊「座右」は自分が座るそば。手もと。「銘」は心に刻み込んでいる戒めなどの言葉。

用例 ・社長はスピーチで座右の銘を言うのが常だ。
・ことわざ辞典から座右の銘になりそうな語を探す。

出典 崔瑗《さいえん》『座右銘《ざゆうのめい》』注

三寒四温《さんかんしおん》

意味 冬に寒暖が繰り返されること。また、そのようにして次第に春に近づいていくこと。＊三日寒い日が続き、その後四日暖かい日が続くということから。

用例 ・三寒四温の頃は体調管理に気をつけなさい。
・三寒四温の気候に春の訪れを感じる。
・三寒四温どころではない急激な気温の変化だ。

三綱五常《さんこうごじょう》

意味 儒教で、人が守り行うべき道のこと。＊「三綱」は守るべき君臣・父子・夫婦の道徳。「五常」は仁・義・礼・智・信の五つの徳。

用例 ・常に三綱五常に従う立派な人物だ。
・三綱五常に縛られない自由な生き方を貫く。
・儒教の三綱五常に則《のっと》り、日々生活してみようと思う。

出典 『文中子《ぶんちゅうし》』天地《てんち》

さ

山高水長《さんこうすいちょう》

意味 聖人君子など立派な人物の徳が長く伝わることのたとえ。＊山がいつまでも高くそびえ、水がいつまでも流れているようにということから。

用例
・一時の流行ではなく山高水長となる思想だろう。
・孔子《こうし》の教えは山高水長で現代にも通じる。

出典 范仲淹《はんちゅうえん》「厳先生祠堂記《げんせんせいしどうのき》」

三顧之礼《さんこのれい》

類義語 草廬三顧《そうろさんこ》　三徴七辟《さんちょうしちへき》

意味 礼を尽くしてすぐれた人材を迎えること。＊中国の三国時代、蜀《しょく》の劉備《りゅうび》が、諸葛亮《しょかつりょう》を軍師として招くため、その草庵《そうあん》を三度訪れたという故事から。

用例
・名監督を三顧之礼をもって迎える。
・新社長は会長が三顧之礼で迎えたと噂《うわさ》されている。

出典 諸葛亮《しょかつりょう》「前出師表《ぜんすいしのひょう》」

三三五五《さんさんごご》

類義語 三三両両《さんさんりょうりょう》

意味 三人、五人という少人数でひとまとまりになって行動すること。また、人や物があちらこちらに散らばって存在しているようす。ちらほら。

用例
・会場から人々が三三五五と出てきた。
・村人が三三五五、盆踊りの会場のやぐらのあたりへ向かう。
・学生たちが三三五五、目の前を通り過ぎた。

山紫水明《さんしすいめい》

意味　山や川などの自然の景色が非常に美しいこと。＊日に照らされて山は紫に見え、川は清らかに澄んで流れているということから。

用例
・故郷の山紫水明に心癒やされる。
・日本は山紫水明の島国だ。

出典　頼山陽《らいさんよう》「題自画山水《みずからさんすいをえがくにだいす》」

類義語　山清水秀《さんせいすいしゅう》　山明水秀《さんめいすいしゅう》　水紫山明《すいしさんめい》

三枝之礼《さんしのれい》

意味　親を敬うこと。＊鳩《はと》の子は親鳥の止まっている枝から三本下の枝に止まるということから。親に対する礼儀をわきまえているというたとえ。

用例
・社会に出ても三枝之礼を忘れてはいけない。
・彼女は三枝之礼をよくし、周囲から感心されている。
・三枝之礼を軽んじる若者が増えた。

三者鼎立《さんしゃていりつ》

意味　三つの勢力が拮抗《きっこう》して対立していること。三つどもえ。＊「鼎《かなえ》」は古代中国の金属製の器。三本の足がついている。鼎の足のように三者が対立すること。

用例
・有力候補が出馬をとりやめ、三者鼎立となった。
・代表枠は一人だが、三者鼎立で予測できない。

出典　『呉志《ごし》』陸凱伝《りくがいでん》

類義語　三国鼎立《さんごくていりつ》　三足鼎立《さんそくていりつ》　三分鼎立《さんぶんていりつ》

三十六計《さんじゅうろっけい》

意味　形勢が不利なときは、どんな策よりも逃げるのが一番いいということ。転じて、面倒なことからは逃げるのがよいということ。
＊「三十六計逃げるにしかず」の略。

用例
・口論が始まったので、三十六計とばかりに席を立った。
・部長は三十六計《おうけいそくでん》を決め込んでいるようだ。

出典　『南斉書《なんせいじょ》』王敬則伝

斬新奇抜《ざんしんきばつ》

類義語　奇想天外《きそうてんがい》

意味　普通の人が思いも寄らない新しい考え。＊「斬新」は趣向や発想が非常に新しいようす。「奇抜」は思いも寄らないほど変わっていること。

用例
・斬新奇抜なデザインで着こなすのが難しい。
・斬新奇抜な演出に観客は興奮した。
・君のアイデアは斬新奇抜すぎて採用は難しいだろう。

三千世界《さんぜんせかい》

意味　広大無辺の世界。＊仏教の世界観で、須弥山《しゅみせん》を中心にした一世界を千集めたものを小千世界、さらにそれを千集めたものを中千世界、中千世界を千集めたものを三千大千世界という。「三千大千世界」の略。

用例
・三千世界に我が子ほどかわいいものはいない。
・火は三千世界を焼き尽くす勢いだった。

山中暦日《さんちゅうれきじつ》

意味 世俗から離れた山の中での静かで穏やかな生活。＊「山中暦日なし」の略。「暦日」は一日一日の月日の経過。山中では月日がたつのを忘れるということ。

用例
・父の湯治は長引いているが、山中暦日のようだ。
・山中暦日なしという通り、事件も事故もない田舎。

出典 『唐詩選《とうしせん》』太上隠者《たいじょういんじゃ》「答人詩《ひとにこたうるし》」

三人成虎《さんにんせいこ》

意味 事実無根の噂《うわさ》も、多くの人が言うと本当だと信じられてしまうこと。＊三人の人が市に虎がいると言えば、実際にはいなくても信じられるようになるということから。

用例
・三人成虎とはいえ、こんな話が広まるとは驚きだ。
・インターネット上には三人成虎が飛び交っている。

出典 劉向《りゅうきょう》『戦国策《せんごくさく》』魏《ぎ》策

三拝九拝《さんぱいきゅうはい》

類義語 三跪九叩《さんききゅうこう》 三跪九拝《さんききゅうはい》
平身低頭《へいしんていとう》

意味 何度も頭を下げて頼むこと。＊「三拝」は三度拝礼すること。「三拝九拝」は三度の拝礼と九度の拝礼で、転じて何度も頭を下げること。

用例
・三拝九拝してようやく融資してもらう。
・三拝九拝して友人に譲ってもらった掛け軸。
・彼女が出席したのは彼が三拝九拝したからだ。

三百代言《さんびゃくだいげん》

意味 屁《へ》理屈を押し通すこと。また、そのような人。＊「三百」は三百文のことで、価値が低いということ。代言人は弁護士の旧称。明治時代初期に、資格のない、もぐりの弁護士のことをのしっていった。

用例
・三百代言にまんまとだまされて借金を背負う。
・あの代議士は三百代言のとんでもない人物だ。

賛否両論《さんぴりょうろん》

意味 賛成の意見と反対の意見が対立すること。＊「賛否」は賛成の意見と不賛成の意見。「両論」は相対する二つの意見。両方の言い分。

用例
・新制度の導入には賛否両論ある。
・賛否両論が拮抗《きっこう》し、なかなか決着しない。
・賛否両論あるのは当然、遠慮なく議論してほしい。

三位一体《さんみいったい》

意味 三つの別々のものが一つになること。＊一神教のキリスト教では、父なる神・子のキリスト・聖霊の三つは、本質的には一体であるという考え方。

用例
・表向きは三権分立だが、実際は三位一体の権力だ。
・作家・編集者・出版社が三位一体となって良書を作る。
・精神・技術・体力が三位一体となったすばらしい選手。

三面六臂《さんめんろっぴ》

類義語　八面六臂《はちめんろっぴ》　縦横無尽《じゅうおうむじん》

意味　一人で何人分もの働きをすること。また、一人の人が多方面で活躍すること。＊「面」は顔、「臂」は手首からひじまで。三つの顔と六本の腕がある仏像から。

用例　・新店舗は彼の三面六臂の活躍で軌道に乗った。
・マルチタレントとして三面六臂の大活躍だ。
・監督・脚本・主演とまさに三面六臂だ。

思案投首《しあんなげくび》

意味　首を傾けて深く考え込んでいるようす。いくら考えてもよい案が思い浮かばない状態。＊「投首」は投げ出すように首を傾けること。思案にくれるようす。

用例　・娘の将来を案じて思案投首の日々だ。
・企画会議を前に思案投首するばかりだ。
・解決策がうかばず、思案投首の体《てい》だ。

尸位素餐《しいそさん》

類義語　尸素《しそ》　尸禄《しろく》　尸禄素餐《しろくそさん》　窃位素餐《せついそさん》　伴食大臣《ばんしょくだいじん》

意味　高い地位にいながら職務や責任を果たさず、給料だけもらっていること。＊「尸位」は無能なのに高い地位についていること。「素餐」は食べるばかりで何もしないこと。

用例　・尸位素餐の役人を罷免する。
・尸位素餐の輩《やから》と言われないよう厳しく律してほしい。

出典　『漢書《かんじょ》』朱雲伝《しゅうんでん》

四海兄弟《しかいけいてい》

類義語 四海一家《しかいいっか》 四海同胞《しかいどうほう》

意味 世界中の人が兄弟のように親しくつきあうこと。

＊「四海」は四方の海の内という意味から、世の中、世界のこと。「けいてい」は「兄弟」の漢音読み。

用例 ・四海兄弟の精神でボランティア活動をする。

・四海兄弟の理想の実現に一生を捧《ささ》げた。

出典 『論語《ろんご》』顔淵《がんえん》

死灰復燃《しかいふくねん》

類義語 捲土重来《けんどちょうらい》

意味 一度勢いを失ったものが再び盛んになること。

＊「死灰復《ま》た燃ゆ」とも訓読みする。「死灰」は火の気がなくなった灰。また、生気のないもの。

用例 ・万年最下位のチームが死灰復燃、優勝した。

・死灰復燃となることを思ってひたすら堪え忍ぶ。

出典 司馬遷《しばせん》『史記《しき》』韓長孺伝《かんちょうじゅでん》

四角四面《しかくしめん》

類義語 四角四方《しかくしほう》 石部金吉《いしべきんきち》 謹厳実直《きんげんじっちょく》 杓子定規《しゃくしじょうぎ》

対義語 自由奔放《じゆうほんぽう》 融通無碍《ゆうずうむげ》

意味 極めて真面目であること。堅苦しくて融通がきかないこと。

＊「四角」は型にはまって堅苦しいこと。「四面」は周囲。周囲すべてが堅苦しいということ。

用例 ・四角四面すぎて同調性に欠ける。

・四角四面な考え方だけでは社会に通用しない。

・上司が四角四面で肩が凝る。

自画自賛《じがじさん》

類義語 一分自慢《いちぶじまん》 我田引水《がでんいんすい》 手前味噌《てまえみそ》

意味 自分に関することを自分でほめること。＊自分で描いた画に、自分で賛（絵に関する文）を書くということから。普通は他人が書く。「自我自賛」と書くのは誤り。

用例
・自画自賛したくなるほどのできばえだ。
・彼の自画自賛を聞くのはうっとうしい。
・自画自賛で恐縮だが、企画には自信がある。

自家撞着《じかどうちゃく》

類義語 自己矛盾《じこむじゅん》 自己撞着《じこどうちゃく》 矛盾撞着《むじゅんどうちゃく》

意味 同じ人の発言と言動が、最初と最後で食い違い、矛盾していること。＊「自家」は自分の家、転じて自分。「撞着」はつじつまがあわないこと。「着」は「著」とも書く。

用例
・この論文は自家撞着に陥っている。
・ひどい自家撞着だが気がついていないようだ。

出典 『禅林類聚《ぜんりんるいじゅう》』看経門《かんきんもん》

自家薬籠《じかやくろう》

意味 自分の思うように使えるもの。＊「自家」は自分の家、自分のこと。「薬籠」は薬箱。「自家薬籠中の物」の形で使うことが多い。

用例
・風景画は彼にとって自家薬籠のテーマだ。
・古典を自家薬籠中の物として使いこなした小説。
・自家薬籠として使いこなせるようになるまで、あと少しだ。

出典 『唐書《とうじょ》』元行沖伝《げんこうちゅうでん》

し

じが―じか

只管打坐《しかんたざ》

意味 ただひたすら座禅をすること。＊「只管」はただひたすらという意味。「祗管」とも書く。「打坐」は座ること。座禅をすること。禅宗、特に曹洞宗《そうとうしゅう》でいう。

用例
・只管打坐して悟りを開く。
・禅寺で修行僧たちが只管打坐している。

出典 『正法眼蔵随聞記《しょうぼうげんぞうずいもんき》』

時期尚早《じきしょうそう》

対義語 時節到来《じせつとうらい》

意味 事を起こすべきときが、まだ訪れていないこと。＊「尚」はまだという意で、「尚早」はまだ早いという意味。「時期」を「時季」と書くのは誤り。

用例
・この制度の導入は時期尚早だ。
・二人の結婚は時期尚早と猛反対された。
・いい企画だったが時期尚早で実現しなかった。

色即是空《しきそくぜくう》

類義語 一切皆空《いっさいかいくう》　空即是色《くうそくぜしき》

意味 この世の物質的存在に、執着すべきではないということ。＊仏教語。「色」は世の中のすべての物。「空」は実体がないこと。実体のない物に執着することはないと説く。

用例
・すべてを失って世の中は色即是空だと悟った。
・色即是空と思えば、出世への執着もなくなる。

出典 『般若心経《はんにゃしんぎょう》』

自給自足《じきゅうじそく》

意味　自分が生活していくのに必要なものは自分でつくること。＊「自給」は自分でまかなうこと。「自足」は自分で間に合わせること。自分で自分に供給し、自分を足らせ満たすという意味。

用例
・農村で自給自足の生活を送る。
・食料の自給自足が可能な国。

四苦八苦《しくはっく》

類義語　艱難辛苦《かんなんしんく》　七難八苦《しちなんはっく》
塗炭之苦《とたんのくるしみ》

意味　非常に苦労すること。＊仏教でいう、人間のあらゆる苦しみ。「四苦」は生・老・病・死。「八苦」はそれに愛別離苦《あいべつりく》・怨憎会苦《おんぞうえく》・求不得苦《ぐふとくく》・五陰盛苦《ごおんじょうく》を加えたもの。

用例
・借金の返済に四苦八苦する。
・締め切り前に四苦八苦する作家。
・町の大ホールは維持費に四苦八苦しているらしい。

試行錯誤《しこうさくご》

類義語　暗中模索《あんちゅうもさく》

意味　いろいろな方法を試して失敗を繰り返しながら、次第に目標に向かっていくこと。＊「試行」は試しにやってみること。「錯誤」は間違うこと。

用例
・試行錯誤を重ねてよりよい作品ができあがる。
・情報が入って来ず、試行錯誤でやるしかなかった。
・試行錯誤しながら周囲との関係を築く。

自業自得《じごうじとく》

類義語 自業自縛《じごうじばく》 自作自受《じさくじじゅ》 自縄自縛《じじょうじばく》 因果応報《いんがおうほう》

意味 自分が行った悪い行いの報いが自分に降りかかること。＊「業」は行為。「自得」は自分の身に報いを受けること。「自業」を「じぎょう」と読むのは誤り。

用例
・自業自得とはいえ倒産したのは気の毒だ。
・練習をさぼったのだから、負けたのは自業自得だ。

出典 『正法念経《しょうほうねんきょう》』

自己矛盾《じこむじゅん》

類義語 自家撞着《じかどうちゃく》 自己撞着《じこどうちゃく》 矛盾撞着《むじゅんどうちゃく》

意味 論理や行動が、自分自身の中で食い違うこと。自分の中でつじつまがあわないこと。＊「矛盾」は物事の道理が一貫せず、つじつまがあわないこと。

用例
・あの人は自己矛盾しがちだ。
・哲学者の自己矛盾を暴き出す。
・追いつめられて弁士は自己矛盾に陥った。

士魂商才《しこんしょうさい》

意味 武士としての精神と、商人としての才覚を備えていること。＊「和魂漢才《わこんかんさい》」をもじってできた語。経営者・実業家の心構えを示すものとして使われることが多い。

用例
・士魂商才を掲げて設立された学校。
・維新後に士魂商才が重宝された。
・士魂商才の精神で経営を行う。

屍山血河《しざんけつが》

意味 死者が多数出る、激しい戦闘のたとえ。＊「屍」は死体のこと。死体が山のように積み重なり、血が河のように流れるということから。

用例 ・屍山血河の末に落城した。
・屍山血河で、玉砕の島は凄惨《せいさん》をきわめた。
・屍山血河の激戦を生き抜いてきた兵士。

子子孫孫《ししそんそん》

意味 孫子《まごこ》の代までずっと。子孫の続くかぎり。末代まで。
＊子孫のまた子孫。「子孫」を重ねて強めた言葉。「孫孫」は「そんぞん」とも読む。

用例 ・子子孫孫に至るまでの繁栄を願う。
・子子孫孫の家宝とするよう言われた壺《つぼ》。

出典 『書経《しょきょう》』梓材《しざい》

事実無根《じじつむこん》

意味 事実に基づかないこと。根も葉もなく、でたらめであること。実際とはまったく違う作り話。＊「無根」は根拠となる事実がないこと。

用例 ・事実無根の噂《うわさ》に惑わされる。
・彼の主張は事実無根の思い込みにすぎない。
・検証すれば事実無根であることは明らかだ。

獅子奮迅《ししふんじん》

意味　猛烈な勢いで突き進んで物事に対処すること。＊「奮迅」は奮い立つこと。獅子が奮い立って突進するような激しい勢いということから。

用例
・国際試合で獅子奮迅の大活躍をする。
・援軍がない中、獅子奮迅で闘った。

出典　『法華経《ほけきょう》』涌出品《ゆじゅっほん》

自縄自縛《じじょうじばく》

類義語　自業自得《じごうじとく》　自業自縛《じごうじばく》　因果応報《いんがおうほう》

対義語　自由奔放《じゆうほんぽう》

意味　自分の発言や行動で自分が縛られ、身動きがとれなくなって苦しむこと。＊「縛」はしばること。自分の縄で自分を縛ることから。

用例
・不安がつのり自縄自縛に陥っている。
・細かく規制した結果、自縄自縛となった。
・出来心でついた嘘《うそ》で自縄自縛になる。

四書五経《ししょごきょう》

意味　儒教の基本とされる書物。＊「四書」は、『大学《だいがく》』『中庸《ちゅうよう》』『論語《ろんご》』『孟子《もうし》』。「五経」は、『易経《えききょう》』『詩経《しきょう》』『書経《しょきょう》』『春秋《しゅんじゅう》』『礼記《らいき》』。

用例
・少年時代から四書五経を通読していたようだ。
・四書五経に訓点をほどこす。
・四書五経などの古典を解釈した学者だ。

死屍累累《ししるいるい》

類義語 阿鼻叫喚《あびきょうかん》

意味 多くの死体が折り重なっている、むごたらしいようす。想像を絶する悲惨な状況をいう。＊「死屍」は死体。「累累」はいくつも重なりあうようす。

用例 ・初登頂に成功するまで、まさに死屍累累だった。
・勝利のために死屍累累もいとわない将軍。
・死屍累累たるありさまを描いた絵。

市井之徒《しせいのと》

類義語 市井之臣《しせいのしん》 市井之人《しせいのひと》 市井無頼《しせいぶらい》

意味 一般市民。また、町のならず者。＊「市井」は、昔中国で井戸の周囲に人が集まったことから、町のこと。「徒」は「何もしない」の意で、ならず者の意が強い。

用例 ・学問を捨て一介の市井之徒となった。
・市井之徒が闊歩《かっぽ》しているから危ない。

出典 『旧唐書《くとうじょ》』李密伝《りみつでん》

自然淘汰《しぜんとうた》

類義語 自然選択《しぜんせんたく》 弱肉強食《じゃくにくきょうしょく》 適者生存《てきしゃせいぞん》

対義語 人為淘汰《じんいとうた》

意味 環境に適応できる生物が残り、適応できない生物は自然に滅びていくということ。＊ダーウィンが『種の起源』で説いた概念。「淘汰」はより分けること。

用例 ・自然淘汰されて子孫を残さず滅んだ生物。
・雑多なサービスの中から自然淘汰されて残ったもの。
・弱者が自然淘汰されていく社会。

志操堅固《しそうけんご》

類義語 志節堅固《しせつけんご》 堅忍不抜《けんにんふばつ》 秋霜烈日《しゅうそうれつじつ》 雪中松柏《せっちゅうしょうはく》

対義語 意志薄弱《いしはくじゃく》 薄志弱行《はくしじゃっこう》

意味 自分の志を固く守って簡単に変えないこと。＊「操」には志をめったに変えないという意味があり、「志操」は自分の主義・主張を固く守って変えない心の意。

用例
・よほど志操堅固でないと成し遂げられないだろう。
・曽祖父《そうそふ》は志操堅固な将軍だったそうだ。
・志操堅固で忠実に務めるタイプの人だ。

時代錯誤《じだいさくご》

意味 時流に合わない考え方や行動。時代遅れで、いつまでも古い考えに固執すること。＊「アナクロニズム」の訳語。「錯誤」は間違っていること。

用例
・時代錯誤な政策と批判された。
・今回の劇の演出には、時代錯誤な表現が多い。
・署名したのは時代錯誤な連中ばかりだ。

事大主義《じだいしゅぎ》

類義語 事大思想《じだいしそう》

対義語 独立独歩《どくりつどっぽ》

意味 自分の主義主張を持たず、勢力のある者に従って自己保身を図ろうとする態度。＊「事大」は力の弱いものが強いものにうまく従うこと。

用例
・事大主義を嫌って隠棲《いんせい》した作家。
・君の行動は事大主義といわざるを得ない。
・政治家の事大主義が国を滅ぼしたのだ。

舌先三寸《したさきさんずん》

類義語 巧言令色《こうげんれいしょく》

意味 口先だけで巧みに相手をあしらうこと。＊「舌先」はうわべばかりの言葉。「三寸」は短いもの、うすいもののたとえ。「口先三寸」とするのは誤り。

用例 ・舌先三寸で誠実さのかけらもない。
・舌先三寸で社長にまでなった人物。
・お人好《よ》しだから舌先三寸でうまくまるめこまれた。

七転八起《しちてんはっき》

類義語 捲土重来《けんどちょうらい》 不撓不屈《ふとうふくつ》 勇猛精進《ゆうもうしょうじん》

意味 何度挫折してもめげずに、立ち直ってやり抜くこと。＊「七転び八起き」ともいう。七度転んでも八度起きあがるということから。「七転」は「七顛」とも書く。

用例 ・七転八起してついにやり遂げた。
・講演会で七転八起の半生を聞く。
・七転八起の精神であきらめないよう誓う。

七転八倒《しちてんばっとう》

意味 激しい痛みに苦しみ転げ回ってもがき苦しむようす。＊七度転んで八度倒れることから。「しってんばっとう」とも読む。「七転」は「七顛」とも書く。

用例 ・牡蠣《かき》にあたって七転八倒した。
・七転八倒して苦しがり、救急車に担ぎ込まれた。

出典 黎靖徳《れいせいとく》『朱子語類《しゅしごるい》』

七堂伽藍《しちどうがらん》

意味 寺院の中心的な建物。＊宗派によって異なるが、一般には塔・金堂・講堂・鐘楼・経堂・僧房・食堂をいう。「伽藍」は寺の建物のこと。

用例
・七堂伽藍の他に立てられた別院。
・堂々とした七堂伽藍がそろった寺だ。
・藤原《ふじわら》氏が建立した七堂伽藍。

七難八苦《しちなんはっく》

類義語 艱難辛苦《かんなんしんく》 四苦八苦《しくはっく》 塗炭之苦《とたんのくるしみ》

意味 人間にふりかかるありとあらゆる苦難。＊仏教語。「七難」は火難・水難など七種類の災難。経典により異なる。「八苦」は「生・老・病・死」と「愛別離苦《あいべつりく》・怨憎会苦《おんぞうえく》・求不得苦《ぐふとくく》・五陰《ごおん》盛苦《じょうく》」をいう。

用例
・七難八苦に耐え、女手一つで三人の子を育てた。
・たとえ七難八苦にあっても決してあきらめないと誓う。

七歩之才《しちほのさい》

類義語 七歩成詩《しちほせいし》 七歩之詩《しちほのし》 七歩八叉《しちほはっさ》 陳思七歩《ちんししちほ》

意味 詩を作る才能がすぐれていること。また、詩作が早いこと。＊魏《ぎ》の曹植《そうしょく》が、兄の曹丕《そうひ》に七歩歩く間に詩を作れと命令され、兄弟の不仲を嘆く詩を作った故事から。

用例
・若い詩人は七歩之才を遺憾なく発揮した。
・君の七歩之才には感嘆するばかりだ。

出典 『世説新語《せせつしんご》』文学《ぶんがく》

死中求活《しちゅうきゅうかつ》

類義語 死中求生《しちゅうきゅうせい》 九死一生《きゅうしいっしょう》

意味 追いつめられた状況で必死に生き延びる道を探すこと。また、捨て身で物事を行うこと。＊「死中に活を求む」とも訓読みする。

用例
・大不況の中、死中求活の道を模索する。
・死中求活とばかりに必死に懇願している。
・たとえ負けていても、最後まで死中求活の姿勢を崩さない。

出典 『後漢書《ごかんじょ》』公孫述伝《こうそんじゅつでん》

四通八達《しつうはったつ》

類義語 四通五達《しつうごたつ》 四衢八街《しくはちがい》 四達八通《したつはっつう》

意味 道路が四方八方に通じていることから、交通の便が発達し、往来が活発でにぎやかなことをいう。＊「八達」を「発達」と書くのは誤り。

用例
・東京の地下鉄は四通八達している。
・四通八達したこの地方の経済の中心地。

出典 『晋書《しんじょ》』慕容徳載記《ぼようとくさいき》

実事求是《じつじきゅうぜ》

意味 事実に基づいて物事の真理を追究すること。＊「実事」は本当のこと。事実。「是」は正しいことで、「求是」は真実を求めること。

用例
・実事求是のねばり強い研究が実を結んだ。
・この仕事は実事求是の姿勢を忘れずに遂行してほしい。

出典 『漢書』景十三王伝《けいじゅうさんおうでん》

質実剛健《しつじつごうけん》

類義語 剛毅朴訥《ごうきぼくとつ》
対義語 巧言令色《こうげんれいしょく》

意味 真面目で飾り気がなく、強くたくましいこと。＊「質実」は質素で真面目なこと。「剛健」は心身が強くたくましいこと。「剛健質実」ともいう。

用例
・彼の出身大学は質実剛健を旨としているところだ。
・新郎は質実剛健の好青年だ。
・彼の質実剛健ぶりは有名だ。

実践躬行《じっせんきゅうこう》

類義語 率先躬行《そっせんきゅうこう》 率先垂範《そっせんすいはん》
率先励行《そっせんれいこう》

意味 理論だけではなく自分で実際にやってみること。主義主張するだけでなく態度で示すこと。＊「実践」は実際に行うこと。「躬行」は自ら行うこと。

用例
・実践躬行しなければ皆の賛同は得られない。
・彼は有言実行・実践躬行の人だ。
・我が社は実践躬行をモットーとしている。

質素倹約《しっそけんやく》

意味 つつましく生活し、無駄遣いをしないこと。＊「質素」はぜいたくではなく、つつましいこと。「倹約」は無駄遣いせず出費を少なくするようつとめること。

用例
・質素倹約を心がける妻は、こつこつ貯金している。
・社長は質素倹約の模範を自ら示している。
・質素倹約を顧みないから失敗したのだ。

叱咤激励《しったげきれい》

類義語　叱咤督励《しったとくれい》　啓発激励《けいはつげきれい》
鼓舞激励《こぶげきれい》

意味　大きな声で強く叱ったり励ましたりして奮い立たせること。＊「叱咤」は大きな声でしかりつけること。「激励」は励まし、奮い立たせること。

用例
・コーチの叱咤激励のおかげで最後までがんばれた。
・互いに叱咤激励して目標に向かう。
・叱咤激励するだけでは今の学生には通じない。

疾風迅雷《しっぷうじんらい》

類義語　迅速果敢《じんそくかかん》　電光石火《でんこうせっか》
破竹之勢《はちくのいきおい》　暴風迅雷《ぼうふうじんらい》

意味　行動や勢いがすばやく激しいようす。＊「疾風」は激しく吹く風。「迅雷」は激しい雷。

用例
・疾風迅雷の勢いで敵軍に切り込んだ。
・前半に失点したが後半疾風迅雷の反撃に出た。
・疾風迅雷の対応で不況を乗り切った。

出典　『礼記《らいき》』玉藻《ぎょくそう》

疾風怒濤《しっぷうどとう》

類義語　狂瀾怒濤《きょうらんどとう》　暴風怒濤《ぼうふうどとう》

対義語　平穏無事《へいおんぶじ》

意味　時代がめまぐるしく変化することを形容する言葉。＊「疾風」は激しく吹く風。「怒濤」は荒れ狂う波。十八世紀後半のドイツに興った文学革新運動「シュトゥルム・ウント・ドラング」の訳語。

用例
・彼は疾風怒濤の時代を生き抜いた革命家だ。
・幕末の疾風怒濤を好んで描いた作家だ。

櫛風沐雨《しっぷうもくう》

類義語　櫛風浴雨《しっぷうよくう》　風櫛雨沐《ふうしつうもく》

意味　苦労して奔走することのたとえ。＊「風に櫛《くしけず》り、雨に沐す」とも訓読みする。「櫛風」は風で髪が櫛でとかされるようになること。「沐雨」は雨で体を洗うこと。

用例
・戦時中の櫛風沐雨の体験を語った。
・櫛風沐雨の苦労が何とか報われた。

出典　荘周《そうしゅう》『荘子《そうじ》』天下《てんか》

紫電一閃《しでんいっせん》

類義語　光芒一閃《こうぼういっせん》

意味　刀を一振りするときにきらめく光。また、そのくらい短い時間で物事が急激に変化すること。＊「紫電」は研ぎ澄ました刀の光。「一閃」はぴかっと光ること。

用例
・一進一退の試合を、彼の一振りで紫電一閃勝利した。
・紫電一閃、あっという間に火の海になった。
・なごやかな空気が彼女の登場で紫電一閃緊迫した。

舐犢之愛《しとくのあい》

意味　親が子を非常にかわいがること。＊「犢」は子牛、「舐」はなめるの意で、「舐犢」は親牛が子牛を舌でなめてかわいがること。

用例
・父母の舐犢之愛を受けて成長した。
・妻は息子に甘く、その溺愛ぶりはまさに舐犢之愛だ。
・舐犢之愛も行きすぎれば、子どもに悪影響となる。

出典　『後漢書《ごかんじょ》』楊彪伝《ようひょうでん》

四分五裂《しぶんごれつ》

類義語 四散《しさん》五裂《ごれつ》 四分五割《しぶんごかつ》 支離滅裂《しりめつれつ》 分崩離析《ぶんぽうりせき》

意味 まとまっていたものがばらばらに分裂すること。まとまりのあるものが、秩序を失って乱れること。＊四つに分かれ、五つに裂けるということから。

用例 ・リーダーを失ってチームは四分五裂した。
・社内の四分五裂をまとめた手腕を買われる。

出典 劉向《りゅうきょう》『戦国策《せんごくさく》』魏《ぎ》策

自暴自棄《じぼうじき》

意味 自分で自分を見捨て、やけになって自分を粗末にすること。
＊「自暴」は自分の身を粗末にすること。「自棄」は自分に失望してすてばちになること。

用例 ・失業してから自暴自棄の生活を送っている。
・自暴自棄になったときもあったが今は幸せだ。

出典 『孟子《もうし》』離婁《りろう》

揣摩憶測《しまおくそく》

類義語 揣摩憶断《しまおくだん》

意味 自分の勝手な判断で推し量ること。当て推量。＊「揣」「摩」ともに推し量るという意味で、「揣摩」は他人の気持ちを推測すること。「憶測」はいいかげんな推量。

用例 ・君の疑惑は揣摩憶測にすぎない。
・事件は世間の人のさまざまな揣摩憶測を呼んだ。
・彼の立場上揣摩憶測でものを言うべきではなかった。

自明之理《じめいのり》

意味 証明や説明をする必要もないくらい明らかであること。それ自体で明白であること。＊「自明」は自ずから明らかということから、それ自体ではっきりしていること。

用例 ・勝てない原因が練習不足なのは自明之理だ。
・受賞理由は自明之理なのに、文句を言う人もいる。
・君が有利なのは自明之理だから、自信を持つべきだ。

四面楚歌《しめんそか》

類義語 孤軍奮闘《こぐんふんとう》 孤立無援《こりつむえん》

意味 周囲のすべてが敵だらけで、孤立している状況。＊楚《そ》の項羽《こうう》が、四面を漢《かん》の軍に囲まれ、漢軍の中に楚の歌を聞き、楚がすでに漢に降伏したと嘆いた故事から。

用例 ・部下の気持ちを無視した結果、四面楚歌になった。
・四面楚歌の中で君の助けはうれしかった。

出典 司馬遷《しばせん》『史記《しき》』項羽本紀《こううほんぎ》

自問自答《じもんじとう》

意味 自分で自分に問いかけ、それに答えること。あれこれ自分で考えること。＊「自問」は自分の心に問うこと。「自答」は自分で答えること。

用例 ・対処が間違っていなかったか自問自答した。
・今後について自問自答した結果実家に帰ることにした。
・自問自答を繰り返すだけでは、現状打破できない。

しゃくしじょうぎ

杓子定規

類義語 四角四面《しかくしめん》

対義語 融通無碍《ゆうずうむげ》 臨機応変《りんきおうへん》

意味 応用や融通のきかない考えや行動。＊曲がっている杓子を定規にすることから、一つの基準をすべてにあてはめようとすることをいう。

用例 ・上層部が杓子定規で部下が苦労している。
・杓子定規なことしか言わないから誰も賛同しない。
・そう杓子定規では家族も困っているだろう。

じゃくにくきょうしょく

弱肉強食

類義語 自然淘汰《しぜんとうた》 適者生存《てきしゃせいぞん》
優勝劣敗《ゆうしょうれっぱい》

対義語 共存共栄《きょうぞんきょうえい》

意味 弱いものが強いものの犠牲になること。弱者の犠牲の上に強者が繁栄すること。＊弱いものの肉を強いものが食べるということから。

用例 ・弱肉強食で、小売店はチェーン店に圧倒されている。
・プロスポーツの世界は弱肉強食だ。

出典 韓愈《かんゆ》「送浮屠文暢師序《ふとぶんちょうしをおくるのじょ》」

じゃくめついらく

寂滅為楽

類義語 生滅滅已《しょうめつめつい》

意味 煩悩を絶ちきった涅槃《ねはん》の境地に至って初めて、安楽が得られること。＊仏教語。寂滅を楽しみと為《な》す、ということ。「寂滅」は煩悩から離れ、悟りの境地に入ること。安らかに死ぬこと。

用例 ・寂滅為楽の境地を詠んだ俳句。
・苦労の連続だったが晩年は寂滅為楽だったようだ。
・寂滅為楽を願いつつ、実際は世俗にまみれている。

奢侈淫佚《しゃしいんいつ》

意味 贅沢《ぜいたく》にふけり、みだらで節度のない生活を送ること。

＊「奢侈」は身分不相応な贅沢な暮らしをすること。「淫佚」は男女関係がみだらなこと。

用例
・奢侈淫佚にふけって身をほろぼした。
・自暴自棄になって奢侈淫佚の生活をしている。
・父からの手紙には奢侈淫佚を慎むよう書いてあった。

洒洒落落《しゃしゃらくらく》

類義語 豪放磊落《ごうほうらいらく》 自由闊達《じゆうかったつ》 磊磊落落《らいらいらくらく》

意味 性格や言動がさっぱりしていて、物事にこだわらないようす。

＊物事にこだわらず、さっぱりしているという意味の「洒落」を重ねて意味を強めた語。

用例
・彼女は洒洒落落でみんなから愛される人柄だ。
・大スターだが洒洒落落として親しみやすい。
・女将《おかみ》の洒洒落落とした態度に気分がよくなった。

遮二無二《しゃにむに》

類義語 我武者羅《がむしゃら》 猪突猛進《ちょとつもうしん》 無二無三《むにむさん》

対義語 熟慮断行《じゅくりょだんこう》

意味 後先を考えず、思う存分がむしゃらに行動すること。

＊「遮」は遮る、「無」はないこと。二を遮る、二が無いの意で、後先がなく前後のみさかいがないこと。

用例
・損得を考えず遮二無二仕事をした。
・遮二無二練習するだけでは効果がない。
・ゴールに向かって遮二無二走った。

縦横無尽《じゅうおうむじん》

類義語 縦横《じゅうおう》自在《じざい》　縦横無碍《じゅうおうむげ》
自由自在《じゆうじざい》　三面六臂《さんめんろっぴ》

意味 自由自在に、思う存分行動するようす。＊「縦横」は縦と横、東西南北、四方八方。「無尽」は尽きることがないこと。四方八方限りなくということから。

用例
・芝生の上を縦横無尽に走り回る。
・彼の縦横無尽の活躍がプロジェクトを成功させた。
・夏休みになったので、縦横無尽に遊びまくる。

自由闊達《じゆうかったつ》

類義語 闊達《かったつ》自在《じざい》　洒洒落落《しゅしゅらくらく》
天空海闊《てんくうかいかつ》

対義語 頑迷固陋《がんめいころう》

意味 何事にも束縛されず、心が広く物事にこだわらないこと。＊「闊達」は度量が大きく、小事にこだわらないようす。「豁達」とも書く。「闊達自由」ともいう。

用例
・自由闊達な人柄で後輩たちからも慕われている。
・学生時代の友人と自由闊達に語り合う。
・自由闊達に生きている彼がうらやましい。

衆寡不敵《しゅうかふてき》

意味 少人数では多人数に敵対してもかなわないということ。
＊「衆寡」は多いことと少ないこと。「衆寡敵せず」の形で使うことが多い。

用例
・抵抗した者もいたが衆寡不敵で敗走した。
・反対意見を提出したが、衆寡不敵、却下された。

出典 陳寿《ちんじゅ》『三国志《さんごくし》』魏志《ぎし》・張範伝《ちょうはんでん》

衆議一決《しゅうぎいっけつ》

類義語 衆口一致《しゅうこういっち》 満場一致《まんじょういっち》
対義語 議論百出《ぎろんひゃくしゅつ》 甲論乙駁《こうろんおつばく》

意味 多くの人が協議した結果、意見がまとまり結論が出ること。
＊「衆議」は多くの人たちで行う相談。「一決」は議事・相談などが一つの結論に決まること。

用例
・会議は紛糾したが最終的に衆議一決した。
・後腐れがないように衆議一決に持ち込みたい。
・ようやく衆議一決し、人選に入った。

羞月閉花《しゅうげつへいか》

類義語 羞花閉月《しゅうかへいげつ》 沈魚落雁《ちんぎょらくがん》

意味 女性の容貌が非常に美しいことを形容していう言葉。
＊「羞」は恥じること。あまりの美しさに月も恥じ、花も閉じてしまうという意から。

用例
・舞台の上の彼女は羞月閉花と呼ぶにふさわしい。
・羞月閉花の花嫁に招待客は皆見とれている。
・羞月閉花の美貌で多くの著名人と浮き名を流した。

秋高馬肥《しゅうこうばひ》

意味 秋は、さわやかで気持ちのよい季節であること。＊澄んだ空気で空が高く晴れ上がり、馬もよく食べて肥えるということから。「秋高く馬肥ゆ」とも訓読みする。

用例
・今日の運動会は、秋高馬肥でいい記録が出そうだ。
・秋高馬肥とはよくいったもので、秋は食べ物がおいしい。
・秋高馬肥の中、吟行が催される。

終始一貫《しゅうしいっかん》

類義語 首尾一貫《しゅびいっかん》 徹頭徹尾《てっとうてつび》

対義語 右顧左眄《うこさべん》 付和雷同《ふわらいどう》 変幻自在《へんげんじざい》 融通無碍《ゆうずうむげ》

意味 態度や主義主張を始めから終わりまで変えないこと。＊「一貫」だけでも始めから終わりまで貫き通す意だが、「終始」がついてさらに強調される。

用例 ・当選後も終始一貫して主張を変えない。

・部長は終始一貫、経費削減を説き続けた。

出典 『漢書《かんじょ》』王莽伝《おうもうでん》

自由自在《じゆうじざい》

類義語 縦横自在《じゅうおうじざい》 縦横無尽《じゅうおうむじん》 縦横無碍《じゅうおうむげ》

意味 自分の思うままにできること。何事にもさえぎられず、思う存分に振る舞うこと。＊「自在」は自分の意のままであること。

用例 ・スマートフォンを自由自在に使いこなす。

・彼女はドイツ語とフランス語を自由自在に話せる。

・コートを自由自在に動き回るテニス選手。

出典 道原《どうげん》『景徳伝灯録《けいとくでんとうろく》』

周章狼狽《しゅうしょうろうばい》

類義語 右往左往《うおうさおう》

対義語 神色自若《しんしょくじじゃく》 泰然自若《たいぜんじじゃく》

意味 不意の出来事などにあわてふためき、うろたえて騒いでいるようす。＊「周章」「狼狽」ともにあわてふためくこと。同義語を重ねて意味を強めている。

用例 ・指輪をなくして、妻は周章狼狽していた。

・いつもは冷静な彼の周章狼狽ぶりに驚いた。

・非常時に周章狼狽しないよう備えが必要だ。

衆人環視《しゅうじんかんし》

類義語 衆目環視《しゅうもくかんし》

意味 多くの人が周囲を取り巻き、注目して見ていること。公衆の面前にさらされること。＊「衆人」は多くの人。「環視」は多くの人が取り囲んで見ること。

用例
・証人は衆人環視の前で真相を暴露した。
・不正行為は衆人環視の中でなされた。
・衆人環視の中で怒鳴り続ける彼は、ひどく哀れに見えた。

修身斉家《しゅうしんせいか》

意味 自分自身の行いを正しくして、幸せな家庭を築くこと。＊「修身」は身を正しくして立派な行いをすること。「斉家」は家庭内をととのえて治めること。

用例
・結婚したら修身斉家につとめたい。
・父は常に修身斉家を心がけていた。

出典 『礼記《らいき》』大学《だいがく》

秋霜烈日《しゅうそうれつじつ》

類義語 綱紀粛正《こうきしゅくせい》 志操堅固《しそうけんご》

対義語 春風駘蕩《しゅんぷうたいとう》

意味 刑罰・権威・主義などが非常に厳しくおごそかであること。＊「秋霜」は秋の厳しい霜。「烈日」は夏の烈《はげ》しい太陽。草木にとって厳しいものであることから。

用例
・上層部は秋霜烈日の処分を下した。
・校長は秋霜烈日な人格で、生徒から畏れられていた。
・刑罰はさらに秋霜烈日の厳しさを増した。

縦塗横抹《じゅうとおうまつ》

意味 気ままに書きなぐること。＊「塗」は塗ること。「抹」は消すこと。「縦横」は四方八方の意。四方八方思うまま塗ったり消したりするということから。

用例 ・縦塗横抹の豪快な画風で知られる。
・あの作家の書くものは縦塗横抹で編集者が大変だ。
・縦塗横抹と謙遜していたが、素晴らしい筆致だった。

十人十色《じゅうにんといろ》

類義語 各人各様《かくじんかくよう》 三者三様《さんしゃさんよう》 千差万別《せんさばんべつ》 多種多様《たしゅたよう》

対義語 一心同体《いっしんどうたい》

意味 人によってそれぞれ考え方や好み、性格が違うということ。＊十人いれば十の色があるということ。「十人寄れば十色」とも使う。

用例 ・生徒の反応は十人十色でおもしろい。
・企画に対し十人十色の反応があった。
・批評家の、十人十色の評価を分析する。

十年一日《じゅうねんいちじつ》

類義語 旧態依然《きゅうたいいぜん》

対義語 十年一昔《じゅうねんひとむかし》 日進月歩《にっしんげっぽ》

意味 何年たっても変わりばえがないようす。長い年月を経ても、少しも進歩や成長がないこと。
＊「じゅうねんいちにち」とも読む。

用例 ・あの学者の講義は十年一日だという評判だ。
・学生生活を振り返り、十年一日だと痛感した。
・あの店の味は学生時代から十年一日だ。

柔能制剛

じゅうのうせいごう

意味 柔軟なものが強く固いものの矛先《ほこさき》をそらし、勝利すること。弱いものがかえって強いものに勝つこと。＊「柔能《じゅうよ》く剛を制す」とも訓読みする。

用例
・柔能制剛が柔道の本来のおもしろさだ。
・あの頑固な取引先には柔能制剛で対処するのがいい。

出典 『三略《さんりゃく》』上略《じょうりゃく》

自由奔放

じゆうほんぽう

意味 何にもとらわれずに、思いのまま勝手気ままに振る舞うこと。＊「奔放」は世間の常識や慣習に束縛されずに自分の思うままに振る舞うこと。

用例
・あの画家の自由奔放な生き方に憧れる。
・彼の自由奔放さは会社勤めには不向きだ。
・自由奔放に見えて、実は小心者だ。

類義語 自在奔放《じざいほんぽう》 天馬行空《てんばこうくう》
奔放不羈《ほんぽうふき》

対義語 四角四面《しかくしめん》 自縄自縛《じじょうじばく》

主客転倒

しゅかくてんとう

意味 本来あるべき立場や位置づけなどが逆転すること。重要なものとそうでないものが逆になること。＊「主客」は主なものとそれに付随するもの。

用例
・教師が逐一生徒の顔色を窺《うかが》って、主客転倒だ。
・亭主関白のつもりがいつの間にか主客転倒している。
・味よりも宣伝ばかり力を入れた主客転倒の営業。

類義語 釈根灌枝《しゃくこんかんし》 舎本逐末《しゃほんちくまつ》
本末転倒《ほんまつてんとう》

熟読玩味《じゅくどくがんみ》

類義語 韋編三絶《いへんさんぜつ》 眼光紙背《がんこうしはい》

意味 文章の意味をよく考えながら読み、表面の意味だけでなく内容をじっくりと味わうこと。

＊「玩味」は食べ物をよく味わうこと。

用例
・好きな作家の作品を熟読玩味する。
・若者にも古典作品を熟読玩味してほしい。

出典 劉子澄《りゅうしちょう》『小学《しょうがく》』嘉言《かげん》

熟慮断行《じゅくりょだんこう》

類義語 思慮分別《しりょふんべつ》

対義語 軽挙妄動《けいきょもうどう》 遮二無二《しゃにむに》 即断即決《そくだんそっけつ》 直情径行《ちょくじょうけいこう》

意味 十分に考えてから、思い切って実行に移すこと。

＊「断行」は思い切って実行すること。悪条件を承知で行うときによく使われる。

用例
・強豪組に勝つために作戦を熟慮断行しなければいけない。
・熟慮断行で臨んだが、事態は意外な展開を見せた。
・熟慮断行したことなので、後悔はしない。

取捨選択《しゅしゃせんたく》

類義語 取捨分別《しゅしゃふんべつ》

意味 多くのものの中から必要なものや有用なものを選び、それ以外のものは捨てること。

用例
・本棚に本が収納しきれなくなったので、取捨選択してもう読まないものは古本屋に売ることにした。
・新人社員の採用にあたり、学力や経歴だけでなく、コミュニケーション能力も取捨選択の判断材料としている。

朱唇皓歯《しゅしんこうし》

類義語 朱唇榴歯《しゅしんりゅうし》 明眸皓歯《めいぼうこうし》 紅口白牙《こうこうはくが》 紅粉青蛾《こうふんせいが》

意味 女性の若く美しいようすを表す言葉。
＊「朱唇」は口紅をさした唇。「皓歯」は白く美しい歯。

用例 ・会場は朱唇皓歯の女性たちでにぎわっていた。
・彼は朱唇皓歯に惑わされ、骨抜きになっている。
・彼女は朱唇皓歯の魅力にあふれている。

出典 王逸《おういつ》『楚辞《そじ》』大招《たいしょう》

首鼠両端《しゅそりょうたん》

類義語 右顧左眄《うこさべん》 狐疑逡巡《こぎしゅんじゅん》 左顧右眄《さこうべん》

対義語 旗幟鮮明《きしせんめい》

意味 形勢をうかがいつつ、ぐずぐずと態度を決めかねていること。
＊「首鼠」はねずみが穴から頭だけ出して用心深くきょろきょろとようすをうかがっていること。

用例 ・彼の態度はいつも首鼠両端だ。
・首鼠両端だった彼は、一変して改革案に賛成した。

出典 司馬遷《しばせん》『史記《しき》』殷紀《いんき》

酒池肉林《しゅちにくりん》

類義語 肉山脯林《にくざんほりん》

意味 贅沢《ぜいたく》を極めた豪勢な酒宴。また、いかがわしい宴会の意。＊「酒池」は酒をたたえた池、「肉林」は木に干し肉をかけて林のようにしたもの。

用例 ・彼はお金にまかせ、まさに酒池肉林の宴を開いた。
・取引相手から酒池肉林のもてなしを受けた。

出典 司馬遷『史記』殷紀

出処進退《しゅっしょしんたい》

類義語 用行舎蔵《ようこうしゃぞう》

意味 現在の地位や役職にとどまるか、やめてしまうか、という身の処し方。＊「出」は役人になること、「処」は官職につかず下野すること。

用例 ・今回の失敗で、課長は出処進退を問われるだろう。
・若手育成を考慮し、自らの出処進退の時期を考える。

出典 王安石《おうあんせき》『祭欧陽文忠公文《おうようぶんちゅうこうをまつるのぶん》』

出藍之誉《しゅつらんのほまれ》

類義語 青藍氷水《せいらんひょうすい》 出藍之青《しゅつらんのせい》

意味 弟子が師をこえる優れた人物になること。＊青の染料は藍《あい》という植物からとるが、できた青は原料より美しいことから。荀子《じゅんし》の「青は藍より出《い》でて藍よりも青し」より。

用例 ・彼のような選手がこの道場から出るとは、出藍之誉だ。
・卒業しても勉学に励み出藍之誉となってください。

出典 『荀子』勧学《かんがく》

酒嚢飯袋《しゅのうはんたい》

類義語 酒甕飯嚢《しゅおうはんのう》 無芸大食《むげいたいしょく》

意味 無駄に飲食したり、無駄に時を過ごすばかりで、役に立たない人のこと。飲み食いばかりして無能な人を軽蔑していう言葉。
＊「酒嚢」は酒を入れる革の袋、「飯袋」は飯を入れる袋。

用例 ・人一倍食べるのに仕事をしないなんて彼は酒嚢飯袋だ。
・今の生活では酒嚢飯袋といわれても仕方がない。
・彼を酒嚢飯袋と評価するのは、いささか早計だ。

首尾一貫《しゅびいっかん》

類義語 終始一貫《しゅうしいっかん》 徹頭徹尾《てっとうてつび》

対義語 内股膏薬《うちまたごうやく》 付和雷同《ふわらいどう》

意味 言動や行動が、始めから終わりまで変わらずに、筋が通っていること。行動に矛盾がないこと。

＊「首尾」は首から尾まで、最初から最後までという意味。

用例
・彼女の態度は首尾一貫している。
・この課題をやり遂げるには首尾一貫した計画が必要だ。
・子どもながら首尾一貫した態度に感心した。

純一無雑《じゅんいつむざつ》

類義語 純真無垢《じゅんしんむく》 純情可憐《じゅんじょうかれん》 純粋無垢《じゅんすいむく》 清浄無垢《せいじょうむく》

意味 混じり気がまったくなく、純粋であること。裏や邪念が一切なく、清らかな心を持っていること。

＊特に子どもについていうことが多い。

用例
・彼女の純一無雑な思いが彼の心を動かした。
・純一無雑な子どもたちに接すると心が洗われる。
・誰にでも純一無雑な時代があったはずだ。

蓴羹鱸膾《じゅんこうろかい》

意味 故郷への思いが抑えがたいほど強くなること。＊「蓴羹」は蓴《じゅん》菜《さい》の羹《あつもの》、「鱸膾」は鱸《すずき》の膾《なます》で、いずれも故郷の味を表す。

用例
・退職後に蓴羹鱸膾の思いが強くなり、故郷に戻った。
・東京に出てはや二カ月、蓴羹鱸膾の念はまだ強くない。
・ふと蓴羹鱸膾の念に駆られ、先週末に帰省してきた。

出典 李世民《りせいみん》『晋書《しんじょ》』

春日遅遅《しゅんじつちち》

類義語 春風駘蕩《しゅんぷうたいとう》

意味 春の日が長く、暮れるのが遅い様子。春の日がのどかなことをさす。＊「春日」は春の一日、春の日差し。「遅遅」は日が長いことの意。

用例
・春日遅遅とした一日を、釣りをしてゆっくり過ごした。
・暮れそうで暮れない、春日遅遅といった日だった。

出典 『詩経《しきょう》』豳風《ひんぷう》・七月《しちげつ》

春宵一刻《しゅんしょういっこく》

類義語 一刻千金《いっこくせんきん》

意味 春の夜の美しさ、心地よさを表す言葉。春の夜は千金の値打ちがあるという意味。＊蘇軾《そしょく》の詩の一部、「春宵一刻値千金《しゅんしょういっこくあたいせんきん》」に由来する。

用例
・今宵は春宵一刻、いつまでもこうしていたいなあ。
・春宵一刻、まさにお金には代えられない。

出典 蘇軾《そしょく》「春夜《しゅんや》」

純情可憐《じゅんじょうかれん》

類義語 純真無垢《じゅんしんむく》 清浄無垢《せいじょうむく》 純粋無垢《じゅんすいむく》 純一無雑《じゅんいつむざつ》

対義語 厚顔無恥《こうがんむち》

意味 相手のことを信じて疑うことを知らず、清らかで愛らしいさま。＊まだ世間の汚れを知らない、素直で清らかな少女に対していうことが多い。

用例
・彼女は純情可憐な少女だ。
・かつては純情可憐であったが、今は変わってしまった。
・純情可憐な年頃を大切に過ごしてほしいものだ。

純真無垢《じゅんしんむく》

意味 心がまっすぐでけがれがなく、人をだましたり疑ったりする気持ちがないさま。また、気質が素直で飾り気がないこと。
＊特に子どもについていうことが多い。「純真」を「純心」と書くのは間違い。

類義語 清浄無垢《せいじょうむく》 純粋無垢《じゅんすいむく》 純一無雑《じゅんいつむざつ》 純情可憐《じゅんじょうかれん》

用例
・少女の純真無垢な気持ちが相手に届く。
・純真無垢な子どもの頃に戻りたい。

春風駘蕩《しゅんぷうたいとう》

意味 春風がのどかに吹くようす。転じて、春風が穏やかに吹くような、のんびりとして穏やかな性格や態度をいう。
＊「春風」は春に吹く風、「駘蕩」はのびのびとして、穏やかなさま。

類義語 春日遅遅《しゅんじつちち》

対義語 秋霜烈日《しゅうそうれつじつ》

用例
・日差しもあたたかく、春風駘蕩な日だ。
・彼の春風駘蕩な人柄は、周りの人を和ませる。

醇風美俗《じゅんぷうびぞく》

意味 人情が厚いことと、好ましい風俗や習慣のこと。明治以降に道徳的規範としてよく用いられた言葉。
＊「醇」はまじりけがなく、純粋という意味。「淳風」とも書く。「順風」は間違い。

類義語 良風美俗《りょうふうびぞく》

用例
・この地方は、醇風美俗の残る町が多い。
・この町の醇風美俗はすでに失われてしまった。

順風満帆《じゅんぷうまんぱん》

類義語 乗風波浪《じょうふうはろう》 万事如意《ばんじにょい》

意味 物事が、障害もなく思い通りに快調に進むこと。＊「順風」は追い風、「満帆」は船の帆が風をいっぱいにはらむこと。追い風をたくさん受けて、船が順調に進むことから。

用例
・新しいプロジェクトの進行は、順風満帆だ。
・彼は順風満帆に人生を歩んでいるといえるだろう。
・あまりに順風満帆すぎて、いつ失敗するか不安になる。

上意下達《じょういかたつ》

類義語 上命下達《じょうめいかたつ》

対義語 下意上達《かいじょうたつ》

意味 上部の者の命令を下部の者に伝えること。上部の者の考え方を下の者に徹底させること。＊「上意」は上の者の考え方や命令、「下達」は下の者に考え方を知らせたり徹底させること。「下達」は「げたつ」とも読む。

用例
・この会社は上意下達が徹底している。
・上意下達にとらわれすぎると個性が生かされない。

城下之盟《じょうかのめい》

意味 敵に城下や首都まで攻められて、しかたなく結ぶ講和条約のこと。屈辱的な講和をさす。「じょうかのちかい」と読むこともある。

用例
・吸収を、対外的には合併ということで城下之盟を結んだ。
・A国は降伏し、戦勝国との間で城下之盟を結んだ。
・今回の合併は吸収に近く、我が社にとっては城下之盟だ。

出典 左丘明《さきゅうめい》『春秋左氏伝《しゅんじゅうさしでん》』

城狐社鼠《じょうこしゃそ》

類義語 獅子身中《しししんちゅう》

意味 権力者の陰に身を置き、自分の安全を確保しておきながら悪事を働く者をさす言葉。
＊「城狐」は城にすむキツネ、「社鼠」は神社にすむネズミ。

用例
・城狐社鼠の排斥こそ、我が社の発展につながる道だ。
・悪評高い君主には城狐社鼠はつきものだ。

出典 『晋書《しんじょ》』謝鯤伝《しゃこんでん》

笑止千万《しょうしせんばん》

意味 非常にばかばかしくて滑稽なこと。また、気の毒なことをさす場合にも用いられる。「笑止」はおかしいこと、気の毒なこと。「千万」はこの上ないの意。

用例
・自分の過ちを棚に上げて他人を責める振る舞いは、笑止千万である。
・努力もせずに身の上を嘆くのは笑止千万だ。

盛者必衰《じょうしゃひっすい》

類義語 盛者必滅《じょうしゃひつめつ》 栄枯盛衰《えいこせいすい》 会者定離《えしゃじょうり》 生者必滅《しょうじゃひつめつ》

意味 栄華を誇っている者でも、やがては必ず衰え、永遠には続かないという仏教語。この世の儚《はかな》さを嘆く言葉。

用例
・今は好調かもしれないが、あの大企業でさえも盛者必衰の道理からは逃れられないだろう。
・盛者必衰は世の習いとはいえ、名選手の引退は残念だ。

出典 『仁王経《にんのうきょう》』

生者必滅《しょうじゃひつめつ》

類義語　生者必衰《しょうじゃひっすい》 会者定離《えしゃじょうり》
盛者必衰《じょうしゃひっすい》 是生滅法《ぜしょうめっぽう》

意味　生きているものに永遠の命はなく、いつか必ず死ぬものであるということ。人の世の無常を表す仏教語。

用例
・生者必滅の理《ことわり》から逃れることは、誰にもできない。
・長年連れ添った妻の急逝は、私に生者必滅を痛感させた。
・不老不死を求める人々は、生者必滅の理に抗《あらが》う者である。

出典　『大般涅槃経《だいはつねはんぎょう》』

常住坐臥《じょうじゅうざが》

類義語　行住坐臥《ぎょうじゅうざが》 日常茶飯《にちじょうさはん》
常住不断《じょうじゅうふだん》

意味　普段。いつも。日常のすべての場面。座っているときも寝ているときも変わらないこと。＊「常住」は変化せずに永久に存在すること。つまり永遠に変わらないこと。

用例
・常住坐臥、彼女のことが浮かび忘れることができない。
・その教授は常住坐臥、研究に打ち込み、新しい法則を導き出した。

常住不断《じょうじゅうふだん》

類義語　常住坐臥《じょうじゅうざが》 行住坐臥《ぎょうじゅうざが》

意味　絶え間なく、常に続いているということ。＊「常住」は仏教語で、過去・現在・未来にわたることをいい、永遠を意味する。

用例
・成功するには、常住不断の努力が必要だ。
・経営者とは、経済情勢には常住不断に目を配るものだ。
・常住不断のリハビリで、ついに復活を果たす。

情状酌量《じょうじょうしゃくりょう》

類義語　酌量減軽《しゃくりょうげんけい》

意味　裁判において判決を下すとき、さまざまな事情を考慮し、刑を軽減すること。被告人に有利な、同情に値する諸事情を汲《く》み取ること。＊「酌量」は、もとは米や酒を量ること。転じて、処分を決定するに当たって事情を考慮すること。

用例
・公金の横領には情状酌量の余地はない。
・減刑の嘆願書が判事の情状酌量の判断につながった。

情緒纏綿《じょうしょてんめん》

意味　情愛が深く細やかで、離れがたいこと。情感の深いようすを表す。＊「纏綿」はいつまでもまとわりついて離れないさま。「じょうちょてんめん」とも読む。

用例
・情緒纏綿たる桜並木を見て、故郷を思い出した。
・情緒纏綿とした手紙に、涙がこぼれた。
・その景色はまさに情緒纏綿、私はその場から動けなくなった。

小人間居《しょうじんかんきょ》

対義語　閑居養志《かんきょようし》

意味　つまらぬ人間は暇にしているとろくなことをしない、暇があると悪事をはたらくということ。＊「小人」は徳のない心の卑しい人。「間居」は暇なこと。「間居」は「閑居」とも書く。

用例
・暇なときもろくなこともしないなんてまさに小人間居だ。
・小人間居して不善をなす、というがその通りだね。

出典　『礼記《らいき》』

精進潔斎《しょうじんけっさい》

意味 一所にこもり酒や肉類などを断ち、行いをつつしんで心身を清めること。神仏に対する祭事などの前の心構え。

＊「精進」は身を清めて不浄を避け、仏道修行に励むこと。「潔斎」もほぼ同じ意味。

類義語 斎戒沐浴《さいかいもくよく》

用例 ・事件後、彼は精進潔斎して反省の日々を送っている。
・名選手は試合の前には精進潔斎するものだ。

正真正銘《しょうしんしょうめい》

意味 嘘《うそ》や偽りが全くないこと。少しも偽りがなく、間違いなく本物であること。

＊「正真」も「正銘」も、偽りのないという意味で、同じ言葉を重ねて強調したもの。「証明」と書くのは誤り。

用例 ・正真正銘のダイヤモンドか鑑定をする必要がある。
・この展示ケースの石は、正真正銘の月の石だ。

小心翼翼《しょうしんよくよく》

類義語 細心翼翼《さいしんよくよく》 戦戦兢兢《せんせんきょうきょう》

対義語 豪放磊落《ごうほうらいらく》 大胆不敵《だいたんふてき》

意味 細かいことにも気を配り、おとなしくしていること。転じて、気が小さくてびくびくしているさま。

＊「翼翼」はつつしみ深いこと。

用例 ・彼は小心翼翼と、いつも上司の顔色をうかがっている。
・小心翼翼とした臆病者こそ、裏を返せば慎重で控えめなのだ。

出典 『詩経《しきょう》』

饒舌多弁
じょうぜつたべん

対義語 沈《ちん》思《し》黙《もっ》考《こう》

意味 口数が多く、よくしゃべるさま。
＊「饒舌」はおしゃべりのこと。

用例 ・彼は黙っていればいい人だけど、饒舌多弁でうっとうしい。
・古来日本では饒舌多弁は美徳とされてこなかったが、無口であればよいというものでもない。
・彼は饒舌多弁ではないが、セールスマンとして一流だ。

掌中之珠
しょうちゅうのたま

類義語 掌《しょう》上《じょう》明《めい》珠《じゅ》

意味 自分が一番大切にしているもの。最愛の人や目に入れても痛くないほどかわいい子どものことをいう。
＊「掌中」は手のひらの中。「珠」は宝石。

用例 ・掌中之珠の妻を失った彼の悲しみは察するに余りある。
・娘が嫁いで、父は掌中之珠を奪われた思いがした。

出典 傅《ふ》玄《げん》『短《たん》歌《か》行《こう》』

常套手段
じょうとうしゅだん

類義語 慣《かん》用《よう》手《しゅ》段《だん》

意味 いつも決まって使う、ありふれた方法や手段。月並みで変化のない方法・手段のこと。＊「常套」は「月並みで変化がなく、ありきたりの」という意味。

用例 ・嘘《うそ》泣きは彼女の常套手段だ。
・常套手段とはいえ手堅い策略には好感が持てる。
・その話しかけ方は、高齢者に対する詐欺の常套手段だよ。

松柏之操

しょうはくのみさお

意味 困難な状況におかれても、信条を変えないこと。＊松や柏《かしわ》は常緑樹で、冬でも美しい緑色を保っていることから。

用例
・これからの政治を動かしていくのは、松柏之操を持つ政治家であるべきだ。
・古参の反対にあっても松柏之操をもって行動する。
・不利な商談だったが、彼の松柏之操に救われた。

焦眉之急

しょうびのきゅう

意味 切迫した状況。危険が目の前まで迫っている緊急事態。＊「焦眉」は、眉毛が焦げるほど火が迫っていることを表す。「焼眉」とも書く。

用例
・震災時には人命救助こそが焦眉之急だ。
・経営再建の焦眉之急は、無駄を徹底的に省くことだ。

出典 釈普済《しゃくふさい》『五灯会元《ごとうえげん》』

類義語 燃眉之急《ねんびのきゅう》 轍鮒之急《てっぷのきゅう》

嘯風弄月

しょうふうろうげつ

意味 美しい風景を味わい、詩歌を楽しむこと。四季折々の景色を愛し、風流を好むこと。＊「風に嘯《うそぶ》き月を弄《もてあそ》ぶ」の意。「嘯風」は風に合わせて歌を詠むこと。「弄月」は月を眺め楽しむこと。

用例
・町の喧騒《けんそう》を離れ、嘯風弄月の日々を過ごす。
・この辺りの里は嘯風弄月の風物に事欠かない。
・引退後の彼は、嘯風弄月を大いに楽しむため都会を離れた。

類義語 吟風弄月《ぎんぷうろうげつ》 嘲風弄月《ちょうふうろうげつ》

枝葉末節

しようまっせつ

類義語 枝葉末節《しようまったん》

意味 物事の本質から外れた、主要ではない細かい部分。重要でなく取るに足らない、些細《ささい》な事柄をいう。

＊樹木の中心である幹から見て、枝や葉のように末端にあるものは副次的なものという意味から。

用例 ・枝葉末節にこだわりすぎて、本題を見失う。

・まずは枝葉末節よりも全体の把握をすることが大切だ。

諸行無常

しょぎょうむじょう

類義語 有為転変《ういてんぺん》 有為無常《ういむじょう》 万古不易《ばんこふえき》 万物流転《ばんぶつるてん》

意味 世の中のすべては変化し続けており、永遠不変なものは何一つとしてないということ。仏教の根本思想の一つ。

＊「諸行」はこの世のすべてのものという意味。

用例 ・盛んだったブームもすっかり去り、諸行無常を感じる。

・国の興亡を知ることで、諸行無常を悟った。

出典 道原《どうげん》『景徳伝灯録《けいとくでんとうろく》』

食前方丈

しょくぜんほうじょう

意味 贅沢《ぜいたく》な食事のこと。

＊「食前」は席の前、「方丈」は一丈四方いっぱいという意味。席の前いっぱいに食事を並べることを表す。

用例 ・友人宅で食前方丈の大歓待を受けた。

・毎日食前方丈ではさすがに嫌気がさしてくる。

出典 『孟子《もうし》』

初志貫徹《しょしかんてつ》

意味 最初の志や願望を、くじけることなく最後まで貫き通すこと。最初に持った信念を最後まで抱き続けること。
＊「貫徹」を「完徹」と書くのは間違い。

用例
・彼は弁護士になるという夢を初志貫徹し、五年目にして司法試験に合格することができた。
・初志貫徹し、一日も休まずに練習に参加した。

諸説紛紛《しょせつふんぷん》

類義語 議論百出《ぎろんひゃくしゅつ》 甲論乙駁《こうろんおつばく》 紛紛聚訴《ふんぷんしゅうそ》

意味 さまざまな意見や説が入り乱れて、収拾がつかないこと。また、一つの問題に対して噂《うわさ》や説がいろいろあって真実がつかめないこと。
＊「紛紛」は糸がもつれるようす。「粉粉」は間違い。

用例
・日本人のルーツについては諸説紛紛である。
・この事故については、諸説紛紛で真相は謎だ。

白河夜船《しらかわよふね》

意味 寝ていて何が起きたのか知らず、知ったかぶりすること。
＊京都の名所白河について尋ねられた人が、知ったかぶり「夜に船で通ったのでわからない」と答えたことから。

用例
・議論が白熱していたのに、彼はずっと白河夜船だった。
・彼女の白河夜船には周囲もあきれている。

出典 松江重頼《まつえしげより》『毛吹草《けふきぐさ》』

私利私欲《しりしよく》

類義語 党利党略《とうりとうりゃく》

対義語 公平無私《こうへいむし》

意味 自分だけの利益になることや、欲望を満たすことだけを考えて行動すること。個人的な損得を公益よりも優先させること。

＊「私欲」は「私慾」とも書く。

用例
・彼の私利私欲の考え方には問題を感じる。
・その会社は私利私欲に走った結果、信用を失った。
・彼は私利私欲のために、我々を利用していただけだった。

支離滅裂《しりめつれつ》

類義語 四分五裂《しぶんごれつ》 乱雑無章《らんざつむしょう》

対義語 順理成章《じゅんりせいしょう》 理路整然《りろせいぜん》

意味 論理に統一性がないこと。ばらばらでまとまりがないこと。また、散漫なようす。

＊「支離」も「滅裂」も、ばらばらになるという意味。

用例
・今日の彼の行動は支離滅裂だ。
・この論文は支離滅裂で、主旨がさっぱりつかめない。
・質問しても支離滅裂な説明を繰り返すばかりだ。

思慮分別《しりょふんべつ》

類義語 熟慮断行《じゅくりょだんこう》

対義語 軽挙妄動《けいきょもうどう》 短慮軽率《たんりょけいそつ》

意味 いろいろなことを注意深く考え、適切な判断をすること。常識的思考と判断力を持つ大人をさして使うことが多い。

＊「思慮」は深く考えをめぐらすこと。「分別」は道理をわきまえるという仏教語で、「ぶんべつ」とは読まない。

用例
・年齢より、物事の思慮分別がつくかどうかが大切だ。
・まだ少女だが、すでに思慮分別がついている。

四六時中《しろくじちゅう》

意味 一日中、いつも。常に。

＊「四六」は「四×六」で、二十四時間という意味。江戸時代では昼と夜をそれぞれ六刻ずつで分けており、計十二としていたので「二六時中」といった。

用例 ・彼は四六時中金儲《もう》けのことばかり考えている。

・四六時中監視されていては気が休まらない。

神韻縹渺《しんいんひょうびょう》

意味 芸術作品などがすぐれていて、表現しようがないほどの趣があること。＊「神韻」は詩文などのすばらしい趣。「縹渺」は広々として果てしないさま、そこからうっすらとかすかに見えること。「渺」は「緲」とも書く。

用例 ・その作品からは神韻縹渺とした趣が伝わってくる。

・神韻縹渺とした名作に出あえて感動する。

人海戦術《じんかいせんじゅつ》

類義語 人海作戦《じんかいさくせん》

意味 多くの人を動員して目的を達成すること。数の力で物事を解決しようとする方法。＊「人海」は、大勢の人が集まって海のように見える状態。もとは多数の兵員を投じて、数の力で敵軍を撃破することから。

用例 ・そのイベントは社員総出の人海戦術で運営している。

・機械の故障で、人海戦術を余儀なくされた。

心機一転《しんきいってん》

類義語 改過自新《かいかじしん》 気分一新《きぶんいっしん》
対義語 旧態依然《きゅうたいいぜん》

意味 気持ちを切り替えて、新たに出直すこと。積極的な取り組みで現状をよい方向に変えようとするときに使う。
＊「心機」は、心の働きや気持ち。「心気」「新機」と書くのは間違い。

用例
・今回の結果を反省し、心機一転してまたがんばろう。
・旅でもすれば心機一転して、またやる気が出るだろう。

新旧交代《しんきゅうこうたい》

類義語 除旧更新《じょきゅうこうしん》 新陳代謝《しんちんたいしゃ》 世代交代《せだいこうたい》 吐故納新《とこのうしん》

意味 新しいものが古いものと入れ替わること。

用例
・本日の役員会において、多くの新しい役員が選出され、懸案事項であった新旧交代がようやく行われた。
・時代に合った新しい競技種目がいくつか提案され、種目のいくつかは新旧交代をした。
・若手が成長し、選手の新旧交代が行われた。

人権蹂躙《じんけんじゅうりん》

類義語 人権侵害《じんけんしんがい》
対義語 人権擁護《じんけんようご》

意味 権力や暴力によって、人間が本来持っているはずの基本的な権利が踏みにじられること。
＊「蹂躙」は踏みにじること。

用例
・古代では、国家の権力者によって人権蹂躙が行われたこともあった。
・地位や立場を利用した人権蹂躙は許されることではない。

人口膾炙《じんこうかいしゃ》

類義語　膾炙人口《かいしゃじんこう》

意味　広く、世の人々の間で話題になること。多くの人からもてはやされること。＊「人口に膾炙す」と使うことが多い。

用例
・今や若者言葉は日本中の多くの人々が人口膾炙している。
・広く人口膾炙しているといっても、その言葉が必ずしも正しいとは限らない。

出典　林嵩《りんすう》「周朴詩集序《しゅうぼくししゅうじょ》」

深山幽谷《しんざんゆうこく》

類義語　窮山通谷《きゅうざんつうこく》　窮山幽谷《きゅうざんゆうこく》　深山窮谷《しんざんきゅうこく》

意味　人がほとんど訪れることのない奥深い山々と静かな谷間。＊「幽」には、奥深い、世間から離れてひっそりしているという意味がある。

用例
・大自然の写真を撮るために深山幽谷に分け入った。
・この日本庭園には深山幽谷の趣をあしらってある。

出典　『列子《れっし》』黄帝《こうてい》

参差錯落《しんしさくらく》

類義語　玉石混淆《ぎょくせきこんこう》

意味　いろいろなものが入り混じっているようす。＊「参差」は長短がそろわず入り組んでいるさま、「錯落」は入り組んでいること。

用例
・私の本棚には文庫本から写真集、ＣＤまでいろいろなものが並び、まさに参差錯落である。
・箱の中のものは分類もされず、参差錯落のまま運ばれた。

人事不省《じんじふせい》

類義語 意識《いしき》不明《ふめい》 前後《ぜんご》不覚《ふかく》

意味 病気やけが、飲酒などによって意識が全くなくなること。＊「人事」は人間に関する事柄、「不省」は明らかではないの意味。

用例 ・交通事故にあい、一時は人事不省の状態に陥った。
・人事不省になるまで飲んでしまい、反省している。

出典 朱震亨《しゅしんこう》『丹渓心法《たんけいしんぽう》』中暑《ちゅうしょ》

唇歯輔車《しんしほしゃ》

類義語 唇亡歯寒《しんぼうしかん》 輔車相依《ほしゃそうい》 相互扶助《そうごふじょ》

意味 利害が深く関わりあっていて、お互いに助け合う切っても切れない関係。＊「輔」は車の添え木を表す。唇と歯、輔と車のようにどちらかが欠けるともう一つも用をなさないことから。

用例 ・両国は、政治・経済において唇歯輔車の関係にある。

出典 蕭統《しょうとう》『文選《もんぜん》』孫楚《そんそ》「為石仲容与孫皓書《せきちゅうようのためにそんこうにあたえるしょ》」

進取果敢《しんしゅかかん》

意味 自ら進んで物事に取り組み、強い決断力で大胆な行動をすること。＊「進取」は自ら進んで事をなすこと、「果敢」は決断力があり大胆に物事を行うさま。

用例 ・彼はどんなことにも進取果敢に取り組む。
・進取果敢な姿勢が上司に評価された。
・彼の進取果敢な行動にはいつもはらはらさせられる。

神出鬼没《しんしゅつきぼつ》

類義語 鬼出電入《きしゅつでんにゅう》 神変出没《しんぺんしゅつぼつ》 神出鬼行《しんしゅつきこう》 出没自在《しゅつぼつじざい》

意味 突然現れたり消えたりすること。また、不意に現れては消え、容易には居所をつかめないこと。

＊「神」「鬼」は人を超越した力を持つものを表す。

用例 ・いたと思ったらいなかったり、彼は神出鬼没だ。

・叔父は神出鬼没でなかなか連絡が取れない。

出典 『唐戯場語《とうぎじょうご》』

信賞必罰《しんしょうひつばつ》

類義語 一罰百戒《いちばつひゃっかい》

対義語 僭賞濫刑《せんしょうらんけい》

意味 賞すべき功労のあった者には賞を与え、罪を犯した者には必ず罰を与えること。＊「信賞」は間違いなく賞を与えること、「必罰」は過ちを犯した者には必ず罰を与えること。

用例 ・信賞必罰は我が社の基本的理念だ。

・やる気を起こさせるために信賞必罰は大切だ。

出典 『韓非子《かんぴし》』内儲説《ないちょせつ》

針小棒大《しんしょうぼうだい》

類義語 大言壮語《たいげんそうご》

意味 小さな事柄を、さも大きなことであるかのようにいうこと。物事を大げさに吹聴《ふいちょう》すること。

＊「針小」は針ほどの小さなもの、「棒大」は棒のように大きなものを表す。

用例 ・A社の雑誌記事はいつも針小棒大に書かれている。

・小さな失敗を、針小棒大に伝えられてしまった。

新進気鋭《しんしんきえい》

意味 新しく登場した、意気込み盛んで将来を期待されている新人。
＊「新進」は新しく進出してくること、「気鋭」は意気込みが盛んなこと。

用例 ・彼女は今年デビューしたばかりの新進気鋭の作家だ。
・新進気鋭の新入社員が歓迎の拍手で迎えられた。
・新進気鋭の若手シェフが作る創作料理に、舌鼓を打つ。

類義語 少壮有為《しょうそうゆうい》 少壮気鋭《しょうそうきえい》

人心収攬《じんしんしゅうらん》

意味 民衆や多くの人々の心をうまくとらえてまとめること。その結果、人々の信頼を得ること。
＊「人心」は人々の心、「収攬」は集めてとらえること。

用例 ・彼には人心収攬の才能がある。
・イメージアップの情報を流して人心収攬を図る。

出典 『晋書《しんじょ》』

薪水之労《しんすいのろう》

意味 人に仕えて地道に、骨身を惜しまずに働くこと。卑しい仕事という意味で用いられることもある。
＊「薪水」は薪を拾い、水を汲《く》むことを意味し、日常の雑事を地道に行うことを表している。

用例 ・長年の薪水之労が重なって、病に倒れた。

出典 李延寿《りえんじゅ》『南史《なんし》』陶潜伝《とうせんでん》

人生行路《じんせいこうろ》

意味 人の生きていく道。世渡り。
＊「行路」は、道・旅路のこと。人生を、起伏が多く先に何があるのかわからない旅にたとえた言葉。「人生行路難《かた》し」の形で使われることが多い。

用例
・私はどんなときでも妻とともに人生行路を歩み続けてきた。
・何があるのかわからないから、人生行路はおもしろい。

人跡未踏《じんせきみとう》

類義語 前人未到《ぜんじんみとう》

意味 いまだかつて、誰も足を踏み入れたことのない場所。また、他の人が手をつけていない分野のこと。
＊「人跡」は人が通った跡のこと。

用例
・人跡未踏の秘境を探検する。
・人跡未踏の研究分野に挑戦する。

出典 司馬遷《しばせん》『史記《しき》』

迅速果断《じんそくかだん》

類義語 迅速果敢《じんそくかかん》 即断即決《そくだんそっけつ》

対義語 優柔不断《ゆうじゅうふだん》 遅疑逡巡《ちぎしゅんじゅん》

意味 物事についてすばやく決断し、それを大胆に実行に移すこと。
＊「迅速」はきわめて早いこと、「果断」は思い切りがいいことを表す言葉。物事の進め方のよい例の一つである。

用例
・迅速果断な判断が会社を救った。
・緊急時には迅速果断な対応が求められる。
・迅速果断に物事を進める必要がある。

身体髪膚《しんたいはっぷ》

意味 体全体のこと。＊「身体」「髪」「皮膚」のことで、体すべて。親から授かった体はむやみに傷つけてはいけないという意味が込められている。

用例
・親から受けた身体髪膚をわざと傷つけてはいけない。
・いくつになっても身体髪膚を大切にしてほしいものだ。

出典 『孝経《こうきょう》』開宗明義章《かいそうめいぎしょう》

進退両難《しんたいりょうなん》

類義語 進退維谷《しんたいいこく》

意味 進むことも退くことも困難であり、身動きがとれなくなること。また、そのような状況で身の処遇に困ること。＊「両難」は「両《ふた》つながら難《かた》し」とも読み、どちらも難しいという意味。

用例
・雨が強いが今さら中止もできず進退両難となった。
・嘘《うそ》が重なって、進退両難の状況に陥った。

新陳代謝《しんちんたいしゃ》

類義語 物質代謝《ぶっしつたいしゃ》　除旧更新《じょきゅうこうしん》　新旧交代《しんきゅうこうたい》　吐故納新《とこのうしん》

意味 新しいものが古いものと徐々に入れ替わっていくこと。＊もともとは生物の生命維持のために必要な物質を取り入れ不要物を排出する作用のことをいう。比喩的に組織の体制や人の入れ替えなどに用いられる。

用例
・会社の組織も新陳代謝を図る必要がありそうだ。
・若手の参入で業界も新陳代謝が行われた。

震天動地《しんてんどうち》

類義語　驚天動地《きょうてんどうち》　震地動天《しんちどうてん》
震天駭地《しんてんがいち》

意味　世間の人々を驚かせるような異変や大事件。また、大きな物音や勢いがものすごいことをさして用いることもある。
＊天を震わせ、地を揺るがすほどに激しいということから。

用例　・治安の常識を覆すほどの震天動地の大事件が起きた。
・彼は震天動地の勢いで次々に会社の改革を行った。

出典　『水経注《すいけいちゅう》』河水《かすい》

心頭滅却《しんとうめっきゃく》

類義語　無念無想《むねんむそう》

意味　心の中の雑念を消し去った無念夢想の心境で、苦しみを感じない状態のこと。＊「心頭滅却すれば火もまた涼し」という言葉からきている。

用例　・学問に没頭し、心頭滅却の境地に至っている。
・心頭滅却すれば、瑣末《さまつ》な苦しみは忘れられるだろう。

出典　杜荀鶴《とじゅんかく》「夏日題悟空上人院詩《かじつごくうしょうにんのいんにだいするし》」

深謀遠慮《しんぼうえんりょ》

類義語　深慮遠謀《しんりょえんぼう》
対義語　軽挙妄動《けいきょもうどう》　短慮軽率《たんりょけいそつ》

意味　物事を深いところまで考え、先のことをしっかりと考慮すること。また、そのような計画。＊「深謀」は深く考え抜くこと。「遠慮」は遠い未来のことまで考慮すること。

用例　・彼の深謀遠慮をめぐらせた作戦は見事に成功した。
・今思えば、あれは深謀遠慮から出た発言だった。

出典　賈誼《かぎ》『文選《もんぜん》』過秦論《かしんろん》

人面獣心《じんめんじゅうしん》

類義語 人頭畜鳴《じんとうちくめい》
対義語 鬼面仏心《きめんぶっしん》

意味 人間らしい義理、人情などを知らない冷酷な人。人間の顔を持ちながら、心は獣と変わらないこと。
＊「人面」は「にんめん」と読むこともある。

用例 ・そんなひどいことをするなんて、人面獣心の悪党だ。
・人面獣心の行いを厳しく戒める。

出典 司馬遷《しばせん》『史記《しき》』匈奴伝《きょうどでん》

森羅万象《しんらばんしょう》

類義語 一切合切《いっさいがっさい》 有象無象《うぞうむぞう》
天地万物《てんちばんぶつ》

意味 天と地の間に存在するありとあらゆるものと、この世に起こるすべてのこと。＊「森羅」は、森の樹木が限りなく並ぶこと。「万象」は形のあるすべてのものという意味。

用例 ・森羅万象には何らかの意味が存在している。
・彼は森羅万象を解き明かす勢いで研究を続けている。

出典 『法句経《ほっくぎょう》』

酔眼朦朧《すいがんもうろう》

類義語 酔歩蹣跚《すいほまんさん》

意味 酒に酔って焦点がさだまらず、視界がはっきりとしないこと。酒に酔った状態のこと。

用例 ・酔眼朦朧として字を読むこともできない。
・彼は酔眼朦朧としていて会話も成り立たない。
・彼は飲みすぎて酔眼朦朧になるので、いつも私が肩を貸す。

出典 蘇軾《そしょく》「杜介送魚《とかいさかなをおくる》」

すいぎょのまじわり

水魚之交

類義語 水魚《すいぎょ》之《の》親《しん》　管鮑《かんぽう》之《の》交《まじわり》
金蘭《きんらん》之《の》契《ちぎり》　膠漆《こうしつ》之《の》交《まじわり》

意味 仲がよく、深く関係していて互いに信頼し合っている友情や交際のこと。＊水と魚のように、関係が緊密で離れがたいことをいう。

用例 ・彼との関係はまさに水魚之交だったといえる。
・水魚之交と思っていた友も、今は疎遠になっている。

出典 陳寿《ちんじゅ》『三国志《さんごくし》』蜀志《しょくし》・諸葛亮伝《しょかつりょうでん》

すいせいむし

酔生夢死

類義語 遊生夢死《ゆうせいむし》　無為徒食《むいとしょく》

意味 何をするでもなく、ぼんやりと一生を過ごすこと。特に価値のある行いもせず、人生を無駄に過ごすこと。＊酒に酔ったように生き、無自覚に死ぬことから。

用例 ・彼の一生は酔生夢死だったといえるだろう。
・酔生夢死の人生より夢を追う生き方をしたい。

出典 『小学《しょうがく》』嘉言《かげん》

すいてんほうふつ

水天彷彿

類義語 水天一色《すいてんいっしき》　水天一碧《すいてんいっぺき》

意味 遠い沖合の水面と空がひと続きになって、見分けがつかないさま。空と水の境目が見えず、水平線がわからない様子。＊「彷彿」は「髣髴」とも書く。

用例 ・水天彷彿とした彼方《かなた》から小舟が現れた。
・丘から見渡せば水天彷彿の絶景が広がっていた。

出典 頼山陽《らいさんよう》『泊天草洋《あまくさなだにはくす》』

酔歩蹣跚《すいほまんさん》

類義語 酔眼朦朧《すいがんもうろう》

意味 酒に酔ってふらふらとよろめきながら歩くこと。千鳥足で歩くさま。＊「酔歩」は、酒に酔った状態で歩くこと。「蹣跚」はよろめくことで、「ばんさん」とも読む。

用例 ・酔歩蹣跚の男性が歌いながら歩いていた。
・飲みすぎてしまい、酔歩蹣跚で家に帰った。
・酔歩蹣跚で家に帰ったところ、妻に叱られてしまった。

頭寒足熱《ずかんそくねつ》

類義語 頭寒足暖《ずかんそくだん》

意味 頭は涼しくし、足元はあたたかくすること。
＊昔からよくいわれる健康法の一つ。特に寝るときにするとよい効果があるなどといわれている。

用例 ・祖母の教えで頭寒足熱を心がけている。
・暖房をつけずにコタツに入れば、頭寒足熱になって健康にもよさそうだ。

寸進尺退《すんしんしゃくたい》

類義語 寸進退尺《すんしんたいしゃく》

意味 少し進んで大きく退くこと。転じて、少しのものを得ることで多くのものを失い、損が多いこと。＊一寸は約三センチ、一尺は約三十センチ。「尺退」は「せきたい」とも読む。

用例 ・戦況は寸進尺退で状況は悪くなる一方だった。
・寸進尺退の成果では研究打ち切りもやむを得ない。

出典 『老子《ろうし》』

寸善尺魔《すんぜんしゃくま》

意味 世の中にはよいことが少なく、悪いことの方が多いということ。

＊「寸」は「尺」の十倍で、悪は善の十倍存在する、ということを表す。「尺魔」は「せきま」とも読む。

用例
・利己的な人が増えれば寸善尺魔の世になってしまう。
・寸善尺魔が当たり前だと思って用心することも大切だ。
・寸善尺魔とはいうものの、相手を善人と信じることも大切だ。

寸鉄殺人《すんてつさつじん》

類義語 頂門一針《ちょうもんのいっしん》

意味 短いながら鋭く適切な言葉で、相手の欠点や急所を突くこと。

＊「寸鉄」は小さい刃物のこと。訓読みした「寸鉄人を殺す」という形で使うことが多い。

用例
・何気なく言ったつもりが寸鉄殺人となってしまった。
・彼にはその一言が寸鉄殺人となっている自覚がないようだ。

出典 羅大経《らだいけい》『鶴林玉露《かくりんぎょくろ》』

井蛙之見《せいあのけん》

類義語 夜郎自大《やろうじだい》 唯我独尊《ゆいがどくそん》 遼東之豕《りょうとうのいのこ》

意味 世間知らずで、見識の狭いこと。

＊「井蛙」は井戸の中にすんでいるカエルのこと。自分の周りの狭い世界しか知らない人のことをいう。「井の中の蛙《かわず》、大海を知らず」という言葉から。

用例
・業界全体を自社の基準で考えるとは井蛙之見だね。
・町内相撲大会で勝ったぐらいで調子に乗るとは井蛙之見だ。

青雲之志《せいうんのこころざし》

類義語 凌雲《りょううん》之《の》志《こころざし》　凌霄《りょうしょう》之《の》志《こころざし》

意味 高い地位や役職を求めたり、立派な人間になろうとする志。学問や地位の高いことを表す。
＊「青雲」は、高い空、青く澄みきった空の意。

用例 ・青雲の志をいだいて学校を卒業をした。
・若者の多くは青雲の志を持っている。

出典 王勃《おうぼつ》「滕王閣序《とうおうかくのじょ》」

臍下丹田《せいかたんでん》

意味 へその下、三寸（約九センチ）のあたりの下腹部。
＊「臍下丹田に力を入れる」で「しっかりする、度胸をすえる」という意味。漢方医学で、ここに気を入れて力を込めると気力がわき、健康を保つといわれている。

用例 ・臍下丹田に力を込めて向かってくる敵の技を受けた。
・臍下丹田に意識を集中し、精神を統一する。

晴好雨奇《せいこううき》

意味 晴れた日は景色が美しく、雨の日もまた趣を異にしてすばらしいこと。
＊「奇」は、普通とは違ってとてもすぐれているという意味。

用例 ・晴好雨奇の秋の京都の景勝地を旅した。
・ここの森林は晴好雨奇の趣をそなえている。

出典 蘇軾《そしょく》「飲湖上初晴後雨《こじょうにいんすはじめはれのちにあめふる》」

晴耕雨読

せいこううどく

類義語 安居楽業《あんきょらくぎょう》 昼耕夜誦《ちゅうこうやしょう》 悠悠自適《ゆうゆうじてき》

意味 何かに束縛されることもなく気のおもむくままに、晴れた日には畑を耕し、雨の日には家で書物を読むというような生活を送ること。

＊俗世間を避けた生活をさすことが多い。

用例 ・老後は静かに晴耕雨読の生活を送りたいと願う。

・自然と共に生きる晴耕雨読の生活が気に入っている。

生殺与奪

せいさつよだつ

類義語 活殺自在《かっさつじざい》 殺生与奪《さっせいよだつ》

意味 力によって、生かすも殺すも与えるも奪うも、すべて自由にでき、相手を支配すること。

＊「生殺与奪の権」の形で用いることが多い。

用例 ・社長が生殺与奪の権を握っていて皆びくびくしている。

・民族紛争の勝者は生殺与奪の権をほしいままにする。

出典 『荀子《じゅんし》』王制《おうせい》

精神一到

せいしんいっとう

類義語 射石飲羽《しゃせきいんう》 精神統一《せいしんとういつ》

意味 精神を集中させれば、どんな困難なことでも成しとげられるということ。

＊「精神一到何事か成らざらん」の省略形。

用例 ・精神一到すれば、強敵でも倒すことができるだろう。

・日々精神一到して勉学に励み、その結果合格できた。

出典 黎靖徳《れいせいとく》『朱子語類《しゅしごるい》』

誠心誠意《せいしんせいい》

類義語　一寸丹心《いっすんのたんしん》　碧血丹心《へきけつたんしん》

意味　私欲や嘘《うそ》偽りのない、純粋なまごころ。正直で真面目な態度で物事に取り組むこと。

＊「誠」を二回使うことによってまごころを強調している。「誠心」を「精神」と書くのは間違い。

用例
・不祥事に対し、誠心誠意の対応を行った。
・「誓って嘘は申しておりません」と誠心誠意うったえる。

正正堂堂《せいせいどうどう》

類義語　公明正大《こうめいせいだい》

対義語　奸佞邪心《かんねいじゃしん》　卑怯千万《ひきょうせんばん》

意味　態度や方法に卑怯なところがなく、立派なようす。

＊「正正の旗、堂堂の陣」という言葉の略で、もとは軍隊の陣形が整然としていて、勢いがあることをいった。

用例
・試合ではいつも正正堂堂と戦っている。
・正正堂堂とした態度に好感が持てる。

出典　孫武《そんぶ》『孫子《そんし》』軍争篇《ぐんそうへん》

生生流転《せいせいるてん》

類義語　生死流転《しょうじるてん》　千変万化《せんぺんばんか》
念念生滅《ねんねんしょうめつ》　万物流転《ばんぶつるてん》

意味　万物は永遠に生と死の間をめぐり、移り変わっていくということ。

＊「生生」はものが絶えず生まれ活動することで「しょうじょう」とも読む。「流転」は万物がめぐり状況が移り変わること。

用例
・人生は生生流転の旅のようなものだ。
・生生流転する命に思いを馳《は》せる。

贅沢三昧《ぜいたくざんまい》

類義語 我儘三昧《わがままざんまい》 活計歓楽《かっけいかんらく》

意味 したいだけの贅沢をすること。
＊「三昧」は仏教語で、一つのことに心を集中していて他念のないこと。悪い意味で用いるときは、むやみやたらとするの意。「三昧」を「三味」と書くのは間違い。

用例 ・夫の贅沢三昧が離婚の原因だ。
・急にお金が入って贅沢三昧の日々を送る。

清濁併呑《せいだくへいどん》

意味 心が広く、善悪を分けへだてなく受け入れることができる広い度量を持つこと。物事をあるがままに受け入れること。
＊「清濁」は「正と邪」、「善と悪」を表す。

用例 ・大人の世界では時には清濁併呑も必要だ。
・あの政治家は清濁併呑する度量を持っている。

出典 司馬遷《しばせん》『史記《しき》』酷吏伝《こくりでん》

青天白日《せいてんはくじつ》

類義語 光風霽月《こうふうせいげつ》 清廉潔白《せいれんけっぱく》

意味 心に後ろ暗いことや、やましいところがないこと。または無実の罪が晴れること。
＊「青天」は青く澄みきった空。「白日」は照り輝く太陽。

用例 ・青天白日の立場となり、堂々と彼と勝負をしたい。
・真犯人が逮捕され、彼は青天白日の身となった。

出典 韓愈《かんゆ》「与崔羣書《さいぐんにあたうるしょ》」

青天霹靂《せいてん（の）へきれき》

意味 突発的に起こる大きな変化や大事件。思いもよらないような出来事。＊「霹靂」は激しい雷のこと。晴れ渡った空に突然雷が鳴り響くということから。

用例
・A社の倒産はまさに青天霹靂だった。
・あんなに元気だった叔父が急死するとは青天霹靂だ。

出典 陸游《りくゆう》「九月四日鶏未鳴起作《くがつよっかにわとりいまだなかざるにおきてつくれる》」

清風明月《せいふうめいげつ》

類義語 清風朗月《せいふうろうげつ》

意味 秋の夜に吹くさわやかな風と明るい月。静かで涼やかなたたずまいの形容。風雅な遊びのことをさす語としても用いられる。＊「明月」は、美しく澄んだ月。「名月」と書くのは誤り。

用例
・このような清風明月のよき日に宴を開けて幸いです。
・清風明月に誘われて、つい夜の散歩に出てしまった。

出典 蘇軾《そしょく》「前赤壁賦《ぜんせきへきのふ》」

精力絶倫《せいりょくぜつりん》

類義語 精力旺盛《せいりょくおうせい》

意味 心身の活力が並はずれて強いこと。行動力が図抜けていること。男性の性的能力が強いことだけに使われる語ではない。＊「精力」は心身を働かせるもととなる気力のこと。「絶倫」は比較するものがないほどすぐれていること。

用例
・あんなハードな仕事を楽にこなすなんて精力絶倫だね。
・彼は精力絶倫で、まだ色恋沙汰を起こしている。

勢力伯仲《せいりょくはくちゅう》

類義語 難兄難弟《なんけいなんてい》 伯仲之間《はくちゅうのかん》

対義語 鎧袖一触《がいしゅういっしょく》

意味 対立する両者の力が同じぐらいで差がないこと。実力に大きな差がなく、拮抗《きっこう》している状態をいう。

＊「伯」は長兄、「仲」は次兄を表し、長兄と次兄は大きな差がなく実力が接近していることから。

用例 ・サッカーの決勝戦は、勢力伯仲で延長戦に入った。

・A候補は劣勢から巻き返し、今では勢力伯仲している。

精励恪勤《せいれいかっきん》

類義語 精励勤勉《せいれいきんべん》 刻苦勉励《こっくべんれい》 昼耕夜誦《ちゅうこうやしょう》 奮励努力《ふんれいどりょく》

意味 学業や職務に尽力し、怠らないこと。

＊「精励」は仕事に励むこと。「恪勤」は職務に忠実で怠けないこと。

用例 ・会社では常に精励恪勤を心がけている。

・かつては精励恪勤だった彼も、今では退職してゆっくりした生活を送っている。

清廉潔白《せいれんけっぱく》

類義語 晴雲秋月《せいうんしゅうげつ》 清浄潔白《せいじょうけっぱく》 青天白日《せいてんはくじつ》

意味 心や行いが清く正しく、不正などがないこと。心に後ろ暗いところがないこと。

＊「清廉」は、潔く、私利私欲のないこと。「潔白」は、心や行いが正しくきれいなこと。

用例 ・彼は証人が現れて清廉潔白の身であることが判明した。

・彼女は政治家として清廉潔白を身上としている。

積善余慶

せきぜん（の）よけい

類義語 善因善果《ぜんいんぜんか》

対義語 因果応報《いんがおうほう》 積悪余殃《せきあくよおう》

意味 よい行いをした家には、その報いとして幸福が子孫にまで及ぶこと。＊「積善の家には必ず余慶あり」という言葉の略。「余慶」は功徳の報いによって子孫にまで残る吉事。

用例
・今の自分があるのは先祖の積善余慶かもしれない。
・先代社長の積善余慶を念頭に一層の努力をする。

出典 『易経《えききょう》』坤《こん》

是是非非

ぜぜひひ

類義語 是非曲直《ぜひきょくちょく》 理非曲直《りひきょくちょく》

対義語 唯唯諾諾《いいだくだく》

意味 正しいことは正しい、間違っていることは間違っていると公正に物事を判断すること。客観的に価値を論じること。
＊「是」は正しい、「非」は正しくないこと。「是非」の強調。

用例
・この件は裁判で是是非非を明らかにしたい。
・是是非非を明らかにするために議論を重ねた。

出典 『荀子《じゅんし》』修身《しゅうしん》

切磋琢磨

せっさたくま

類義語 相互啓発《そうごけいはつ》

意味 仲間同士で、互いに励ましたり競い合って学問・技術・人格などの向上を図ること。＊昔は石や玉を磨く過程になぞらえていたが、最近は他者との競争とすることが多い。

用例
・ゼミの友人とは、かつて切磋琢磨した間柄だ。
・切磋琢磨を怠らなかった結果、成果を出すことができた。

出典 『詩経《しきょう》』衛風《えいふう》・淇奥《きいく》

切歯扼腕《せっしやくわん》

意味　非常に悔しくて怒ったり、ひどく残念がったりするさま。
＊「切歯」は歯ぎしりすること。「扼腕」は激しく意気込んで自分の腕を握りしめること。

用例　・逆転負けの悔しさに切歯扼腕した。
・切歯扼腕したところで時はすでに遅かった。

出典　司馬遷《しばせん》『史記《しき》』張儀伝《ちょうぎでん》

類義語　切歯瞋目《せっししんもく》　切歯腐心《せっしふしん》
残念無念《ざんねんむねん》

絶体絶命《ぜったいぜつめい》

意味　困難な場面や状況に追い詰められて、どうしても逃れようのない切羽詰まった状態。
＊「絶体」と「絶命」はともに九星占いの凶星で破滅の星回りといわれる。「絶体」を「絶対」と書くのは間違い。

用例　・絶体絶命のピンチを奇跡的に何度も乗り越えてきた。
・今度ばかりは誰も助けてくれず、絶体絶命だ。

類義語　風前之灯《ふうぜんのともしび》　窮途末路《きゅうとまつろ》
山窮水尽《さんきゅうすいじん》

世道人心《せどうじんしん》

意味　世の中の守るべき道徳そのものと、それを守る人の心。
＊「世道」は人として守るべき道徳。「人心」は人の心。

用例　・極悪非道な事件が立て続けに起こり、世道人心の衰えを痛感せずにはいられない。
・次世代のためにも、世道人心を大切に守っていくことが大人の務めだ。

是非曲直《ぜひきょくちょく》

類義語 是是非非《ぜぜひひ》 是非善悪《ぜひぜんあく》 理非曲直《りひきょくちょく》

意味 道理にかなっているか、そうでないか。正しいことと間違っていること。＊「是」と「直」は正しいこと、「非」と「曲」は間違っていることをさしている。

用例
・重要な問題の是非曲直を議論する。
・是非曲直をわきまえた大人にならなくてはいけない。

出典 王充《おうじゅう》『論衡《ろんこう》』説日《せつじつ》

善因善果《ぜんいんぜんか》

類義語 因果応報《いんがおうほう》 積善余慶《せきぜん(の)よけい》

対義語 悪因悪果《あくいんあっか》

意味 善い行いをすると、必ずよい報いがあるということ。＊仏教語。仏教の因果応報の考え方から生まれた言葉。「善因」はよい結果を生むことになる原因の行い。「善果」はそれによって生まれたよい結果。

用例
・善因善果を信じて善行に励んでいる。
・このような結果を得られたのも善因善果だと思う。

浅学非才《せんがくひさい》

類義語 浅学短才《せんがくたんさい》 浅識非才《せんしきひさい》

対義語 博学多才《はくがくたさい》 博識多才《はくしきたさい》 博覧強記《はくらんきょうき》

意味 学問が足りず、自分の知識が浅く未熟で、才能に乏しいこと。自分を謙遜して使うことが多く、他人に対しては使わない。＊「非才」は本来は「菲才」と書くのが正しい。

用例
・自らの浅学非才を恥じる。
・浅学非才の身ではありますが、このような発表の場を設けていただきまして誠にありがとうございます。

先義後利《せんぎこうり》

意味 物事の筋道や道理を優先し、利益を後回しにすること。企業やビジネスの基本理念として使われることが多い。

＊「先義」は道理を優先すること。

用例 ・我が社は先義後利を基本理念としています。

・先義後利の理念で経営してきた結果、相手の信用を得ることができた。

千客万来《せんきゃくばんらい》

意味 多くの客がやってきて、絶え間がないこと。店がたいそう繁盛しているようす。

＊「千」「万」はともに数が多いこと。「千客」は「せんかく」とも読む。

用例 ・A店のセール中は、千客万来の賑《にぎ》わいだった。

・千客万来の繁盛を祝って乾杯しよう。

類義語 門前成市《もんぜんせいし》

対義語 門前雀羅《もんぜんじゃくら》

千軍万馬《せんぐんばんば》

意味 多くの動乱をくぐり抜けたことで、場馴《ばな》れしている人。転じて、特定の分野について豊富な経験を持つこと。＊多くの兵と多くの馬で戦闘経験が豊富な勇者のことから。

用例 ・彼はこの業界では千軍万馬の古参だ。

・次の試合は若手の挑戦者と千軍万馬の王者の闘いだ。

出典 『南史《なんし》』陳慶之伝《ちんけいしでん》（陳慶之列伝）

類義語 千兵万馬《せんぺいばんば》 海千山千《うみせんやません》 百戦錬磨《ひゃくせんれんま》 飽経風霜《ほうけいふうそう》

先見之明《せんけんのめい》

類義語　先見之識《せんけんのしき》

意味　将来のことについて、事前に見抜く能力。事前に見通しを立てることができる見識。

＊「明」は、ものを見分ける眼力。

用例　・過去にA社に投資したのは先見之明があったといえる。
・先見之明を持った政治家にこの国の未来を託したい。

出典　『後漢書《ごかんじょ》』楊彪伝《ようひょうでん》

千言万語《せんげんばんご》

類義語　千言万句《せんげんばんく》

対義語　一言半句《いちごんはんく》　片言隻語《へんげんせきご》

意味　多くの言葉を駆使して述べ立てること。くどくどと長く話すこと。＊「千言」「万語」はともに多くの言葉という意味。「千言万語を費やす」という形で使われることが多い。

用例　・千言万語を費やしても彼女の美しさは表現できない。
・改革には千言万語よりも具体的な行動力が必要だ。

出典　鄭谷《ていこく》『燕詩《えんし》』

千古不易《せんこふえき》

類義語　千古不変《せんこふへん》　万古不易《ばんこふえき》　不易流行《ふえきりゅうこう》　永久不変《えいきゅうふへん》

意味　遠い昔から永久に変わらないこと。また、時がたっても変わらない普遍的な価値のこと。

＊「千古」は遠い昔のこと。「不易」は変わらないこと。

用例　・古今和歌集の歌の魅力は、千古不易といえるだろう。
・親の子に対する愛情は、千古不易のものだ。
・千古不易の芸術的建築を眺めながらゆっくりと歩く。

前後不覚《ぜんごふかく》

類義語 人事不省《じんじふせい》

意味 前後の区別がつかなくなるほど正気を失うこと。物事の判断ができなくなる状態。酔って記憶を失ったときに使うことが多い。

＊「不覚」は、意識や感覚がないこと。

用例
・忘年会ではつい前後不覚になるまで飲んでしまった。
・残業で睡魔に襲われ、前後不覚に眠ってしまった。
・寝起きの前後不覚状態で、足がもつれてしまった。

千載一遇《せんざいいちぐう》

類義語 千載一会《せんざいいちえ》 曇華一現《どんげいちげん》 盲亀浮木《もうきふぼく》

意味 二度と巡り会うことができないほどの、絶好のチャンス。またとない好機。

＊「千載」は千年のこと。「一遇」は一度の出会い。

用例
・かねてからの計画が実行できる千載一遇の好機を得る。
・千載一遇のチャンスと、社長に思いの丈を打ち明けた。

出典 蕭統《しょうとう》『文選《もんぜん》』

千差万別《せんさばんべつ》

類義語 十人十色《じゅうにんといろ》 千種万別《せんしゅばんべつ》 千姿万態《せんしばんたい》 多種多様《たしゅたよう》

意味 多くの物事にそれぞれ違いや差があること。いろいろな違いがあって、一つとして同じものがないこと。

＊「せんさまんべつ」とも読む。

用例
・人の考えは千差万別、人の好みも十人十色だ。
・その地獄絵には千差万別な姿態が描かれていた。

出典 釈普済《しゃくふさい》『五灯会元《ごとうえげん》』

千思万考《せんしばんこう》

類義語 千思万想《せんしばんそう》 千思万慮《せんしばんりょ》 千万百計《せんまんひゃっけい》 百術千慮《ひゃくじゅつせんりょ》

意味 あれこれと考えを巡らせ、同じことを何度も繰り返して考えること。一つのことを念入りに思索し、検討すること。＊数が多いことを表す「千万」と、「思考」を組み合わせた熟語。

用例 ・千思万考の末、転職することを決める。
・社長が千思万考することもなく下した決断でも、我々は黙って従うしかないのだ。

千紫万紅《せんしばんこう》

意味 色とりどりの花が一面に咲き乱れているさま。彩りが豊かで華やかであることのたとえ。
＊「千」「万」はともに豊富な色彩の種類を強調している。「紫」「紅」はあでやかな色のたとえ。

用例 ・春には一気に花が咲き、辺りは千紫万紅の野となる。
・都会の喧騒《けんそう》を離れ、千紫万紅の花畑を見るとほっとする。

類義語 千紅万紫《せんこうばんし》 万紫千紅《ばんしせんこう》 百花繚乱《ひゃっかりょうらん》

千姿万態《せんしばんたい》

意味 姿形や行動がさまざまに異なっていること。また、状態が変化するようす。

用例 ・蝶《ちょう》の種類は千姿万態で、見分けがつきにくいが、彼はそれを一目で見分けられる。
・春になると色とりどりの服を着た人が街に繰り出し、千姿万態、目を楽しませてくれる。

類義語 千状万態《せんじょうばんたい》 千態万状《せんたいばんじょう》 千態万様《せんたいばんよう》 千差万別《せんさばんべつ》

浅酌低唱

せんしゃくていしょう

類義語 浅酌微吟《せんしゃくびぎん》 浅斟低唱《せんしんていしょう》
対義語 杯盤狼藉《はいばんろうぜき》 放歌高吟《ほうかこうぎん》

意味 大酒を飲むことなく、しみじみと酒を味わい、小声で歌を口ずさむこと。また、そのような上品な酒席のたとえ。ほろ酔いのときの気分をさす。＊「浅酌」は暴飲ではなく、ほどよく酒を飲むこと。「低唱」は小声で歌うこと。

用例
・秋の夜、芳醇《ほうじゅん》な地酒を楽しみ、浅酌低唱をする。
・休日は、家で浅酌低唱する程度の晩酌を楽しんでいる。

千秋万歳

せんしゅうばんぜい

類義語 千秋万古《せんしゅうばんこ》 千秋万世《せんしゅうばんせい》

意味 長い月日のこと。また、長寿を祝していう言葉。
＊「千」「万」は数が多いこと。「秋」「歳」はともに年のこと。「万歳」は「ばんざい」とも読む。

用例
・一族で、祖父母の千秋万歳を祝った。
・弟子たちが師の百歳の誕生日を祝い千秋万歳を唱えた。

出典 『韓非子《かんぴし》』顕学《けんがく》

全身全霊

ぜんしんぜんれい

類義語 全心全力《ぜんしんぜんりょく》

意味 体と心の全部。その人が持っている体力と精神力のすべて。
＊「霊」は肉体に宿る霊魂「たましい」の意で用いるが、ここでは心や精神力の意。

用例
・彼は全身全霊を傾けてその作品を書きあげた。
・立ち上げた会社を軌道に乗せるため、全身全霊を捧《ささ》げて仕事に打ち込む。

千辛万苦

せんしんばんく

類義語 艱難辛苦《かんなんしんく》 難行苦行《なんぎょうくぎょう》 粒粒辛苦《りゅうりゅうしんく》 悪戦苦闘《あくせんくとう》

意味 さまざまな苦労や困難を重ねること。また、それに付随する苦しみ。＊千万の辛苦という意。

用例
・長年の千辛万苦の末に、どうにか完成にこぎ着けた。
・日本一の経営者になって社会に貢献することを目標としてきたので、これまで千辛万苦を乗り越えることができた。
・千辛万苦を重ねた結果がこのありさまでは、誰も納得しない。

前人未到

ぜんじんみとう

類義語 人跡未踏《じんせきみとう》 先人未到《せんじんみとう》 破天荒解《はてんこうかい》

意味 まだ誰も踏み込んだことのない場所や領域。転じて、未《いま》だかつて誰も達成していないこと。
＊「前人」は今までの人。「未到」は誰も足を踏み入れていないこと。地理的な場所をさすときは「未踏」とも。

用例
・前人未到の偉業を達成する瞬間を目の当たりにした。
・その冒険家は前人未到のアマゾンを世界に紹介した。

戦戦兢兢

せんせんきょうきょう

類義語 戦戦慄慄《せんせんりつりつ》 小心翼翼《しょうしんよくよく》

意味 恐ろしいことが起こるのではないかと、臆病になること。悪い予感にびくびくしているさま。
＊「兢兢」は緊張してはらはらする意。「恐恐」とも書く。

用例
・格上の強豪を前に、選手たちは戦戦兢兢の面持ちだ。
・いつ妻に嘘《うそ》がばれるか、戦戦兢兢とする。

出典 『詩経《しきょう》』

前代未聞《ぜんだいみもん》

類義語 先代未聞《せんだいみもん》 空前絶後《くうぜんぜつご》 破天荒解《はてんこうかい》

意味 今までに一度も聞いたことがないような、大変珍しい事柄、珍事。あきれるようなことに用いることが多い。
*「前代」は前の時代、転じて過去を表す。「せんだい」とも読む。「未聞」は今までに聞いたことがないこと。

用例
・今年は前代未聞の事件が頻発した大変な年だった。
・ボーナスは現物支給だなんて、前代未聞だ。

全知全能《ぜんちぜんのう》

類義語 完全無欠《かんぜんむけつ》 十全十美《じゅうぜんじゅうび》

対義語 無知無能《むちむのう》

意味 あらゆることを知り、あらゆることを可能とする神のごとき力。また、自分自身の持っている能力のすべて。
*通常は、神に対して使う。「全知」は「全智」とも書く。

用例
・全知全能の神に頼むしかない。
・幼い子どもからすると、大人というものは全知全能の神のようにも見えるだろう。

前程万里《ぜんていばんり》

類義語 前途有望《ぜんとゆうぼう》

意味 これからの道のりが果てしなく遠いこと。また、その人物の将来に大きな可能性が秘められていること。
*「前程」はこれから先の未来のこと。

用例
・前程万里の新入社員諸君には、我が社のみならず、日本経済牽引の旗手となることを目指してほしい。
・前程万里の研究者たちを集め、人材育成の拠点を設ける。

先手必勝《せんてひっしょう》

類義語 先制攻撃《せんせいこうげき》

意味 人に先んじて行動すれば、必ず勝つことができるということ。相手の機先を制し、有利に事を進めること。＊「先手」は囲碁や将棋で先に攻めること。

用例
・先手必勝と言わんばかりに、アイディアを提案してきた。
・ブラジルのサッカーは先手必勝を得意としている。
・恋愛は先手必勝、というのが彼の口ぐせだった。

前途多難《ぜんとたなん》

類義語 前途遼遠《ぜんとりょうえん》 多事多難《たじたなん》

対義語 前途洋洋《ぜんとようよう》 鵬程万里《ほうていばんり》

意味 今後の道のりに多くの障害や困難が待ち受けていること。たくさんの難しい問題があると予想されるときに用いる。＊「前途」は目的までの道のりや将来のこと。

用例
・この企画は新人が担当しているので、前途多難だろう。
・野党が多数を占める前途多難の議会に、知事はどう対処するのか。

前途洋洋《ぜんとようよう》

類義語 前途有望《ぜんとゆうぼう》 鵬程万里《ほうていばんり》

対義語 前途多難《ぜんとたなん》 前途遼遠《ぜんとりょうえん》

意味 将来の可能性が広がり、未来が明るく希望に満ちていること。若者の門出の際に使うことが多い。＊「洋洋」は水が一面に満ちているようす。

用例
・新入社員諸君には、前途洋洋たる未来が拓《ひら》けている。
・彼はチームのエースだったが、前途洋洋とした未来から一転、事故で体を壊してしまった。

前途遼遠《ぜんとりょうえん》

類義語 前途多難《ぜんとたなん》
対義語 前途洋洋《ぜんとようよう》 鵬程万里《ほうていばんり》

意味 目標達成までの道のりが遠いこと。達成までに時間が必要だということ。目的までの遠さに挫折しそうなときに使う。＊「遼遠」は、時間的にも距離的にもはるかに遠いさま。

用例 ・トーナメントで優勝するという目標までは前途遼遠だが、一試合ずつがんばろう。
・村おこしとは前途遼遠な計画で、簡単なことではない。

善男善女《ぜんなんぜんにょ》

類義語 善男信女《ぜんなんしんにょ》

意味 仏教に帰依した男女。転じて、寺参りなどをする人々や普段の心がけがいい人、信心深い人のことをいう。

用例 ・全国各地の善男善女が、この寺に詣でる。
・縁日には善男善女が集まり、朝からずっと念仏を唱える声が聞こえてくる。

出典 『金剛般若経《こんごうはんにゃきょう》』訳疏記《やくそき》

千篇一律《せんぺんいちりつ》

類義語 千篇一体《せんぺんいったい》 一本調子《いっぽんぢょうし》
対義語 千変万化《せんぺんばんか》 変幻自在《へんげんじざい》

意味 どれもこれも皆同じようで、変わりばえのしないこと。詩や文章が、単調でおもしろみのないこと。＊「千篇」は「千編」とも書くが、「千遍」は意味が異なるので誤り。

用例 ・今年の応募作品は千篇一律でおもしろくない。
・あの作者の文章は、千篇一律で読む気にならない。

出典 『詩品《しひん》』

千変万化《せんぺんばんか》

類義語 変幻自在《へんげんじざい》 生生流転《せいせいるてん》

対義語 一本調子《いっぽんぢょうし》 千篇一律《せんぺんいちりつ》

意味 状態や状況がさまざまに変化していくようす。時間とともにいろいろな変化が起きること。

用例 ・登山では、千変万化する山特有の天気に注意が必要だ。
・学生には、千変万化の社会情勢に振り回されることなく、確固たる信念で学業に励んでほしい。

出典 『列子《れっし》』

千万無量《せんまんむりょう》

類義語 無量無数《むりょうむすう》 無量無辺《むりょうむへん》

意味 数え切れないほどの量。限りなく多いこと。幾千万もの。無尽蔵。

用例 ・初恋のときに千万無量の想《おも》いを込めて書いたラブレターが、まさかこんな形で残っているとは。
・千万無量の知り合いを持つより、気のおけない友がたった一人でもいれば、それだけで心強いものだ。
・千万無量の星々に思いを馳《は》せる。

先憂後楽《せんゆうこうらく》

類義語 先難後獲《せんなんこうかく》

意味 為政者は人々に先だって困難に立ち向かい、楽しむことは人々の後で楽しむべきという戒め。また、先に苦労をしておくと、後で楽ができるという意味もある。

用例 ・先憂後楽と思い、若いうちの苦労は買ってでもすべきだ。
・政治家は常に先憂後楽の精神を忘れてはならない。

出典 范仲淹《はんちゅうえん》『岳陽楼記《がくようろうき》』

千里同風《せんりどうふう》

類義語　万里同風《ばんりどうふう》　同文同軌《どうぶんどうき》

対義語　群雄割拠《ぐんゆうかっきょ》

意味　千里の範囲にわたって同じ風が吹く、国のすべてが同じ状態であることから、天下が統一され世の中が平和である状態。また、国の隅々まで特定の習慣が行きわたっているという意味でも用いる。

用例　・広大な国土を統一して千里同風を保つのは大変だ。

出典　王充《おうじゅう》『論衡《ろんこう》』

千慮一失《せんりょ（の）いっしつ》

類義語　百慮一失《ひゃくりょ（の）いっしつ》　知者一失《ちしゃ（の）いっしつ》

対義語　愚者一得《ぐしゃ（の）いっとく》　千慮一得《せんりょ（の）いっとく》

意味　賢明な人が十分に考慮したつもりでも、一つぐらいは間違いや予想しなかった失敗があるということ。＊「千慮」は多くのことに考えをめぐらすこと。

用例　・専門家とはいえ千慮一失ということもあるだろう。

・その失敗は千慮一失にすぎないので気にしない。

出典　司馬遷《しばせん》『史記《しき》』淮陰侯伝《わいいんこうでん》

粗衣粗食《そいそしょく》

類義語　悪衣悪食《あくいあくしょく》　節衣縮食《せついしゅくしょく》　草衣木食《そういもくしょく》　一汁一菜《いちじゅういっさい》

対義語　暖衣飽食《だんいほうしょく》

意味　粗末な着物を着て、粗末な食事をとること。贅沢《ぜいたく》をせず、簡素で質素な暮らしをすることのたとえ。

用例　・彼は粗衣粗食に甘んじて、ただひたすら学問に打ち込み、みごと試験に合格した。

・仕事が軌道に乗るまでは、彼も家賃すら払えない粗衣粗食の生活を続けていた。

創意工夫《そういくふう》

意味 他人の真似ではなく、自分で新しい手段や方法を考えること。＊「創意」は新しく思いつくことや独創的な考え。「工夫」はさまざまに考えること。

用例 ・今回のイベントで発表された画期的な技術は、彼の創意工夫と不断の努力の結晶である。
・最近の家電製品には、さまざまな創意工夫が詰まっている。

類義語 意匠惨憺《いしょうさんたん》

滄海遺珠《そうかい（の）いしゅ》

意味 深い海の底に取り残された真珠。転じて、世間に知られず埋もれている才能のある人物のことをいう。

用例 ・世間から滄海遺珠を探し、我が社の顧問として迎えることこそ、業績回復への近道だ。
・国力を高めるためには、滄海遺珠を発掘し、才能の育成にしっかり投資することが重要だ。

喪家之狗《そうかのいぬ》

意味 見る影もなく落ちぶれて、しょんぼりしている人のたとえ。また、定まった家がない宿無しの人。＊喪中の家では、忙しさにまぎれて犬の餌やりを忘れてしまい、犬がやせ細ってしまうということから。

用例 ・彼はすっかりやつれて、まるで喪家之狗のようだ。

出典 司馬遷《しばせん》『史記《しき》』孔子世家《こうしせいか》

創業守成《そうぎょうしゅせい》

類義語 創業守文《そうぎょうしゅぶん》

意味 事業を始め、それを守り続けていくこと。事業を始めるのは簡単なことだが、維持していくのは難しいということ。

用例
・二代目社長には創業守成の精神を説かねばならない。
・プロジェクトが発足しても、創業守成の精神がなければ結局成功しない。

出典 『貞観政要《じょうがんせいよう》』

象牙之塔《ぞうげのとう》

意味 俗世間から離れた、芸術至上の姿勢。また、世間と関わりを断った学究生活のこと。大学などの研究をさす。

用例
・象牙の塔にこもりがちだったせいで、あの歳になってもA教授は世間知らずのところがある。
・B氏は象牙之塔と批判されても研究に没頭し続けてきた結果、ノーベル賞候補に選ばれた。

糟糠之妻《そうこうのつま》

類義語 糟粕之妻《そうはくのつま》 宋弘不諧《そうこうふかい》

意味 お金が十分に稼げなかった頃からともに貧乏や苦労してきた妻。
＊「糟糠の妻は堂より下さず」の略。「糟糠」は酒かすと米ぬかのことで、粗末な食事、貧しい暮らしのこと。

用例
・糟糠之妻の支えがなければ、今の成功はなかった。
・新しい事業が始められるのも、糟糠之妻のおかげだ。

出典 『後漢書《ごかんじょ》』

相互扶助《そうごふじょ》

類義語 唇歯輔車《しんしほしゃ》

意味 互いに助け合うこと。協同関係。＊ロシアのクロポトキンが、生存競争を原理としたダーウィンの進化論に反対して主張した学説の訳語。

用例 ・社会の進歩には相互扶助と生存競争の両方が必要だ。
・相互扶助こそ現代の諸課題を解決する方法であるといっても過言ではない。

相思相愛《そうしそうあい》

類義語 比翼連理《ひよくれんり》

意味 お互いが相手を愛し、慕い合っている状態。＊「相思」は思い合うこと。「相愛」は愛し合うこと。男女間に限って使うわけではなく、お互いの組織や個人の間で思惑が一致し「思い思われ」の状態になるときにも用いることもある。

用例 ・結婚して何年たっても、あの二人は相思相愛の間柄だ。
・A君の入社は会社にとっても望ましく、相思相愛といえる。

造次顛沛《ぞうじてんぱい》

意味 一瞬の間。非常に短い時間。とっさの間。＊「造次」は慌ただしく過ぎるわずかな時間。「顛沛」はつまずき倒れること。

用例 ・社長ともなると、会社の経営情況のことが造次顛沛も頭から離れない。
・私は師の教えを造次顛沛も忘れたことはない。

出典 『論語《ろんご》』

宋襄之仁《そうじょうのじん》

意味　不必要な情けをかけたことで、かえってひどい目にあうこと。
＊宋《そう》の襄公《じょうこう》が楚《そ》軍と戦ったとき、相手の体勢が整うまで待つ、と情けをかけたばかりに大敗した故事による。

用例　・この対処法では、宋襄之仁という恐ろしい失敗につながる。
・一時休戦してライバルを総裁に推したにも関わらず、総裁に就任後、何の見返りもなく、まさに宋襄之仁だった。

漱石枕流《そうせきちんりゅう》

類義語　孫楚漱石《そんそそうせき》　牽強付会《けんきょうふかい》
指鹿為馬《しろくいば》

意味　間違いを認めず、指摘されたときにこじつけで言い逃れるようとすること。負け惜しみ。

用例　・いくら指摘を繰り返しても、相手が漱石枕流ばかりでは意味がない。
・屁《へ》理屈をこねた漱石枕流は聞いていられない。

出典　『晋書《しんじょ》』

滄桑之変《そうそうのへん》

類義語　滄海桑田《そうかいそうでん》　桑田碧海《そうでんへきかい》
陵谷遷貿《りょうこくせんぼう》

意味　長い時間をかけて、大海原が桑畑になるほどの変化を遂げること。世の中の変化が激しいことをいう。
＊「滄桑」は「滄海桑田」の略で、大海と桑畑のこと。

用例　・久しぶりに帰郷して、故郷の滄桑之変に驚いた。
・明治時代の写真を見ると、滄桑之変を感じる。

出典　『神仙伝《しんせんでん》』

相即不離《そうそくふり》

類義語 表裏一体《ひょうりいったい》

意味 二つの物が深く結びついて、切り離すことができない密接な関係にあることをいう。二つが溶け合い一体となっていること。
＊「相即」は仏教語で、二つの事象が一体となり、区別できないということ。

用例 ・人間の心と体は相即不離の関係にある。
・人間は自然との相即不離を忘れてはならない。

草茅危言《そうぼうきげん》

意味 国政に浴びせられる民間からの批判、苦言。
＊「草茅」は草と茅《かや》で草むら、転じて民間の意。「危言」は厳しい批判の言葉のこと。

用例 ・政治家はもっと草茅危言の声を聞くべきである。
・国鉄の民営化という大改革は、行政改革に対する草茅危言を政府が受け入れたことによって実現した成果だ。

草莽之臣《そうもうのしん》

意味 仕官していない民間人のこと。広く庶民をさす。また、臣下がへりくだって自分のことをいうときにも使う。

用例 ・私は一介の草莽之臣にすぎないが、ひとこと言わせてもらうならば、議員定数を減らす必要があると考えている。
・民意を政策に反映するため草莽之臣の意見を聞く。

出典 『孟子《もうし》』

惻隠之心《そくいんのこころ》

意味 相手の心情を思い、気の毒に思うこと。
*「惻」は哀れみいたむこと。「隠」は自らいたく感ずること。「惻隠」は孟子の性善説の基礎の四つの考えの一つ。

用例 ・人間関係を円滑にするには惻隠之心が大切だ。
・大家《おおや》は惻隠之心が希薄で、家賃の催促ばかりしている。

出典 『孟子』

即身成仏《そくしんじょうぶつ》

類義語 即身菩薩《そくしんぼさつ》 即身是仏《そくしんぜぶつ》 即身即仏《そくしんそくぶつ》 即身菩提《そくしんぼだい》

意味 人間が現世の肉体のまま、悟りを開いて仏になること。*真言《しんごん》密教《みっきょう》の教義。普通の人でも悟りを開けば今の肉体でも仏になれるということをいう。

用例 ・即身成仏した高僧のミイラが発見された。
・一昔前の運動部のしごきは飲まず食わずで練習する、即身成仏の苦行を行っているようなものだ。

速戦即決《そくせんそっけつ》

類義語 迅速果敢《じんそくかかん》 短期決戦《たんきけっせん》
対義語 緩兵之計《かんぺいのけい》

意味 戦いの長期化を避け、一気に勝負を決めてしまうこと。短時間のうちに決着をつけること。

用例 ・君がチャンピオンに挑むのなら、戦術は速戦即決しかあり得ないだろう。
・君の得意な速戦即決の勝負も、将棋の有段者やプロには通用しない。

即断即決《そくだんそっけつ》

類義語 迅速果敢《じんそくかかん》 当機立断《とうきりつだん》

対義語 熟慮断行《じゅくりょだんこう》 遅疑逡巡《ちぎしゅんじゅん》

意味 チャンスを逃すことなく、その場ですぐに決めること。即座に判断し、決断を下すこと。

用例
・今回の求人については、即断即決というよりも腰を据えてじっくりと選考を行いたいと考えている。
・市場が成熟する中、ライバル企業との競争に打ち勝つには即断即決の経営判断が求められる。

則天去私《そくてんきょし》

意味 自然の法則に従い、私心を捨てありのままに生きること。自我を捨て、自然体で生きてゆくこと。
＊「則天」は天の法則、運命に従うこと。夏目漱石《なつめそうせき》が晩年理想とした境地。

用例
・隠居して、則天去私の心境で心穏やかに過ごしている。
・あるがままに物事を受け止め、則天去私に到《いた》りたい。

粗製濫造《そせいらんぞう》

意味 質の悪い品物を、むやみにたくさん造ること。
＊「粗製」は手間をかけずに粗く、いいかげんで粗末な造り方。「濫造」は無計画にたくさん造ること。「乱造」とも書く。

用例
・消費者は、粗製濫造の品とそうでないものをしっかり見分けなければならない。
・いくら安くても、粗製濫造な品物では必ず売れなくなる。

率先垂範《そっせんすいはん》

類義語　率先躬行《そっせんきゅうこう》　率先励行《そっせんれいこう》　実践躬行《じっせんきゅうこう》

意味　自らすすんで実践し、周囲のお手本になるような振る舞いをすること。＊「率先」は先頭に立つこと。「垂範」は模範となり手本を示すこと。

用例　・率先垂範して校内の清掃に努めるのが、美化委員の仕事だ。
・子供に言うことを聞かせたいのならば、親が率先垂範で見本となるべきだろう。

損者三友《そんしゃさんゆう》

対義語　益者三友《えきしゃさんゆう》

意味　交際することで損をするであろう友人の三種類。不正直・不誠実・口達者の人がそれにあたる。逆に益となる友人を「益者三友」という。

用例　・私には幸いなことに損者三友はいない。
・社会に出たら、損者三友に引っかからないように。

出典　『論語《ろんご》』

樽俎折衝《そんそせっしょう》

類義語　樽俎《そんそ》之間《のかん》

意味　酒席などでなごやかな談笑をしながら、相手の気勢をかわして有利に交渉を進めること。
＊「樽」は酒樽《さかだる》、「俎」は酒の肴《さかな》を載せる板。

用例　・営業部長の樽俎折衝は見事、どんな相手もＯＫを出す。
・相手国の樽俎折衝にはまり、機密情報が流出した。

出典　『晏子春秋《あんししゅんじゅう》』

【た行】

大安吉日《たいあんきちじつ》

類義語 嘉辰令月《かしんれいげつ》 吉日良辰《きちじつりょうしん》 黄道吉日《こうどうきちにち》

意味 暦の上で万事うまくいくとされる日。旅行や結婚など、縁起を担ぐときにこの日が選ばれることが多い。＊「大安」は陰陽道《おんみょうどう》で暦の六曜の一つ。万事によい日。「吉日」はよい日がら。

用例 ・大安吉日に結婚式を挙げる。
・週末と大安吉日が重なる日、引っ越し業者は忙しい。

大廈高楼《たいかこうろう》

意味 大きくて高い建物。豪壮な建築物。高層ビルの建ち並ぶ摩天楼。＊「大廈」は大きな家。「高楼」は高い建物。

用例 ・上京して数多くの大廈高楼を見て驚く。
・大昔、この砂漠に大廈高楼が立ち並んでいたという歴史に思いを馳《は》せる。

大喝一声《だいかついっせい》

類義語 大声一喝《たいせいいっかつ》 大吼一声《たいこういっせい》

意味 大きな声でどなり、叱りつけること。＊「大喝」は大声で叱ること。「喝」は禅宗で修行者の邪心を叱り、悟りへと導くための励ましの言葉。

用例 ・上司の大喝一声で彼の仕事ぶりは変わった。

出典 『水滸伝《すいこでん》』

大願成就《たいがんじょうじゅ》

意味 抱き続けてきた大きな願いが、その通りにかなうこと。また、神仏の加護により、念願が成就すること。
＊「大願」は大きな願い事で「だいがん」とも読む。「成就」はできあがること、または成し遂げること。

用例
・大願成就がかない、大学に合格した。
・金メダルを胸にかけ、優勝の大願成就の感動に浸った。

大器小用《たいきしょうよう》

類義語 大材小用《たいざいしょうよう》 大才小用《たいさいしょうよう》
驥服塩車《きふくえんしゃ》

対義語 適材適所《てきざいてきしょ》

意味 才能ある人材を生かせていないこと。「大きな器を小さな用事に使ってはならない」という意味。転じて、才能のある者に能力を生かせない仕事をさせてはならぬということ。

用例
・大器小用と噂《うわさ》されていたA氏がいよいよ辞任した。
・彼が係長止まりだなんて、大器小用というものだ。

出典 『後漢書《ごかんじょ》』

大器晩成《たいきばんせい》

類義語 大才晩成《たいさいばんせい》 大本晩成《たいほんばんせい》

意味 偉大な人物ほど、頭角を現すのが遅く、晩年になって大成するものだということ。＊「大器」は大きな器で、完成するのに時間がかかる。また、大きな器量を持つ人をさす。

用例
・焦ってはならない、大器晩成と期待して育てるべきだ。
・我が社は大器晩成型の社員を育成する方針だ。

出典 『老子《ろうし》』

大義名分《たいぎめいぶん》

意味 行動の基準となる根拠や論理のこと。本当に正しい根拠や論理の他に、口実になる建前にも使われることがある。
＊「大義」は人として行うべき正しい道。「名分」は守るべき道徳。

用例 ・我々には社会への貢献という大義名分がある。
・ダム建設を大義名分とした森林伐採は容認できない。
・大義名分があったとしても、彼らの行いには納得できない。

大逆無道《たいぎゃくむどう》

類義語 悪逆無道《あくぎゃくむどう》 極悪非道《ごくあくひどう》

意味 道理や人の道を甚だしく外れた行為のこと。
＊「大逆」は仕える主人や親を殺すことなど、「無道」は人の道に背いた最もひどい行いのこと。

用例 ・彼らは宗教活動という名目で大逆無道の行いをした。
・どのような理由であれ、小さな子どもに暴力をふるうのは、大逆無道というものだ。

大言壮語《たいげんそうご》

類義語 放言高論《ほうげんこうろん》 気炎万丈《きえんばんじょう》 針小棒大《しんしょうぼうだい》

意味 自分の実力にふさわしくない威勢のいいことを言うこと。実力以上に大きなことを言うこと。口では大きなことを言うが、行動が伴わないこと。

用例 ・人は誰しも、酒に酔えば大言壮語をしてしまう。
・大学で行われる講演会に参加したが、発表者の中に大言壮語ばかりの人が多くて、残念な気持ちになった。

大悟徹底《たいごてってい》

類義語 廓然大悟《かくねんたいご》 恍然大悟《こうぜんたいご》
対義語 百八煩悩《ひゃくはちぼんのう》

意味 すべての迷いを断ち切り、煩悩を離れ、真理を悟り、ふっきれた心境になること。
＊「大悟」は煩悩や迷いを断ち、大いに悟ること。

用例 ・離婚後、山に入って座禅をし、大悟徹底を得た。
・目先の利益にとらわれている人間には、大悟徹底などとうてい無理な話である。

泰山北斗《たいざんほくと》

類義語 天下無双《てんかむそう》 天下無敵《てんかむてき》
斗南一人《となんのいちにん》

意味 学問や芸術など特定の分野で認められた第一人者。大家として尊敬される権威者。＊「泰山」は中国山東省《さんとうしょう》の名山。「北斗」は北斗七星。いずれも人々が仰ぎ見る存在。

用例 ・泰山北斗と仰がれる存在に会うことができるとは。
・彼のような泰山北斗を知らないとは、勉強不足だね。

出典 『唐書《とうじょ》』

大山鳴動《たいざんめいどう》

意味 大きな前触れがあったわりに、起こった現象の規模がとても小さいこと。「大山鳴動して鼠《ねずみ》一匹」の略。
＊大きな山が鳴り響くので何事かと思えば、鼠が一匹出てきただけということから。

用例 ・今回の銃摘発も結局、大山鳴動して鼠一匹だった。
・大騒ぎのわりに、大山鳴動で逮捕者はいなかった。

大所高所《たいしょこうしょ》

意味 細かいことにこだわらず、物事の全体を見ることができること。大局を見通す広い視野。

＊「大所」は些末《さまつ》なことにとらわれない広い視野。「高所」は高い立場や見識。

用例 ・大所高所に立って迅速に行動する政治家が求められる。
・人の上に立つ者には、大所高所から判断する才覚が必要だ。

泰然自若《たいぜんじじゃく》

類義語 神色自若《しんしょくじじゃく》 冷静沈着《れいせいちんちゃく》

対義語 右往左往《うおうさおう》 周章狼狽《しゅうしょうろうばい》

意味 どんなときも慌てず騒がず、落ち着いていて動じないさま。いざというときにも、どっしりと構えて対処できること。

＊「泰然」は心がしっかりしていて動じないようす。「自若」はいつも普段の様子と変わらないこと。

用例 ・彼の泰然自若とした態度に、強盗はひるんだ。
・泰然自若とした態度は政治家に必要な素養だ。

大胆不敵《だいたんふてき》

類義語 剛胆不適《ごうたんふてき》 豪放磊落《ごうほうらいらく》 白刃可踏《はくじんかとう》 満身是胆《まんしんこれたん》

対義語 小心翼翼《しょうしんよくよく》

意味 度胸があって、何事にも動じず、何者をも恐れないこと。＊「大胆」は大きな肝、転じて肝が据わっている、度胸があること。「不敵」は敵を敵とも思わないこと。

用例 ・彼には決して才能があったわけではないが、その大胆不敵なプレーで何度もチームを勝利に導いた。
・織田信長《おだのぶなが》の戦い方は、大胆不敵な行動の典型だ。

大同小異《だいどうしょうい》

意味 小さな違いはあれど、大筋は同じであり大差がないこと。似たり寄ったり。

＊「大同」はだいたい同じで、似たようなものだということ。「小異」はわずかな違い。

用例 ・今日の会議は大同小異の意見ばかりで、進展がない。

出典 荘周《そうしゅう》『荘子《そうじ》』天下《てんか》

類義語 同工異曲《どうこういきょく》

対義語 大異小同《だいいしょうどう》

大同団結《だいどうだんけつ》

意味 意見の対立する組織、多数の団体などが多少の意見の違いを超えて一つに結びつくこと。

＊「大同」は一つになること。

用例 ・複数の政党が意見の差を乗り越え、大同団結した。

・社長は経営危機を乗り越えるため、労働組合に対して大同団結を訴えかけた。

多岐亡羊《たきぼうよう》

意味 学問分野が細分化され進むべき道が多すぎて、真理を得られないこと。方針が多いためどれを選ぶべきか迷って困ること。

＊枝分かれした道で、逃げ出した羊を見失ったことから。

用例 ・あの先生の講義は、多岐亡羊としていてわかりにくい。

・論点が曖昧で多岐亡羊な企画書では採用は難しい。

出典 『列子《れっし》』

類義語 岐路亡羊《きろぼうよう》 多岐多端《たきたたん》 亡羊之嘆《ぼうようのたん》

他山之石《たざんのいし》

類義語 殷鑑不遠《いんかんふえん》 反面教師《はんめんきょうし》

意味 他人の悪い部分やよくない言動を、自分自身の知恵や道徳の向上に役立てること。

用例
・不摂生がたたり、病気で倒れた友を他山之石とする。
・彼は決断の時期を逃した。それを他山の石として自分は同じ過ちを繰り返さないようにしたい。

出典 『詩経《しきょう》』

多士済済《たしせいせい》

類義語 人才済済《じんさいせいせい》

意味 優秀な人材がそろっていること。またそのさま。粒ぞろい。「士」は学問・道徳を備えた立派な人物。「済済」は数が多く盛んなさま。「さいさい」とも読む。

用例
・その会合には、各界で活躍する多士済済が名を連ねた。
・社長の人徳で多士済済のメンバーが集まってくる。

出典 『詩経』

多事多端《たじたたん》

類義語 多事多患《たじたかん》 多事多難《たじたなん》 多事多忙《たじたぼう》

意味 たくさんの仕事が次々と回ってきて、とても忙しいこと。また、世の中が騒がしく、穏やかでない様子。＊「多事」は仕事、「多端」は事件が、それぞれ多いという意。

用例
・新プロジェクトの立ち上げで、ここ最近は多事多端だ。
・仕事と家庭ですでに多事多端な彼に、これ以上の負担をかけていいものだろうか。

多事多難《たじたなん》

類義語 多事多患《たじたかん》 多事多端《たじたたん》 前途多難《ぜんとたなん》 内憂外患《ないゆうがいかん》

対義語 平穏無事《へいおんぶじ》

意味 事件や災難が多いこと。困難な事態に相次いで直面すること。

＊「事」は事件、「多事」とは仕事が多く忙しいこと。「難」は災難や困難。

用例
・今年は年始の入院に始まり、多事多難な年だった。
・彼は、大企業が相次いで倒産する多事多難な経済情勢の立て直しを任された。

多情多感《たじょうたかん》

類義語 多情仏心《たじょうぶっしん》 多情多恨《たじょうたこん》

意味 感受性が豊かで、心が動かされやすい気質。心が敏感な人のこと。

＊「多情」は感情豊かなこと。「多感」は感受性が鋭く、感じやすく傷つきやすいこと。

用例
・多情多感な年頃の娘にどう接するかが、父の悩みだ。
・芸術家として成功する者には、多情多感な人が多い。
・あの人は多情多感すぎて、人付き合いに向いていない。

多情多恨《たじょうたこん》

類義語 多情多感《たじょうたかん》 多情仏心《たじょうぶっしん》

意味 感受性が鋭く、恨んだり悲しんだりすることが多いこと。愛情が深い分、恨みも深くなること。

＊「多情」は感情豊かなこと。または移り気なこと。「多恨」は恨みや悲しみの気持ち。

用例
・多情多恨な人の相手は、気疲れしてしまう。
・彼女は多情多恨で、最後はいつも愛想を尽かされる。

多生之縁《たしょうのえん》

意味
きわめて縁が強いこと。何度となく繰り返される生まれ変わりの中で結ばれた縁。「袖振り合うも多生の縁」という形で使うことが多い。＊「多生」は仏教語で、繰り返しこの世に生まれ変わること。「他生」と書くこともある。

用例
・こうしてお会いできたのも、多生之縁というものである。
・袖振り合うも多生之縁と申しますから、お願いします。

多情仏心《たじょうぶっしん》

類義語　多情多感《たじょうたかん》　多情多恨《たじょうたこん》

意味
物事に対して情が移りがちで、薄情になれない性格。多情ながら、仏のような慈悲の心を持っていること。＊「多情」は感情が豊かなこと。「仏心」は慈悲心をいう。

用例
・彼女の多情仏心で職場の人間関係が、かえって混乱する。
・彼は女性遍歴が華やかで、別れた後の生活面での面倒もよく見た、多情仏心の持ち主だった。

他力本願《たりきほんがん》

類義語　悪人正機《あくにんしょうき》
対義語　自力本願《じりきほんがん》

意味
阿弥陀如来《あみだにょらい》の力を借りて成仏を願うこと。そこから、自分の努力ではなく、他人の助力で願いを叶《かな》える、というよくない意味の言葉として使われるようになった。＊「他力」は自分以外の力、助け。「本願」は本来の願い。

用例
・最初から他力本願というのは、ほめられたことではない。
・他力本願で目標を達成しようとするのは考えが甘い。

暖衣飽食《だんいほうしょく》

類義語 錦衣玉食《きんいぎょくしょく》 豊衣足食《ほういそくしょく》
対義語 粗衣粗食《そいそしょく》 草衣木食《そういもくしょく》

意味 暖かい衣服を着て、腹いっぱいに食べることから、物に恵まれた満ち足りた生活のたとえ。＊「暖衣」は暖かい服、「飽食」は食べ飽きるほどの満ち足りた食事。

用例
・昔は、現代のような暖衣飽食は望むべくもなかった。
・家族には暖衣飽食の生活をさせてやりたいと思う。

出典 『孟子《もうし》』

断崖絶壁《だんがいぜっぺき》

意味 切り立った険しい崖。また、険しい崖のような厳しく切迫した状態。
＊「断崖」「絶壁」ともにまっすぐに切り立った険しい崖。

用例
・断崖絶壁に立たされたが、我が社の粘りはここからだ。
・信頼していた社員に裏切られ、断崖絶壁から突き落とされたような心境だった。

弾丸黒子《だんがんこくし》

意味 弾丸やほくろのように、きわめて小さく、狭い土地のたとえ。
＊「弾丸」ははじき玉。「黒子」はほくろ。

用例
・都内で私が買える土地なんて、ほんの弾丸黒子のようなものだけです。
・彼は弾丸黒子の土地に、細長い三階建ての家を建てた。

出典 『哀江南賦《あいこうなんふ》』

断簡零墨《だんかんれいぼく》

意味 切れ端に書かれた文字や、文章の断片。古くに書かれた文章の一部、切れ端。

＊「簡」は文字を書くための竹の札。「零墨」はわずか一滴の墨。

用例 ・貴重な断簡零墨には、はかりしれない価値がある。

・先日発見された断簡零墨は平安時代ものだ。

・断簡零墨の発見により、歴史認識が大きく改められた。

断章取義《だんしょうしゅぎ》

類義語 断章取意《だんしょうしゅい》 断章截句《だんしょうせっく》

意味 他人の詩文の一部を引用し、その部分だけを都合よく勝手に解釈すること。自分に必要な部分を都合のいいように抜き出して使用すること。＊「章を断ちて、義を取る」という言葉を略したもの。

用例 ・取材内容が断章取義にされたので、本質が伝わらなかった。

・彼の評論は断章取義的な傾向があるので要注意だ。

胆大心小《たんだいしんしょう》

類義語 胆大心細《たんだいしんさい》

意味 大胆な行動を、細心の注意を払って行うこと。大胆かつ繊細に事を進めること。

用例 ・明日の試合は、胆大心小を肝に銘じて臨みたい。

・大胆さが売りの彼と、丁寧さが特徴の彼女が組めば、胆大心小でもう怖い物なしだ。

出典 『旧唐書《くとうじょ》』

単刀直入《たんとうちょくにゅう》

類義語 単刀趣入《たんとうしゅにゅう》

意味 前置きや余談を省き、遠回しな言い方をせず、いきなり話の本題に入ること。

＊「単刀」は一握りの刀。「短刀」と書くのは間違い。

用例 ・彼は控えめな性格だが、単刀直入な物言いをする。

・経営状況について単刀直入に質問したが、無言だった。

出典 道原《どうげん》『景徳伝灯録《けいとくでんとうろく》』

談論風発《だんろんふうはつ》

類義語 侃侃諤諤《かんかんがくがく》 議論百出《ぎろんひゃくしゅつ》 百家争鳴《ひゃっかそうめい》

意味 盛んに話し合ったり、議論を繰り返すこと。

＊「談論」は話をして議論すること。「風発」は風が吹きまくるように盛んなさま。

用例 ・懸案事項である議題についての談論風発で、結局帰るのが夜中になってしまった。

出典 蒲松齢《ほしょうれい》『聊斎志異《りょうさいしい》』

遅疑逡巡《ちぎしゅんじゅん》

類義語 右顧左眄《うこさべん》 狐疑逡巡《こぎしゅんじゅん》

対義語 迅速果断《じんそくかだん》 即断即決《そくだんそっけつ》 知者不惑《ちしゃふわく》

意味 物事の決断を下すことができず、いつまでも決められないこと。あれこれと思い迷って、ぐずぐずとためらうこと。

＊「遅疑」はいつまでも疑い深く迷っていること。「逡巡」はためらうこと。

用例 ・遅疑逡巡する上司を尻目に、独断で仕事を進めた。

・彼の過剰な慎重さは、もはや遅疑逡巡といえるだろう。

池魚之殃《ちぎょのわざわい》

意味 思いがけない災難に遭うこと。巻き添えをくうこと。特に火事の類焼の被害について使うことがある。

用例 ・幹部たちの争いが元で、私たちにしわ寄せが来るとは、まさに池魚之殃だ。
・今回の突然の人事異動は理由のわからないものが多かったが、実は社内の派閥争いの池魚之殃であった。

竹頭木屑《ちくとうぼくせつ》

類義語 鶏鳴狗盗《けいめいくとう》

意味 竹の切れ端と、木の削り屑のこと。転じて、使い道がないと思われるようなものでも、役に立つときがあるということ。

用例 ・直接のお役に立つとは思いませんが、竹頭木屑といいますから、是非この商品を使ってみてください。
・竹頭木屑のごとく、使用済みコピー用紙を大事に使う。

出典 『晋書《しんじょ》』

竹馬之友《ちくばのとも》

類義語 竹馬之好《ちくばのよしみ》 総角之好《そうかくのよしみ》

意味 幼い頃から非常に仲のよい友人。幼友達。
＊小さい頃、一緒に竹馬で遊んだ友達のことから。

用例 ・竹馬之友の彼とも、全く連絡を取らなくなってしまった。
・十数年ぶりに竹馬之友と再会し、幼い頃の思い出話に花を咲かせる。

出典 『晋書』

竹林七賢
ちくりん（の）しちけん

意味 中国の晋《しん》時代に、俗世を避け竹林に集まった七人。酒を飲み、詩を詠み、琴を弾き、清談を楽しんだ七人の賢者（阮籍《げんせき》、嵇康《けいこう》、山濤《さんとう》、劉伶《りゅうれい》、阮咸《げんかん》、向秀《しょうしゅう》、王戎《おうじゅう》）のこと。

用例
・忙しい現代人には、竹林七賢のような生活が必要だ。
・その芸術家には竹林七賢のような超然とした趣がある。

出典 『晋書』

知行合一
ちこうごういつ

類義語 知行一致《ちこういっち》

意味 真に物を知るということは、知識と行動が一致しなければならないという思想。知識と実践は不可分のものであるということ。

用例
・彼は知行合一を信条とし、つねに行動している。
・立派な主張をしても、知行合一でなければ意味がない。
・行動ばかり先走って知識がないのも、知行合一とはいえない。

出典 『伝習録《でんしゅうろく》』

魑魅魍魎
ちみもうりょう

類義語 百鬼夜行《ひゃっきやこう》 妖怪変化《ようかいへんげ》

意味 野山にすむ怪異、化け物。転じて、自分の利益のためなら人を苦しめることもいとわない悪者のこと。＊「魑」「魅」「魍」「魎」はどれも自然の中から生じた妖怪の名前。

用例
・そのほらあなは、魑魅魍魎でも出てきそうなほど不気味だ。
・魑魅魍魎のはびこるこの業界で、生き残るのは難しい。

出典 左丘明《さきゅうめい》『春秋左氏伝《しゅんじゅうさしでん》』

忠肝義胆《ちゅうかんぎたん》

意味 主君や国家に対し忠義を尽くすべく、正義を行う心のこと。忠義いちずに凝り固まった心。

＊「忠肝」は強固な忠義の心。「義胆」は正義を貫く精神。

用例 ・一部の政治家が国民の忠肝義胆を利用して、戦争に導いたという説がある。

・経済危機の国を救ったのは、国民の忠肝義胆だった。

中原逐鹿《ちゅうげんちくろく》

意味 政治の主導権を争うこと。また、一つの地位や目的を得ようと、大勢の人間が争うこと。

＊「中原に鹿を逐《お》う」と読むことが多い。

用例 ・跡継ぎが決まらぬうちに先代が他界し、中原逐鹿の争いが起こった。

・新しい主流派形成に向けた中原逐鹿の政争が激化する。

中途半端《ちゅうとはんぱ》

類義語 竜頭蛇尾《りゅうとうだび》

意味 途中までしかできあがっておらず、未完成なこと。物事を完成させずに、途中で放り出してしまうこと。

用例 ・インドアやアウトドア、どんな趣味にせよ、どうせやるなら中途半端はいやだ。

・駅前で建設が進んでいた高層ビルは、施工会社の倒産によって、工事が中断していて、中途半端な状態にある。

昼夜兼行
ちゅうやけんこう

類義語 倍日併行《ばいじつへいこう》 不眠不休《ふみんふきゅう》

意味 昼夜の区別なく働き続けること。また、昼夜を通してやらなければならないほど急いでいることをいう。＊「兼行」は二日の行程を一日で終わらせること。倍の量をこなすこと。

用例 ・線路の延長工事は昼夜兼行の作業が続いている。
・初日の出を見ようとする登山者に昼夜兼行で対応する。

出典 『呉志《ごし》』

朝雲暮雨
ちょううんぼう

類義語 雲雨之夢《うんうのゆめ》 雲雨巫山《うんうふざん》 巫山雲雨《ふざん(の)うんう》 巫山之夢《ふざんのゆめ》

意味 男女の間の深い愛情と情交。＊楚《そ》の懐王《かいおう》が夢の中で神女と契ったことを歌った宋玉《そうぎょく》の詩において、女神が別れ際に「私は朝には雲となり、夕には雨となってお慕いする」と言ったという部分から。

用例 ・朝雲暮雨の固い契りを結んだ女性がいる。

出典 蕭統《しょうとう》『文選《もんぜん》』宋玉《そうぎょく》

朝三暮四
ちょうさんぼし

類義語 朝四暮三《ちょうしぼさん》 狙公配事《そこうはいじ》

意味 本質は何も変わらないのに、目先の違いにこだわって騙《だま》されること。また、言葉巧みに人を騙しばかにすること。＊宋《そう》の狙公《そこう》が手飼いの猿を騙したことから。

用例 ・選挙後は公約は守られず、朝三暮四が常だ。
・政府の減税・増税のやり方は、まさに朝三暮四といえる。

出典 『列子《れっし》』黄帝《こうてい》

張三李四《ちょうさんりし》

類義語 張甲李乙《ちょうこうりいつ》　張三呂四《ちょうさんりょし》

意味 平凡な人。どこにでもいるような特徴のない、いたって普通の人。目を引くところがなくつまらないことをたとえて言う場合もある。

用例
・この作戦は、張三李四の彼らの働きこそ重要だ。
・張三李四の言うことだと、あなどってはいけない。

出典 道原《どうげん》『景徳伝灯録《けいとくでんとうろく》』

彫心鏤骨《ちょうしんるこつ》

類義語 苦心惨憺《くしんさんたん》　彫肝琢腎《ちょうかんたくじん》　粉骨砕身《ふんこつさいしん》　銘肌鏤骨《めいきるこつ》

意味 非常に悩みぬいて詩文を作り上げること。また、物事に対して非常に苦労すること。＊「彫心」は心に彫り込むこと。「鏤骨」は骨にちりばめること。どちらも体に刻み込まれるような苦労を表している。

用例
・彫心鏤骨を続けてきた彼の、まさに集大成といえる作品。
・この評判をきけば、彫心鏤骨も無駄ではないと思える。

喋喋喃喃《ちょうちょうなんなん》

意味 仲のよい男女が、楽しそうに語り合うようす。また、小声で親しげに話をすること。
＊「喋喋」は口数多く、しきりに話すこと。「喃喃」は囁《ささや》くような小声で話すこと。「喃喃喋喋」ともいう。

用例
・幼なじみの二人は喋喋喃喃と思い出話に花を咲かせた。
・あの二人の喋喋喃喃を見ると、幸せな気持ちになる。

打打発止《ちょうちょうはっし》

意味 物をぶつけ合うような激しい議論。刀などで激しく打ち合うさまから転じた。＊「打打」は刀や竹刀を打ち合わせたときの高く冴《さ》えた音を表す擬音語。「丁丁」とも書く。「発止」は堅いものが強くぶつかり合う様子。

用例
・二人の打打発止の議論で場内は盛り上がっている。
・剣道大会の決勝戦は、打打発止の見事な試合だった。

長汀曲浦《ちょうていきょくほ》

意味 緩やかな弧を描いて、長く続く海岸線。
＊「汀」は陸と水が接するところで「長汀」は長く続く波打ち際をいう。「浦」は浜辺で「曲浦」はカーブした浜辺。

用例
・電車の窓から見える長汀曲浦は、我が町自慢の、一番美しい景色だ。
・長汀曲浦が目に入ると、一同の旅の疲れも吹き飛んだ。

頂門一針《ちょうもん（の）いっしん》

意味 人の痛いところを突く忠告、教訓。急所を突く強烈な戒め。
＊「頂門」は頭の頂。頭頂部に一本の針を刺すことから。

用例
・私にとって先生からいただいた頂門一針は、人生を変える契機になった。
・先生からの頂門の一針を座右の銘としている。

出典 蘇軾《そしょく》『荀卿論《じゅんけいろん》』

類義語 頂門金椎《ちょうもんきんつい》 当頭一棒《とうとういちぼう》 寸鉄殺人《すんてつさつじん》

跳梁跋扈《ちょうりょうばっこ》

類義語 横行闊歩《おうこうかっぽ》 飛揚跋扈《ひようばっこ》

意味 悪者がのさばり、勝手気ままに振る舞うこと。悪人など好ましくない者がはびこり、我が物顔でいること。＊「跳梁」は自由に飛び跳ね回ること。「跋扈」はかごから大魚がおどり出て逃げること。

用例 ・新法により悪徳業者が跳梁跋扈できなくなる。
・盗賊たちが跳梁跋扈する、漫画の世界。

朝令暮改《ちょうれいぼかい》

類義語 朝改暮変《ちょうかいぼへん》 朝改暮令《ちょうかいぼれい》 天下法度《てんかはっと》 三日法度《みっかはっと》

意味 命令や法律が繰り返し変更になり、一つに定まらないこと。＊朝に下された命令が、夕暮れには変更されるということから。転じて、急な変更が多く計画性がないこと。

用例 ・社長の朝令暮改により現場は混乱した。
・今、方針変更するのは朝令暮改と受け取られかねない。

出典 『漢書《かんじょ》』

直情径行《ちょくじょうけいこう》

類義語 直言直行《ちょくげんちょっこう》 短慮軽率《たんりょけいそつ》 猪突猛進《ちょとつもうしん》

対義語 熟慮断行《じゅくりょだんこう》

意味 感情の赴くままに、勝手な行動を取ること。他人のことを顧みない、感情的な行動を戒めるときに使う。＊「直情」はむき出しの感情。「径行」は思ったままに行動すること。

用例 ・彼の直情径行には、皆はうんざりしている。
・直情径行だけが、彼の唯一の欠点だといえる。

出典 『礼記《らいき》』

猪突猛進《ちょとつもうしん》

類義語　直情径行《ちょくじょうけいこう》　匹夫之勇《ひっぷのゆう》　暴虎馮河《ぼうこひょうが》　勇往邁進《ゆうおうまいしん》

意味　後先を考えずに突き進むこと。向こう見ずな行動を非難するときに使うことが多い。＊「猪突」は猪《いのしし》のごとく一直線に突撃すること。「猛進」は激しい勢いで進むこと。

用例
・猪突猛進してでも成功への道を開くことが必要だ。
・若者の猪突猛進は、決して悪いことばかりではないよ。

出典　『漢書』

治乱興亡《ちらんこうぼう》

類義語　群雄割拠《ぐんゆうかっきょ》　治乱興廃《ちらんこうはい》

意味　国や社会が乱れることと治まること。転じて、世の中は常に変化しているものだという意。＊「治乱」は世の中が治まることと乱れること。「興亡」は興隆と衰亡。

用例
・国の治乱興亡を学ぶ理由は、その歴史から人の生き方をも学ぶことができるからだ。

出典　欧陽脩《おうようしゅう》「朋党論《ほうとうろん》」

沈魚落雁《ちんぎょらくがん》

類義語　羞月閉花《しゅうげつへいか》

意味　美人の形容。魚は恥じらい水中の深いところに隠れ、雁は美女に見とれ落ちてしまうということから。

用例
・着物に身を包んだ彼女は、沈魚落雁というにふさわしい。
・あの女優は沈魚落雁の容姿に恵まれているものの、演技が下手なため女優としての評価は低い。

出典　荘周《そうしゅう》『荘子《そうじ》』

沈思黙考《ちんしもっこう》

類義語 熟思黙想《じゅくしもくそう》 沈思凝想《ちんしぎょうそう》
対義語 饒舌多弁《じょうぜつたべん》

意味 黙して思案すること。じっと押し黙って、深くじっくりと物事について考え込むこと。＊「沈思」は考えに没頭すること。「黙考」は沈黙して思案すること。

用例
・その作家は湖畔の別荘で沈思黙考して新作を練る。
・彼の沈思黙考の後に出た言葉は、我々を驚かせた。
・監督はハーフタイムの間、ずっと沈思黙考していた。

痛快無比《つうかいむひ》

意味 胸がすくような、爽快で愉快なこと。「無比」は比べるものがないこと。

用例
・追い詰められた主人公が、大きな賭けに勝ち逆転するさまは痛快無比である。
・その時代劇は悪人を最後に懲らしめる痛快無比な展開でお茶の間の人気を獲得した。

津津浦浦《つつうらうら》

意味 あちらこちらの港や船着き場。転じて、全国各地のいたるところで、ということ。
＊「津」は港、「浦」は水辺の地。「つづうらうら」とも読む。

用例
・新しい味を求めて、津津浦浦を旅する。
・郵便局は都市部から地方までの全国津津浦浦で郵便サービスを展開している。

九十九折《つづらおり》

類義語　斗折蛇行《とせつだこう》　羊腸小径《ようちょうしょうけい》

意味　くねくねと、何度も折れ曲がりを繰り返す山道。曲がりくねるさまを、植物のツヅラクズの蔓《つる》にたとえた呼び方。

用例　・日光《にっこう》には、九十九折で有名ないろは坂がある。
・九十九折の山道を登り山頂に到着すると、眼下に雲海が広がっていた。
・九十九折の道で全員車酔いになって、休憩することになった。

泥中之蓮《でいちゅうのはす》

類義語　鶏群一鶴《けいぐんのいっかく》

意味　泥の中にあっても美しく咲く蓮の花。よくない環境の中で美しく清純に生きること。
＊「泥中」は泥の中、汚い環境のこと。「蓮」はスイレン。

用例　・不遇に耐えて生きるその姿は泥中之蓮のようだ。
・聖職者は現代における泥中之蓮といわれる。

出典　『維摩経《ゆいまぎょう》』

手枷足枷《てかせあしかせ》

意味　人の自由や立場を縛るもののたとえ。また、そのように束縛された状態をいう。
＊「枷」は罪人の手足にはめて行動の自由を制限する刑具。

用例　・知人から受けた仕事は、現状では手枷足枷でしかないが、不本意ながらやることになった。
・過去の栄光が手枷足枷となって、新たな出発ができない。

適材適所《てきざいてきしょ》

類義語 黜陟幽明《ちゅっちょくゆうめい》 量才録用《りょうさいろくよう》

対義語 驥服塩車《きふくえんしゃ》 大器小用《だいきしょうよう》 大材小用《たいざいしょうよう》

意味 特定の仕事や業務に適している人に、適切な地位や任務を与えること。

＊「適材」はある仕事や地位に適した能力を持つ人こと。「適所」はその人に適した地位と仕事の内容。

用例
・企業経営で重要なのは適材適所の人材配置だ。
・新しい内閣は、まさに適材適所の布陣との評判だ。

適者生存《てきしゃせいぞん》

類義語 自然淘汰《しぜんとうた》 弱肉強食《じゃくにくきょうしょく》 生存競争《せいぞんきょうそう》 優勝劣敗《ゆうしょうれっぱい》

意味 周囲の環境に適応できたものだけが生き残る、ということ。

＊「survival of the fittest」の訳語で、ダーウィンの進化論の根拠になった。

用例
・現代社会では、誰もが適者生存の理《ことわり》から逃れられない。
・今回の合併が適者生存につながるかは結果が教えてくれる。
・適者生存のためにも、種の多様性を守らなければならない。

鉄心石腸《てっしんせきちょう》

類義語 堅忍不抜《けんにんふばつ》 鉄意石心《てついせきしん》 鉄肝石腸《てっかんせきちょう》 鉄石心腸《てっせきしんちょう》

意味 意志が固く、精神力が非常に強いこと。＊「鉄心」は鉄のような心。「石腸」は石のようなはらわた。

用例
・彼が数々の非難に耐えられたのも、鉄心石腸の決意があったからだ。
・大学合格までは鉄心石腸の精神で勉強に打ち込む。

出典 蘇軾《そしょく》「与李公択書《りこうたくにあたうるのしょ》」

てっとうてつび
徹頭徹尾

類義語 終始一貫《しゅうしいっかん》 首尾一貫《しゅびいっかん》

意味 事の始まりから終わりまで、方法や方針が変わらず一貫していること。

＊「徹」は一つのことを貫き通すこと。「頭」は最初、「尾」は最後。

用例 ・徹頭徹尾、攻めの姿勢を崩さないチャンピオン。

・徹頭徹尾黙秘する容疑者に、警察は手のうちようがない。

出典 程子《ていし》『中庸解《ちゅうようかい》』

てっぷのきゅう
轍鮒之急

類義語 涸轍鮒魚《こてつふぎょ》 焦眉之急《しょうびのきゅう》 風前之灯《ふうぜんのともしび》 釜底遊魚《ふていのゆうぎょ》

意味 危険や困難などが差し迫っていて、急がなくてはならないこと。

＊「轍《わだち》」は車輪が地面を削ってできるくぼみ。わだちにたまった水たまりにすみ、あえいでいる鮒《ふな》の意。

用例 ・このチームの轍鮒之急を救えるのは君だけだ。

・轍鮒之急を聞いて駆けつけた医師が治療してくれた。

出典 荘周《そうしゅう》『荘子《そうじ》』外物《がいぶつ》

てれんてくだ
手練手管

類義語 権謀術数《けんぼうじゅっすう》

意味 人をだますための巧みな手法や技術。また、それらを使って人を意のままに操ること。＊「手練」「手管」はどちらも、人をだまして操る手段や方法をさす。

用例 ・今度こそ、どんな手練手管を使っても契約を取りたい。

・悪徳商法の手練手管には、毎度驚かされる。

・手練手管のトリックプレーで、見事逆転を決めた。

天衣無縫
てんいむほう

類義語 純真無垢《じゅんしんむく》 天真爛漫《てんしんらんまん》

意味 自然で美しく、飾り気がない無邪気なさま。
＊天上の人が着る衣には、縫い目がないということから。

用例
・彼女は田舎育ちの天衣無縫さを持っている。
・彼女のプレースタイルを天衣無縫と形容する専門家もいる。
・彼の天衣無縫の筆さばきから、数多くの名画が生まれた。

出典 牛嶠《ぎゅうきょう》『霊怪録《れいかいろく》』

天涯孤独
てんがいこどく

類義語 鰥寡孤独《かんかこどく》

意味 親類、縁者が一人もいないこと。身寄りがないこと。また、故郷を離れ一人で暮らすこと。
＊「天涯」は空の果て、遠く離れた場所の意。

用例
・彼には一人の身寄りもいない、まさに天涯孤独の身だ。
・お金があって生活に不自由がなくても、天涯孤独では寂しさから逃れることはできない。

天下太平
てんかたいへい

類義語 安寧秩序《あんねいちつじょ》 尭風舜雨《ぎょうふうしゅんう》 太平無事《たいへいぶじ》 平穏無事《へいおんぶじ》

対義語 狂瀾怒濤《きょうらんどとう》 多事多難《たじたなん》

意味 世の中がよく治まっており、平穏無事であること。平和でのんびりとしたようすのこと。＊「天下」は世の中。「太平」は世が平穏無事であることで、「泰平」とも書く。

用例
・長い戦乱が終わり、天下太平の世が訪れる。
・黒船来航が日本の天下太平の眠りを覚ました。

出典 『礼記《らいき》』

伝家宝刀《でんか（の）ほうとう》

意味 代々その家に伝わる宝刀、名刀のこと。転じて、いざというときにしか使わない奥の手や、最後の切り札のことをいうようになった。

用例
・伝家宝刀を抜く機会があるとすれば、今しかない。
・衆議院解散権は首相にとって伝家宝刀となっている。
・持ち前のスピードを活《い》かした突破は、彼の伝家宝刀だ。

天空海闊《てんくうかいかつ》

類義語 天高海闊《てんこうかいかつ》 豪放磊落《ごうほうらいらく》 自由闊達《じゆうかったつ》

意味 空や海がどこまでも広がっているようす。また、度量が大きくおおらかでわだかまりがない人のこと。＊「天空」は空が雲一つない快晴。「海闊」は海がどこまでも広がっていること。

用例
・天空海闊な師匠の下で、のびのびと才能を発揮する。
・山頂から町を眺めるのは、まさに天空海闊の気分です。

出典 『古今詩話《ここんしわ》』

電光石火《でんこうせっか》

類義語 疾風迅雷《しっぷうじんらい》 電光朝露《でんこうちょうろ》

意味 非常に短い時間のこと。また、動作や物事の動きが非常に素早いこと。＊「電光」は放電の火花や稲妻、「石火」は火打ち石の火花。どちらも一瞬の光をさしている。

用例
・電光石火の連係プレーで、圧倒的優位に立つ。
・彼のタックルは、電光石火と呼ぶにふさわしい早さだ。

出典 『碧巌録《へきがんろく》』

天壌無窮《てんじょうむきゅう》

類義語 天長地久《てんちょうちきゅう》

意味 終わりのない永遠。天と地のように果てしなく永久に続くこと。
＊「天」は天空、空。「壌」は地。「天壌」であめつちを意味し、「天井」「天上」などは誤り。「無窮」は果てしなく続くこと。永遠。

用例
・その僧侶はひたすらこの世の天壌無窮を祈った。
・環境問題は地球の天壌無窮の美しさを脅かしている。
・ゲームの中に天壌無窮の世界を作ることが、彼の目標だ。

天神地祇《てんじんちぎ》

類義語 天地神明《てんちしんめい》

意味 すべての神々。天の神と地の神。
＊日本において「天神」は天つ神。天界にあって仏法を守る神。「地祇」は国つ神。国土の神のこと。

用例
・僕は嘘《うそ》をついていない。天神地祇に誓ってもいい。
・ふと人生を振り返って、天神地祇にかけて恥じることはないと言えるような生き方をしたいと思う。

天真爛漫《てんしんらんまん》

類義語 天衣無縫《てんいむほう》

意味 飾り気がない、無邪気で素直なさま。明るく、屈託のないようす。＊「天真」は天から与えられた純粋の性質、生まれたときのままの純粋な心。「爛漫」は純粋な心のありさまが、自然と素直に表面に表れること。

用例
・天真爛漫さを、いつまでも失わないでほしい。
・子どもたちの天真爛漫さに触れ、こちらまで素直になる。

天地開闢《てんちかいびゃく》

類義語 開天闢地《かいてんへきち》 大地創造《だいちそうぞう》

意味 世界の始まり。天と地が分かたれて、この世が始まったこと。古代中国の神話によれば、天と地は一つの物が二つに分かれてできたという。＊「開闢」は開き分かれるの意。

用例 ・彼の小説が出版されるとは、天地開闢以来の珍事だね。
・昨年の大きな流行の変化を受け、ファッション業界は新たな天地開闢のときを迎えようとしている。

天地神明《てんちしんめい》

類義語 天神地祇《てんじんちぎ》

意味 天と地のすべての神々。
＊「天地」は天と地からなる世界全体。「神明」は神々のこと。

用例 ・世間からは多くの批判を受けていますが、天地神明に誓って悪事など働いてはおりません。
・天地神明に祈ることがあっても、仕方がない。
・人の悪事は、天地神明がきちんと見ているものだ。

天地無用《てんちむよう》

意味 荷物の上下を逆にすることを禁じる語。荷物の包装などに注意書きとして書かれる。
＊「無用」は他の語の下について、「……してはいけない」という意味を表す語。

用例 ・ビンを梱包《こんぽう》する場合、天地無用と明記する必要がある。
・天地無用の表示を無視して、逆さに荷物を積んだ。

天長地久《てんちょうちきゅう》

類義語 天壌無窮《てんじょうむきゅう》

意味 物事が末永く続くこと。天と地が長い時を経ても変わらないように、いつまでも続くこと。

用例 ・我が社のさらなる発展と天長地久を祈願する。
・多くの人が地価上昇を天長地久と疑わなかったことが、バブル経済を生んだ最大の要因だ。

出典 『老子《ろうし》』

点滴穿石《てんてきせんせき》

意味 小さな力であっても、長く続ければ予想外に大きな成果を上げることができるということ。「点滴石を穿《うが》つ」と使う。

用例 ・今は効果が見えなくても、点滴穿石の言葉を信じ続けてみようと思う。
・彼は高校にギリギリの点で入学したが、点滴穿石のごとく努力を重ねて首席で卒業した。

輾転反側《てんてんはんそく》

意味 何度も寝返りを打つこと。思い悩んでなかなか寝つけないこと。
＊「輾転」は車輪が回ること、転じて寝返りを打つ意味もある。「展転」と書くこともある。

用例 ・心配性の母は、輾転反側、少しも眠れなかったそうだ。
・入試の発表前夜は輾転反側して、一睡もできなかった。

出典 『詩経《しきょう》』

天馬行空《てんばこうくう》

類義語 自由奔放《じゆうほんぽう》 不羈奔放《ふきほんぽう》

意味 何物にもとらわれない柔軟な思考や行動。発想が自由で、存分に手腕を振るうさま。「天馬空を行く」と使う。

＊「天馬」は天を駆け抜ける馬、ペガサス。「行空」は空を行くこと。

用例
・あのときの彼ときたら、天馬行空の勢いだったね。
・彼の思考は弾力的で天馬行空だ。

天罰覿面《てんばつてきめん》

類義語 悪因悪果《あくいんあっか》 天網恢恢《てんもうかいかい》

対義語 天網之漏《てんもうのろう》

意味 悪事を働くと、たちどころに天罰が下り、必ず罪の報いを受けること。悪い行いは、必ず自分に跳ね返ってくるということ。

＊「天罰」は天からの罰、または悪事に対して受ける罰。「覿面」は、すぐに効果が表れること。

用例
・道路で無理な追い越しをしたら、天罰覿面事故に遭った。
・よその庭の花を摘んだら蜂に刺され、天罰覿面だ。

田夫野人《でんぷやじん》

類義語 田夫野老《でんぷやろう》 弊衣破帽《へいいはぼう》

意味 教養や良識の足りない粗野な人のこと。礼儀をわきまえない人。

＊「田夫」は農夫、転じて田舎者をいう。「野人」は田舎に住んでいる人、粗野で無粋な者のたとえ。

用例
・彼は自らを田夫野人というが、その実は風流を好む見識高い人物だ。
・葬式で騒いでは、田夫野人といわれても仕方がない。

天変地異《てんぺんちい》

類義語 天災地変《てんさいちへん》 天変地変《てんぺんちへん》

対義語 地平天成《ちへいてんせい》

意味 自然界で起こる大異変や災害。＊「天変」は日食・月食・暴風・彗星《すいせい》・雷など天や空にまつわる異変。「地異」は地震・火山噴火・洪水など地上で起こる異変。

用例
・昔の人は、理解を超えた自然現象を天変地異と呼び、恐れていた。
・動物が地震などの天変地異を予測するという俗信。

天網恢恢《てんもうかいかい》

類義語 天罰覿面《てんばつてきめん》 撥乱反正《はつらんはんせい》 網目不疎《もうもくふそ》

対義語 天網之漏《てんもうのろう》

意味 悪事を働けば、天は決して見逃さず罰を与えるということ。＊「天網」は天が張った網。「恢恢」は網の目が粗いこと。天網は目が粗いように見えて、決して悪人の罪を見逃さず捕らえるという意。

用例
・天網恢恢疎にして漏らさず、悪事が露見し停学になった。

出典 『老子《ろうし》』

天佑神助《てんゆうしんじょ》

類義語 神佑天助《しんゆうてんじょ》

意味 神のご加護と天の助け。また、それらが起こす思いがけない偶然のおかげで助かること。苦しいときの神だのみ。＊「天佑」は天の助け、「天祐」とも書く。「神助」は神の助けのこと。

用例
・やるべきことはやったので、後は天佑神助を信じよう。
・事故にあったが軽傷ですんだのは、まさに天佑神助だ。
・あのとき彼女と出会えたのは、天佑神助といえるだろう。

当意即妙《とういそくみょう》

意味 その場の状況を読み取り、すばやく巧みな対応をすること。うまく機転をきかせること。
＊「当意」はその場に合わせてという意味。「即妙」はとっさによい考えがひらめくこと。

用例 ・彼の当意即妙な発言が、状況を一気に好転させた。
・その番組は司会者の当意即妙なアドリブで人気だ。

灯火可親《とうかかしん》

意味 秋の夜長は、灯《あか》りの下で読書をするのに最適だということ。
＊「灯火」はあかり。「灯火親しむ可《べ》し」と使う。

用例 ・ついつい灯火可親と、長編のミステリー小説を読みふけってしまって、寝不足だ。
・読書が趣味なので、四季の中でも灯火可親の秋が最も好きだ。
・真夏の熱帯夜は不快だ、灯火可親の秋が待ち遠しい。

陶犬瓦鶏《とうけんがけい》

意味 形や外見は立派だが、実際には役に立たない物のこと。＊陶器の犬の置物は番犬にはならず、素焼きの鶏は朝を告げることがなく、どちらも役に立たないことから。

類義語 泥車瓦狗《でいしゃがこう》 土牛木馬《どぎゅうもくば》

用例 ・形にこだわるばかり、陶犬瓦鶏にならないように。
・陶犬瓦鶏の輩《やから》が正論を述べても、誰も傾聴しない。

出典 『金楼子《きんろうし》』

同工異曲《どうこういきょく》

類義語 大同小異《だいどうしょうい》

意味 多少の違いはあれど、おおむね同じで似たり寄ったりな物のこと。また、詩歌などの作り方が同じでも、その趣が違って感じられること。

用例
・同工異曲の音楽業界に新風を巻き起こすつもりだ。
・この製品は同工異曲で、ブームに便乗しただけだった。

出典 韓愈《かんゆ》『進学解《しんがくかい》』

同床異夢《どうしょういむ》

類義語 同床各夢《どうしょうかくむ》

対義語 異榻同夢《いとうどうむ》

意味 同じ立場で同じ仕事をしていても、人それぞれで意見や目的が違っていること。＊同じ寝床で寝ていても、それぞれが異なった夢を見る、ということから。

用例
・安全が優先の我々と、利益が優先の彼とでは、同じ研究に携わりながらも同床異夢だ。

出典 陳亮《ちんりょう》「与朱元晦書《しゅげんかいにあたうるのしょ》」

同声異俗《どうせいいぞく》

意味 環境や教育によって人は変わるということ。＊赤ん坊の泣き声は世界中同じでも、成長すると違いが出てくることから。

用例
・長く助産師を務めていた母は、自分が取り上げた子どもたちの成長した姿を見ると同声異俗を痛感するという。
・小学校の同窓会では、互いの同声異俗ぶりを驚きあった。

出典 『荀子《じゅんし》』

道聴塗説《どうちょうとせつ》

類義語 街談巷説《がいだんこうせつ》 口耳之学《こうじのがく》

意味 他人からの受け売りでいい加減な話。
＊道で偶然耳にした話をその道ですぐに人に話すことに由来。「塗説」は「立ち話」という意味。

用例 ・彼は雄弁に持論を展開しているが、同聴塗説であることは誰が聞いても明らかだった。

出典 『論語《ろんご》』陽貨《ようか》

党同伐異《とうどうばつい》

類義語 党同異伐《とうどういばつ》 標同伐異《ひょうどうばつい》

意味 同じ主義や主張を持つ者が、事の是非に関わらず反対する者を攻撃すること。身びいき。

用例 ・会議は、数の論理で少数意見を排除していく党同伐異の場に成り下がっていた。
・党同伐異や派閥争いに嫌気がさし、大学を退職した。

出典 『後漢書《ごかんじょ》』党錮伝《とうこでん》

同病相憐《どうびょうそうりん》

意味 同じ病気や苦労を持つもの同士が同情しあうこと。
＊「同病相憐《あいあわ》れむ」と読む。

用例 ・一足先に合格した彼からは、途端に連絡が途絶えた。同病相憐なだけで、真の友情関係にはなかったようだ。
・失恋したもの同士、同病相憐の気持ちから会話する機会が増えたが、いつしかお互い好意を持つようになった。

同文同軌
どうぶんどうき

類義語 千《せん》里《り》同《どう》風《ふう》

意味 天下が統一されること。＊「同文」は同じ文字を使うこと。「同軌」は車輪の幅が同じ車を用いること。

用例 ・親子二代にわたっての大偉業、同文同軌がついに成し遂げられた。
・同文同軌の時代は終わり、再び戦乱の世が始まった。

出典 『中庸《ちゅうよう》』

東奔西走
とうほんせいそう

類義語 東行西走《とうこうせいそう》 東走西奔《とうそうせいほん》 南行北走《なんこうほくそう》 南船北馬《なんせんほくば》

意味 仕事や目的のために、あちこちと忙しく駆け回ること。＊「奔」も「走」も「走る」の意味。

用例 ・仲間たちが東奔西走してくれたおかげで、何とか期日までに材料をすべてそろえることができた。
・スカウトになってからは、全国の選手を視察するため東奔西走する生活が続いた。

桃李成蹊
とうりせいけい

類義語 李広成蹊《りこうせいけい》

意味 徳のある者へは、自然と人々が集まってくるということ。＊「桃李」は桃と李《すもも》。「成蹊」は「道ができる」という意味。「桃李物言わざれども下自《おの》ずから蹊《みち》を成す」と読む。

用例 ・独立起業した彼のもとへは、桃李成蹊さながらにかつての仕事仲間が集まった。

出典 司馬遷《しばせん》『史記《しき》』李将軍伝《りしょうぐんでん》

党利党略《とうりとうりゃく》

類義語 私利私欲《しりしよく》 派利派略《はりはりゃく》
対義語 国益優先《こくえきゆうせん》 国利民福《こくりみんぷく》

意味 自分の所属している政党や党派、集団の利益を図るためのはかり事。＊「党」は仲間、ともがらという意味。

用例 ・今こそ、党利党略を捨て、与野党がともに国益という共通の目標に向かって議論を進めていくべきだ。
・党利党略を追求するような意見しか出ないようでは、会議もいい結論が出るわけがない。

蟷螂之斧《とうろうのおの》

類義語 蟷臂当車《とうひとうしゃ》 蟷螂之衛《とうろうのえい》 蚊子咬牛《ぶんしこうぎゅう》

意味 弱者が自分の力量を考えず、強者に挑んでいくこと。＊「蟷螂」はかまきりのこと。「螳螂」とも書く。かまきりが前足を振り上げて車輪に立ち向かったという故事から。

用例 ・蟷螂之斧だとしても、悪政には反対の声を上げたい。
・力の差は歴然で、これではこちらは蟷螂之斧だ。

出典 韓嬰《かんえい》『韓詩外伝《かんしがいでん》』

時之氏神《ときのうじがみ》

意味 ちょうどよいときに現れて、喧嘩《けんか》や争い事の仲裁をしてくれる人。＊「氏神」とは先祖をまつった神様のこと。争いが起きたときに仲裁してくれる人は、神様のようにありがたい存在だということから。

用例 ・激しい口論を仲裁してくれた彼は、まさに時之氏神だ。
・時之氏神の言う通り、喧嘩はもう終わりにしよう。

得意満面《とくいまんめん》

類義語 喜色満面《きしょくまんめん》 欣喜雀躍《きんきじゃくやく》
対義語 意気消沈《いきしょうちん》

意味 事が思い通りに運んで、誇らしさが顔全体に表れるさま。
＊「得意」は意がかなって満足すること。「満面」は顔中に表れること。「意を得たること面に満つ」と訓読する。

用例
・大きな商談をまとめた先輩は、営業会議で得意満面に報告をした。
・県の書道展に入選し、祖父は得意満面だった。

読書三到《どくしょさんとう》

類義語 韋編三絶《いへんさんぜつ》

意味 読書に大切な三つの心得。眼《め》をそらさずよく見て（眼到）、声に出し（口到）、心を集中して（心到）読むこと。
＊「三到」を「三倒」と書かないように注意すること。

用例
・読書三到を心がけ、この書物の真髄に迫りたい。
・先生からいただいた読書三到の教えは私の宝物だ。

出典 朱熹《しゅき》『訓学斎規《くんがくさいき》』

読書尚友《どくしょしょうゆう》

意味 古典などを読むことによって、昔の賢人と友となること。
＊「尚」は過去にさかのぼる、の意。

用例
・これから社会へ出ていく皆さんに、読書尚友の言葉を贈りたいと思います。
・若いうちに、読書尚友の楽しみを味わっておくべきだ。

出典 『孟子《もうし》』万章《ばんしょう》

読書百遍《どくしょひゃっぺん》

意味 繰り返し何度も読めば、難解な書物でも自然と意味や内容が理解できるの意。

＊「百遍」は回数が多いことのたとえ。

用例 ・難しい本ではあるが、読書百遍の姿勢で挑もう。

・読書百遍を常とし、本の内容の理解を深めたい。

出典 陳寿《ちんじゅ》『三国志《さんごくし》』魏志《ぎし》・董遇伝《とうぐうでん》

類義語 韋編三絶《いへんさんぜつ》

独断専行《どくだんせんこう》

意味 周りに相談せず、自分一人の判断で物事を進めること。

＊「専行」は勝手に行うこと。「先行」と書かないように注意すること。

用例 ・チームである以上、誰かの独断専行でみんなに迷惑がかかるようなことは避けるべきだ。

・場合によっては、リーダーの独断専行も必要だ。

特筆大書《とくひつたいしょ》

意味 注目を集めるように、目立つように大きく書くこと。

＊「特筆」は取り立てて書くこと。「大書」は文字を大きく書くこと。「だいしょ」と読むのは誤り。

用例 ・彼の業績だけでなく、地道な努力も特筆大書したい。

・先生のお名前を特筆大書すれば、申し込みはすぐにいっぱいになるでしょう。

独立自尊《どくりつじそん》

類義語 自主独立《じしゅどくりつ》

意味 何事も人に頼らず自力で行い、自己の尊厳を保つこと。
＊「独立」は自分の力で身を立てること。「自尊」は自分の品格を保つこと。

用例
・自分の会社を立ち上げた兄は、独立自尊の精神を貫き、新規の販売ルートを確立した。
・彼女の独立自尊の態度が、近寄り難い空気を作っている。

独立独歩《どくりつどっぽ》

類義語 独立独行《どくりつどっこう》　独立独往《どくりつどくおう》
独立不羈《どくりつふき》

対義語 事大主義《じだいしゅぎ》

意味 他人に頼らず、一人で自分の信じる通りに行動すること。
＊「独歩」は一人で歩くこと。転じて、ほかに並ぶものがなく独特なよいものを持っている意にも使う。

用例
・この子もいずれは親元を離れ、独立独歩の生活をする日が来るのでしょうね。
・大手に頼らず独立独歩の運営をし注目を集めている工房。

徒手空拳《としゅくうけん》

類義語 赤手空拳《せきしゅくうけん》　空手空拳《くうしゅくうけん》

意味 手に何も持っていないこと。また、元手は自分の力量だけでほかに頼るべきものがないこと。
＊「徒手」も「空拳」もともに素手の意。

用例
・空き巣はナイフを持っていたそうだが、あの家の主人は徒手空拳で大捕り物をやったらしいよ。
・徒手空拳で始めた店も、今では支店を持つまでになった。

屠所之羊《としょのひつじ》

意味 死期が迫っている人のたとえ。また、不幸にあって打ちひしがれているようす。＊「屠所」は家畜を屠殺解体するための場所。屠殺場に引かれていく羊の意から。

用例 ・あの取引先は大損害を出して、まさに屠所之羊だよ。
・今度の芝居でやる無実の罪で処刑される人物の役は、クライマックスの屠所之羊の場面の演技が難しそうだ。

塗炭之苦《とたんのくるしみ》

類義語 四苦八苦《しくはっく》 水火之苦《すいかのくるしみ》 七難八苦《しちなんはっく》

意味 泥にまみれ、炭火で焼かれるようなひどい苦痛。また、そのような境遇。＊「塗炭」は泥水と炭火。「途端」「吐痰」と書かないように注意すること。

用例 ・世の中には、戦争や災害で塗炭之苦にあえぐ人が大勢いる。
・あの時の塗炭之苦をばねに奮起する。

出典 『書経《しょきょう》』仲虺之誥《ちゅうきのこう》

訥言敏行《とつげんびんこう》

類義語 訥言実行《とつげんじっこう》 不言実行《ふげんじっこう》

意味 徳のある人は、口数は少なく、行動は敏速であるべきだということ。＊「訥言」は口べた、話し方が達者でないこと。「敏行」はすばやく行動すること。

用例 ・職人は訥言敏行である方が信頼できる。
・祖父は訥言敏行を旨とし、常に実践していました。

出典 『論語《ろんご》』里仁《りじん》

斗南一人

となん（の）いちにん

類義語 泰山北斗《たいざんほくと》

意味 天下の第一人者。天下に並ぶ者のない人。＊「斗」は北斗星。「斗南」は北斗星より南の意で、転じて天下のこと。

用例
・彼はチェロ奏者として斗南一人といわれている。
・何事においても、斗南一人となるには並大抵でない努力と信念が必要だ。

出典 『唐書《とうしょ》』狄仁傑伝《てきじんけつでん》

図南之翼

となんのつばさ

類義語 図南鵬翼《となんほうよく》

意味 大事業を遠い地で成そうとする志・計画。＊「図南」とは南に向かうこと。「翼」は中国の伝説の鳥、鵬《おおとり》の翼をさす。鵬が南へ向かって羽ばたこうと翼を広げる意から。

用例
・成功を誓い、弟は図南之翼を広げパリへと出発した。
・学生時代から念願の図南之翼をついに遂げた。

出典 荘周《そうしゅう》『荘子《そうじ》』逍遥遊《しょうようゆう》

怒髪衝天

どはつしょうてん

類義語 怒髪衝冠《どはつしょうかん》 怒髪指冠《どはつしかん》 頭髪上指《とうはつじょうし》

意味 髪の毛が逆立つほど、激しく怒り狂うさま。＊「怒髪」は怒りのあまり逆立った髪。「衝天」は天を突き上げること。「怒髪天を衝《つ》く」と訓読する。

用例
・責任を転嫁され、怒髪衝天の思いが静まらない。
・ひどい言いがかりに、彼は怒髪衝天の形相となった。

出典 司馬遷《しばせん》『史記《しき》』藺相如伝《りんしょうじょでん》

土崩瓦解《どほうがかい》

類義語 氷消瓦解《ひょうしょうがかい》

意味 物事が根本から崩れて、手がつけられないほどひどいさま。＊土が崩れ、瓦がばらばらに砕け散るようすから。

用例 ・現代では、さまざまな要因で食の安全が土崩瓦解の状態にまで瀕《ひん》している。
・新製品の開発は、途中で土崩瓦解してしまった。

出典 司馬遷『史記』秦始皇紀《しんしこうき》

呑舟之魚《どんしゅうのうお》

類義語 呑波之魚《どんぱのうお》

意味 常人をはるかに超えた技量や才能を持つ人。度量の広い大人物。＊舟を呑《の》み込んでしまうほどの大きな魚の意から。

用例 ・呑舟之魚と目された新人が、期待通り華々しい活躍を見せてくれた。
・彼は呑舟之魚だから、常に周りに人が集まるのだね。

出典 荘周『荘子』庚桑楚《こうそうそ》

頓証菩提《とんしょうぼだい》

類義語 頓証仏果《とんしょうぶっか》 速証菩提《そくしょうぼだい》

意味 速やかに悟りの境地に達すること。＊仏教語。死者を追善供養するときなどに、冥福や極楽往生を祈る言葉として唱える。

用例 ・ひたすらに故人の頓証菩提を祈るばかりです。
・隣のおじいさんとは、生前はよくぶつかったり反目し合ったりしたが、今はただただ頓証菩提を申し上げたい。
・実家と縁を切ったとはいえ、頓証菩提の気持ちはある。

【な行】

内柔外剛《ないじゅうがいごう》

対義語　外柔内剛《がいじゅうないごう》　内剛外柔《ないごうがいじゅう》

意味　内面は弱いのに、外見は強そうにみえること。気が弱いのに、強気な態度に出ること。＊「外剛内柔」ともいう。

用例　・彼は体も大きくて顔もいかついが、実は内柔外剛なんだ。
・部長が内柔外剛であることは、社内中の人が知っている。

出典　『易経《えききょう》』否卦《ひか》

内助之功《ないじょのこう》

類義語　内徳之助《ないとくのじょ》

意味　妻が家庭にいて、夫が外で仕事に専念できるように助けること。家庭を守り夫を支える妻の手助け。＊つつましい献身ぶりや縁の下の力持ちの意でも使う。

用例　・店がもちなおしたのも、ひとえに妻の内助之功のおかげだ。
・マネージャーとしての内助之功にとても感謝している。

内政干渉《ないせいかんしょう》

類義語　武力干渉《ぶりょくかんしょう》

意味　他国の政治や外交に口をはさみ、その国の主権を侵害すること。戦争の原因となることもある。
＊国家間のほか、組織や個人のあいだにおいても使われる。

用例　・内政干渉など、独立国家のすることではない。
・アドバイスという名目で内政干渉するのはやめてほしい。

内憂外患《ないゆうがいかん》

類義語 多事多難《たじたなん》 内患外禍《ないかんがいか》 内憂外懼《ないゆうがいく》

対義語 天下太平《てんかたいへい》 平穏無事《へいおんぶじ》

意味 国内の心配事と外国からもたらされるやっかい事。内にも外にも憂慮すべき問題が多いこと。＊「憂」も「患」も心配事やわずらわしい事態。「外患内憂」ともいう。

用例 ・日本はまさに内憂外患の事態にある。
・妻は倒れる、仕事では失敗するで、全く内憂外患だ。

出典 左丘明《さきゅうめい》『春秋左氏伝《しゅんじゅうさしでん》』成公十六年《せいこうじゅうろくねん》

難行苦行《なんぎょうくぎょう》

類義語 悪戦苦闘《あくせんくとう》 苦心惨憺《くしんさんたん》 千辛万苦《せんしんばんく》 粒粒辛苦《りゅうりゅうしんく》

意味 さまざまな苦難に耐える修行のこと。たいへんな苦労をすること。＊仏教語。「行」は仏教で悟りに至るための修行。「難業苦業」と書かないように注意すること。

用例 ・下積み時代は難行苦行の連続だった。
・何年もの難行苦行に耐えて、今の成功をつかみ取った。

出典 『法華経《ほけきょう》』提婆達多品《だいばだったほん》

難攻不落《なんこうふらく》

類義語 金城鉄壁《きんじょうてっぺき》 金城湯池《きんじょうとうち》 南山不落《なんざんふらく》 要塞堅固《ようさいけんご》

意味 守りが堅く攻めるのが困難で、容易には陥落しないこと。転じて、相手の意志が固く、なかなか自分の思い通りにならないこと。

用例 ・日露戦争において、旅順《りょじゅん》要塞は難攻不落といわれていた。
・あの取引先からはいっこうによい返事をもらえず、難攻不落の状況です。
・多くの告白を断ってきた彼女は、まさに難攻不落の存在だ。

南船北馬《なんせんほくば》

類義語　南行北走《なんこうほくそう》　東奔西走《とうほんせいそう》
東走西奔《とうそうせいほん》　東行西走《とうこうせいそう》

意味　絶えず方々を旅行すること。忙しく旅すること。忙しく動き回ること。＊中国では、川の多い南は船を、山の多い北は馬を交通手段として用いたことから。

用例
・選挙に立候補した彼の、南船北馬の日々が始まった。
・音楽家の姉は、公演が南船北馬で家に帰る日が少ない。

出典　『淮南子《えなんじ》』斉俗訓《せいぞくくん》

二者択一《にしゃたくいつ》

類義語　二者選一《にしゃせんいつ》

意味　二つの物事から、どちらか一方を選ぶこと。また、どちらかを選ばなければならないこと。＊「択」は選ぶの意。

用例
・女性だけが、仕事と子育ての二者択一を迫られるのは、もはや時代にそぐわない考え方だ。
・大学病院に残るか開業医になるかの二者択一で悩む。
・お金と時間の二者択一で時間を選び、今の生活がある。

二束三文《にそくさんもん》

類義語　十把《じっぱ》一絡《ひとからげ》　一山百文《ひとやまひゃくもん》

意味　ひどく安い値段。数量が多いのに値段が極めて安いこと。捨て売りの値段をいう。
＊江戸初期に、大きくて丈夫な金剛草履が二足で三文の安値で売られていたことから。「二束」は「二足」とも書く。

用例
・こんな土地では売ったところで二束三文だ。
・在庫処分市だから、欲しい物が二束三文で買えるぞ。

にちじょうさはん

日常茶飯

類義語 家常茶飯《かじょうさはん》 尋常一様《じんじょういちよう》

対義語 一世一代《いっせいいちだい》 空前絶後《くうぜんぜつご》

意味 日々のありふれた物事。日常的に起こる事柄。＊毎日の食事の意から。「日常茶飯事」のように使うことが多い。「茶飯」を「ちゃはん」と読まないように注意すること。

用例 ・年の近い兄弟の喧嘩《けんか》なんて、日常茶飯のことだよ。
・日常茶飯に忘れ物をするようでは困る。
・ここらへんは治安が悪くて窃盗事件くらいは日常茶飯だ。

にっしんげっぽ

日進月歩

類義語 日就月将《にっしゅうげっしょう》 日進月異《にっしんげつい》

対義語 旧態依然《きゅうたいいぜん》 十年一日《じゅうねんいちじつ》

意味 日に日に、絶えず進歩すること。また、急速に発展すること。＊「日月」と「進歩」からできた語。「日進」を「日新」と書かないように注意すること。

用例 ・医学の進歩は日進月歩というが、薬などはしっかりと安全性を確かめてから使用してほしいものだ。
・宇宙開発の技術は日進月歩の勢いで発展している。

ににんさんきゃく

二人三脚

意味 二人が協力して物事を行うこと。また、二人並んで肩を組み、隣り合う足をひもで結んで三本の足のようにして走る競技。

用例 ・夫婦は二人三脚とはよくいわれるが、運動会の二人三脚のようにゴールがすぐそこにないのが違うところだ。
・地域の福祉を官民二人三脚で支援していく必要がある。
・運動会に向けて、息子の二人三脚の練習を手伝った。

二律背反
にりつはいはん

意味 二つの相反する命題が、同等の妥当性や合理性をもって主張されること。＊自己矛盾に陥ることについてもいう。「律」は物事のきまり。「背反」は相容《あいい》れないこと。

用例
・彼女は小悪魔的にして聖母的、二律背反の女性だ。
・家庭を捨てた父への、愛憎の二律背反に苦しんだ。

出典 『哲学字彙《てつがくじい》』

拈華微笑
ねんげみしょう

類義語 以心伝心《いしんでんしん》 教外別伝《きょうげべつでん》 破顔微笑《はがんびしょう》 不立文字《ふりゅうもんじ》

意味 文字や言葉を使わず、心から心へ思いを伝えること。＊仏教語。「拈華」は花を指先でひねること。「微笑」を「びしょう」と読まないように。「華を拈《ひね》りて微笑《みしょう》す」と訓読する。

用例
・長年連れ添った夫婦は、拈華微笑の間柄になるものだ。
・妻の好みも知らないとは、拈華微笑の境地は遠いわね。

出典 釈普済《しゃくふさい》『五灯会元《ごとうえげん》』

年功序列
ねんこうじょれつ

類義語 長幼之序《ちょうようのじょ》 年功加俸《ねんこうかほう》

対義語 実力主義《じつりょくしゅぎ》

意味 年齢や勤続年数が増すに従って地位や賃金が上がっていくこと。また、その体系。＊「年功」は年次による功労や経験。「序列」は順序、順番。

用例
・年功序列の終身雇用制度は、企業にとってよい面もあれば悪い面もある。
・田舎の寄り合いなどでは今も年功序列が重んじられる。

年年歳歳《ねんねんさいさい》

類義語 年年去来《ねんねんきょらい》

意味 毎年毎年。来る年も来る年も。
＊毎年同じように繰り返されるさま。同じ意味の語を重ねて強調したもの。「歳歳年年」ともいう。

用例
・講演会に年年歳歳参加者が増えるのはうれしいことだ。
・生まれ故郷が年年歳歳寂れていくのには心が痛む。

出典 劉希夷《りゅうきい》「代悲白頭翁《はくとうをかなしむおきなにかわる》」

年百年中《ねんびゃくねんじゅう》

類義語 年頭月尾《ねんとうげつび》

意味 一年中いつも。年がら年中。
＊常に同じ状態が続いているさまをいう。その状態があまり好ましくないときに使うことが多い。

用例
・子どもの教育費のために、姉は年百年中家計のやりくりに追われている。
・年百年中遊び回っていると、ろくなことにならないぞ。

嚢中之錐《のうちゅうのきり》

類義語 嚢中之穎《のうちゅうのえい》 鶏軍一鶴《けいぐんいっかく》

意味 すぐれた人物は、多くの人の中にいても自然と頭角を現すということ。＊「嚢中」は袋の中。袋の中に錐を入れておくと、その先端が自然に袋を突き破って出てくることから。

用例
・彼の活動は今は地味だが、嚢中之錐でいずれ指導者になるよ。
・君は、入社当初から嚢中之錐と噂《うわさ》されていたね。

出典 司馬遷《しばせん》『史記《しき》』平原君伝《へいげんくんでん》

【は行】

稗官野史《はいかんやし》

意味 民間の伝承や説話、物語などを集めた書物。＊「稗官」は「民間の伝承を集める役人」、「野史」は「非公式の記録、伝承」という意味。

用例 ・稗官野史の中には、正史にない庶民の歴史が見える。
・全国の稗官野史を分析すると、共通性が見えてきた。

倍日併行《ばいじつへいこう》

意味 強行軍の日程。二日かかる日程を一日で進むことに由来。

用例 ・ここから商品の発売までは倍日併行でいかざるを得ない。
・危ないところだったが協力会社の倍日併行の努力のおかげで、なんとか納期を守ることができた。

出典 司馬遷《しばせん》『史記《しき》』孫子呉起列伝《そんしごきれつでん》

背水之陣《はいすいのじん》

類義語 済河焼船《せいかしょうせん》 背水一戦《はいすいいっせん》 破釜沈船《はふちんせん》

意味 追い詰められ、後に引けない状況に置かれることで、決死の覚悟が生まれること。＊川を背に陣を張り、後退できないことで、兵たちが死力を尽くしたという故事に由来。

用例 ・この事業が失敗すれば会社をたたむという背水之陣の覚悟。

出典 司馬遷『史記』淮陰侯伝《わいいんこうでん》

杯盤狼藉《はいばんろうぜき》

類義語 落花狼藉《らっかろうぜき》 乱暴狼藉《らんぼうろうぜき》

対義語 浅酌低唱《せんしゃくていしょう》

意味 酒宴の後で、皿や杯が散乱しているようす。＊「狼藉」は狼が草を敷き寝た跡が乱れているという意味。

用例 ・ホテルのアルバイトで最初にやった仕事は、杯盤狼藉のありさまだった会場の後片づけだった。
・杯盤狼藉ぶりは、宴会場より各部屋の方が激しかった。

出典 司馬遷『史記』滑稽伝《こっけいでん》（淳于髡《じゅんうこん》）

破戒無慙《はかいむざん》

意味 戒律を破っても少しも良心に恥じるようすがないこと。＊「戒《かい》を破りて、慙《は》ずること無し」と読む。

用例 ・仏に仕える身でありながら、財と地位の追求に明け暮れるその姿は破戒無慙以外いいようがない。
・破戒無慙な言動に仏罰がくだったのか、雷がその僧をめがけて落ちてきた。

破顔一笑《はがんいっしょう》

対義語 呵呵大笑《かかたいしょう》 破顔大笑《はがんたいしょう》 笑比河清《しょうひかせい》

意味 顔をほころばせ、にっこりと笑うこと。心配事や気難しさでしかめていた顔に笑みが浮かぶこと。＊「破顔」は笑顔で表情を崩すこと、「一笑」は軽く笑うこと。大きく笑うという意味ではないことに注意。

用例 ・審査を通過したことを聞くと、上司は破顔一笑し、皆にねぎらいの言葉をかけた。

破鏡重円《はきょうじゅうえん》

対義語 破鏡不照《はきょうふしょう》

意味 別れた夫婦がよりを戻すこと。離れていた夫婦が再会すること。
＊妻と離ればなれになった夫が、妻に持たせた一片の鏡のおかげで再会できたという故事に由来する。

用例 ・海外での長い単身赴任生活になるが、お互い破鏡重円のときを迎えるまで元気でいようと誓った。

出典 『太平広記《たいへいこうき》』

破鏡不照《はきょうふしょう》

対義語 破鏡重円《はきょうじゅうえん》

意味 夫婦が離婚すること。一度別れた夫婦は二度と元の仲に戻ることはないということ。

用例 ・世間体のため一度は別れを思いとどまったものの、やはり破鏡不照、夫婦の溝は埋まらなかった。
・子どもの存在が、破鏡不照になりかけた夫婦の間を、かろうじてつなぎとめた。

博引旁証《はくいんぼうしょう》

類義語 博引旁捜《はくいんぼうそう》　考証該博《こうしょうがいはく》

対義語 単文孤証《たんぶんこしょう》

意味 多くの事例を引用し、証拠や関連する資料を広く示すことで十分に証拠を集めること。
＊論文などを賞賛する際によく用いられる。

用例 ・教授は博引旁証なだけでなく、学部生の私にも理解できるよう、わかりやすい言葉でお書きになった。
・この博引旁証の企画書が、役員の了承の決め手だった。

博学多才《はくがくたさい》

類義語 博学多識《はくがくたしき》　博覧強記《はくらんきょうき》
対義語 浅学非才《せんがくひさい》

意味 広い分野で学識を多く持ち、才能が豊かなこと。

用例
・この問題は我々だけでは手に余るので、是非あの博学多才な先生のご指示を仰ごう。
・高尚な話題から子ども番組の話題まで、博学多才な彼の話題の守備範囲の広さには脱帽だ。
・博学多才な彼も、スポーツの話題だけは苦手なようだ。

白眼青眼《はくがんせいがん》

意味 嫌いなものを見る冷淡な目つき（白眼）と、好きなものを見る親しみのある目つき（青眼）。

用例
・接客業は、お客様の前では白眼青眼を腹の奥にしまいこんで、誰にでも笑顔で接する姿勢が大切だ。
・裏表のない性格と白眼青眼を隠さないのは別物だ。

出典 『晋書《しんじょ》』阮籍伝《げんせきでん》

莫逆之友《ばくぎゃくのとも》

類義語 莫逆之交《ばくぎゃくのまじわり》　莫逆之契《ばくぎゃくのちぎり》
管鮑之交《かんぽうのまじわり》　刎頸之交《ふんけいのまじわり》

意味 とても仲がよく、信頼し合える関係のこと。親友。
＊「莫逆」は「逆らうことがない」という意味。

用例
・たった一人であっても、莫逆之友と呼べる相手がいることを幸せに思う。
・莫逆之友の頼みとあっては断るわけにはいかない。

出典 荘周《そうしゅう》『荘子《そうじ》』大宗師《だいそうし》

薄志弱行《はくしじゃっこう》

意味 意志が弱く、行動力や判断力に欠けること。＊「薄志」は「意志が薄い」、「弱行」は「行動力に乏しい」という意味。

用例
・弟の薄志弱行な性格を鍛え直すべく、厳しいと評判の伯父の会社へアルバイトに行かせることにした。
・彼の薄志弱行ぶりはどうやら父親譲りのようで、彼の兄弟たちも随分を手を焼いたらしい。

類義語 意志《いし》薄弱《はくじゃく》 優柔《ゆうじゅう》不断《ふだん》
対義語 剛毅《ごうき》果断《かだん》 志操《しそう》堅固《けんご》

白砂青松《はくしゃせいしょう》

意味 白い砂浜と青々とした松林が続く、海辺の美しい景色のこと。日本特有の、美しい海岸のたとえ。

用例
・白砂青松のこの景観を観光の目玉にして、町興しの一大計画が立案された。
・この白砂青松の海岸をコンクリートで固めて港にする計画に、住民をはじめ多くの市民が待ったをかけた。

麦秀之嘆《ばくしゅうのたん》

意味 祖国の滅亡を嘆き悲しむこと。＊かつて祖国の都があった地に、麦が穂を出しているのを見つけ、もう祖国はないのだと悲しんだ故事に由来する。「麦秀」は麦の穂が伸びること。

用例
・母校が廃校になり、取り壊されて更地になっていると聞き、一人麦秀之嘆の思いにかられた。

出典 司馬遷《しばせん》『史記《しき》』宋微子世家《そうびしせいか》

拍手喝采《はくしゅかっさい》

意味 皆が手をたたき、さかんにほめ称《たた》えること。

用例 ・彼の凱旋《がいせん》帰国後初のコンサートは、いつまでも拍手喝采がやまず、幕を下ろすにも下ろせない異例の事態となった。
・保護者たちの拍手喝采を浴び、園児たちはうれしさと照れくささが交じったようすで一礼した。
・観客の拍手喝采が演者にとって最高の報酬だ。

伯仲之間《はくちゅうのかん》

類義語 勢力伯仲《せいりょくはくちゅう》

意味 才能や実力がどちらも優れており、優劣の差がないこと。「伯」「仲」はそれぞれ長兄、次兄の名前で、彼らの間で実力差がなかったことに由来。

用例 ・伯仲之間だった二人を最終的に分けたのは、命をかけてまでも、という熱意の有無だった。
・一見伯仲之間に見えるが、数値で表すと差は歴然だった。

幕天席地《ばくてんせきち》

類義語 気宇壮大《きうそうだい》 豪放磊落《ごうほうらいらく》

意味 小さいことにはこだわらないこと。志が大きいこと。＊「天を幕《とばり》（屋根）とし、大地を席《むしろ》とす」と読む。

用例 ・幕天席地の意気込みは認めるが、それを実現させるだけの計画性や能力がなければただの大口たたきにすぎない。
・彼の幕天席地の性格は長所でもあり短所でもある。

出典 劉伶《りゅうれい》『酒徳頌《しゅとくしょう》』

伯楽一顧

はくらく（の）いっこ

意味 有力者に見込まれて重用されたり実力を発揮したりすること。

＊「伯楽」は中国の春秋《しゅんじゅう》時代の人で、馬の鑑定の名人。

用例 ・あの作家先生も、とある有名編集者の伯楽一顧を受ける前はその日の食事にも困る生活を送っていたらしい。

・後に伯楽一顧といわれるよう、期待に応えてみせます。

出典 劉向《りゅうきょう》『戦国策《せんごくさく》』燕策《えんさく》

博覧強記

はくらんきょうき

類義語 博聞強記《はくぶんきょうき》 博聞強識《はくぶんきょうしき》 博学多才《はくがくたさい》 博識多才《はくしきたさい》

対義語 浅学非才《せんがくひさい》

意味 広い分野にわたり本を多く読み、その内容を記憶して豊かな知識を持っていること。

用例 ・博覧強記の彼が手伝いに来てくれたことで、調査は予想以上にはかどった。

・博覧強記の彼にも、苦手な分野があるとは意外だった。

出典 韓嬰《かんえい》『韓詩外伝《かんしがいでん》』

薄利多売

はくりたばい

意味 利ざやを少なくする代わりに大量に売ることで利益を得ること。ディスカウント。

用例 ・高級食材のみを扱う商法から、思い切って薄利多売の商法へと方向転換をしたことが功を奏し、店を持ち直した。

・薄利多売の商売を続けているが、品質だけは落とさないよう、仕入れ先は細心の注意を払って選んだ。

馬耳東風《ばじとうふう》

類義語 呼牛呼馬《こぎゅうこば》 対牛弾琴《たいぎゅうだんきん》

意味 他人の言うことを気にかけず、聞き流すこと。＊馬の耳に東風（春風）が吹いても、心地よさどころか何も感じないように見えることから。

用例 ・いわれのない批判など、馬耳東風と聞き流せばいい。
・苦言を馬耳東風に聞き流していた結果が、この惨状だ。

出典 李白《りはく》「答王十二寒夜独酌有懐《おうじゅうにのかんやにどくしゃくしておもいありにこたう》」

破邪顕正《はじゃけんしょう》

類義語 快刀乱麻《かいとうらんま》 勧善懲悪《かんぜんちょうあく》 撥乱反正《はつらんはんせい》

意味 不正を正し、正義を世に広めること。＊「顕正」は「正しい道をあらわす」という意味。

用例 ・ともに破邪顕正の信念を貫いた二人が、弁護士と検察という立場となり、法廷で相まみえた。
・選挙演説での破邪顕正の弁ほど眉唾なものはない。

出典 吉蔵《きちぞう》『三論玄義《さんろんげんぎ》』

破竹之勢《はちくのいきおい》

類義語 旭日昇天《きょくじつしょうてん》 決河之勢《けっかのいきおい》 疾風迅雷《しっぷうじんらい》

意味 やめようとしても止まらないほど勢いが盛んなこと。＊竹は割れ始めると次々と簡単に裂けていくことから。

用例 ・負傷者が復帰してきたときから、チームは破竹之勢で連勝街道をひた走った。
・破竹之勢は止まらず、売り出す商品すべてがヒットした。

出典 『晋書《しんじょ》』杜預伝《とよでん》

八面玲瓏《はちめんれいろう》

類義語 八方美人《はっぽうびじん》

意味 どこから見ても美しく、曇りがないこと。心が澄み切った人のこと。＊人づきあいのうまい人に対しても使う。

用例 ・あの難物な先生へ依頼を通すことができるのは、八面玲瓏な彼女をおいて他にいない。
・才色兼備で八面玲瓏と、姉は非の打ちどころがない。

出典 馬熙《ばき》「開窓看雨《まどをひらきてあめをみる》」

八面六臂《はちめんろっぴ》

類義語 三面六臂《さんめんろっぴ》 三頭六臂《さんとうろっぴ》

意味 一人で何人分もの活躍をすること。いろいろな方面で活躍できる才能や手腕がある人のこと。＊八つの顔（面）と六つの臂《ひじ》の意から。

用例 ・負傷者が続出したが、彼の八面六臂の活躍もあり、チームは勝ち進んだ。
・八面六臂の奮闘が認められ、リーダーに選出された。

抜苦与楽《ばっくよらく》

意味 仏への信心で人々を救済し、安楽を与えること。仏の慈悲。

用例 ・苦しいときだけ抜苦与楽を念じ神仏に祈る人ほど、苦しみが過ぎると神仏への感謝も忘れてしまう。
・住職の説教からは、抜苦与楽の強い気持ちを得られたような気がした。

出典 空海《くうかい》『秘蔵宝鑰《ひぞうほうやく》』

八紘一宇《はっこういちう》

意味 世界を一つの家のようにとらえ、統一・支配すること。
＊「八紘」は「八つの隅」という意味から「全世界」を意味し、「一宇」は「一つの家」を意味する。

用例 ・八紘一宇の精神で進軍していくことがいかに独善的であるかを思い知らされた。

出典 『日本書紀《にほんしょき》』神武紀《じんむき》

抜山蓋世《ばつざんがいせい》

類義語 抜山倒河《ばつざんとうか》 抜山翻海《ばつざんほんかい》 回山倒海《かいざんとうかい》

意味 勢力や気力が非常に盛んであること。
＊山を抜き取るほどの勢い（抜山）と、世間を蓋《おお》い尽くすほどの気力（蓋世）という意味。

用例 ・その候補者の演説からは、抜山蓋世の気迫が感じられた。
・二代目は、抜山蓋世の勢いで事業を拡大していった。

出典 司馬遷《しばせん》『史記《しき》』項羽本紀《こううほんぎ》

発憤忘食《はっぷんぼうしょく》

意味 向学心や情熱によって心が奮い起こされ、食事をとるのも忘れて没頭すること。

用例 ・学生時代は宿題もろくにやらなかった弟だったが、資格試験の勉強は発憤忘食し、寝る間も惜しんで励んでいる。
・君のように発憤忘食できるものが、まだ私にはない。

出典 『論語《ろんご》』述而《じゅつじ》

八方美人《はっぽうびじん》

類義語 八面美人《はちめんびじん》 八面玲瓏《はちめんれいろう》

意味 誰に対してもよく思われようと、要領よく振る舞う人のこと。＊調子のいい人という意味で、非難や軽蔑の意味で使われることが多い。

用例
・誰も傷つけないようにと心配りをして人づきあいをしていたら、陰で八方美人と揶揄《やゆ》されるようになっていた。
・彼は八方美人なだけで、君に好意があるわけではないよ。

抜本塞源《ばっぽんそくげん》

類義語 削株掘根《さくしゅくっこん》 翦草除根《せんそうじょこん》 断根枯葉《だんこんこよう》

意味 災いの大もとを取り去ること。困難の解決のため、根本までさかのぼって問題を取り除くこと。＊「塞源」は「水源を塞ぐ」という意味。

用例
・痛みを伴おうとも、抜本塞源の改革なしに前進はない。
・悪習の抜本塞源のため、古い書類もすべて目を通した。

出典 左丘明《さきゅうめい》『春秋左氏伝《しゅんじゅうさしでん》』昭公九年《しょうこうくねん》

撥乱反正《はつらんはんせい》

類義語 破邪顕正《はじゃけんしょう》 勧善懲悪《かんぜんちょうあく》 勧奨懲戒《かんしょうちょうかい》 天網恢恢《てんもうかいかい》

意味 乱れた世を治め、平和な世の中に戻すこと。＊「乱を撥《おさ》めて正に反《かえ》す」と読む。

用例
・長く続いた乱世の時代も、撥乱反正の人物の出現で、ようやく終わりを迎えようとしていた。
・撥乱反正の志を胸に、中央政界への進出を目指した。

出典 『春秋公羊伝《しゅんじゅうくようでん》』哀公十四年《あいこうじゅうよねん》

破天荒解《はてんこうかい》

類義語 前人未到《ぜんじんみとう》 前代未聞《ぜんだいみもん》

意味 今まで誰もできなかったことを成し遂げること。＊「破天荒」ともいう。「荒々しいことをする・無茶なことをする」は誤用なので注意。

用例 ・先人たちの破天荒解な業績があるからこそ、今の私たちの生活を支える技術がある。

出典 孫光憲《そんこうけん》『北夢瑣言《ほくぼうさげん》』

爬羅剔抉《はらてっけつ》

意味 隠れた人材を発掘して採用すること。人の秘密や欠点を暴き出すこと。「爪でかき集め、えぐり出す」が元の意味。

用例 ・部長の爬羅剔抉によって結成された特別チームは、すぐにめざましい結果を出した。
・爬羅剔抉がすぎる彼からは、次第に人が離れていった。

出典 韓愈《かんゆ》『進学解《しんがくかい》』

波瀾万丈《はらんばんじょう》

類義語 有為転変《ういてんぺん》 生生流転《せいせいるてん》 波瀾曲折《はらんきょくせつ》

意味 目まぐるしく変化し、浮き沈みが激しいこと。＊主に人生について用いられる。「大きい波や小さい波（波瀾）が非常に高いところ（万丈）まであがる」という意味から。

用例 ・若い頃は波瀾万丈の人生を送っていたらしい祖父も、今は毎日安穏と暮らしている。
・ある女優が、波瀾万丈の半生を綴《つづ》った手記を刊行した。

罵詈雑言《ばりぞうごん》

類義語 悪口雑言《あっこうぞうごん》 悪口罵詈《あっこうばり》
罵詈讒謗《ばりざんぼう》

意味 汚い言葉を並べて相手を罵ること。＊「罵詈」は「口汚く罵る」、「雑言」は「さまざまな悪口」という意味。

用例
・下手に出ても言うことをきかないとわかった途端、彼は私に罵詈雑言を浴びせかけた。
・売り言葉に買い言葉で罵詈雑言を投げつけてしまったことを、今でも後悔している。

反間苦肉《はんかんくにく》

意味 他人を陥れ、仲間割れをさせるために、自らの身を犠牲にすること。＊「反間」は「仲間割れをさせる」、「苦肉」は「自らの身を苦しめる」という意味。

用例
・前市長は、選挙参謀のさし示した反間苦肉の策を一蹴し、正正堂堂と政策で決着をつけることを望んだ。
・彼は出世のためなら反間苦肉すら辞さない男だ。

万古不易《ばんこふえき》

類義語 千古不易《せんこふえき》 永久不変《えいきゅうふへん》

対義語 有為転変《ういてんぺん》 諸行無常《しょぎょうむじょう》

意味 永遠に変わらないもの。＊「万古」は「永遠」、「不易」は「不変」という意味。

用例
・勝者が歴史を作るという事実は万古不易のことで、今回もまた例外ではない。
・たとえ幾万の軍勢が攻め込んでこようとも、我が国の栄光は万古不易、決して滅びることはないだろう。

盤根錯節《ばんこんさくせつ》

類義語 紆余曲折《うよきょくせつ》 複雑多岐《ふくざつたき》

意味 いろいろな問題が続き、複雑で解決しにくいこと。＊「盤根」は「地中に張りめぐらされた根」、「錯節」は「入り組んだ木の節」のこと。

用例 ・この盤根錯節の局面が打破できなければ、会社が傾くのも時間の問題だ。

出典 『後漢書《ごかんじょ》』虞詡伝《ぐくでん》

半死半生《はんしはんしょう》

類義語 気息奄奄《きそくえんえん》 半死半活《はんしはんかつ》

意味 瀕《ひん》死の状態にあること。

用例 ・半死半生の重傷を負ってから一年、奇跡的な回復を見せた。
・もう少し声をかけるのが遅ければ、半死半生でも済まされない事態を招くところだった。
・野戦病院では、半死半生の兵たちが横たわっていた。

出典 蕭統《しょうとう》『文選《もんぜん》』枚乗《ばいじょう》「七発《しちはつ》」

伴食大臣《ばんしょくだいじん》

類義語 伴食宰相《ばんしょくさいしょう》 尸位素餐《しいそさん》 窃位素餐《せついそさん》

意味 実力や才能がないにも関わらず、高い地位にいる人のこと。他人のいいなりになっている人のこと。＊「伴食」は「他人のお供をしてご馳走《ちそう》になる」という意味。

用例 ・重役は伴食大臣ばかりで、実質、社長の独断経営だった。
・伴食大臣のふりをして近づき、社長の弱みを握った。

出典 『旧唐書《くとうじょ》』盧懐慎伝《ろかいしんでん》

半信半疑《はんしんはんぎ》

類義語 疑心暗鬼《ぎしんあんき》 杯中蛇影《はいちゅう(の)だえい》

意味 嘘《うそ》か真実かの判断がつかず迷うこと。信じ切れないこと。

用例
・証言の中に半信半疑な部分があったので、時間は遅かったが再度話を聞きに訪問することにした。
・彼は融資を受けるにあたり、事業の見通しを雄弁に語ったが、銀行の担当者は最後まで半信半疑だった。

出典 嵆康《けいこう》「答釈難宅無吉凶摂生論《たくにきっきょうせっしょうなしというをなんずるをとけるにこたうるのろん》」

繁文縟礼《はんぶんじょくれい》

意味 規則や礼儀作法が細かく決まっており、煩わしく面倒なこと。＊「繁文」は規則が多く煩わしいこと、「縟礼」は細かい礼儀作法のこと。

用例
・人件費削減の第一歩として、繁文縟礼な事務作業を簡略化し、事務にかかる人数を半分にした。
・繁文縟礼な作業の大半は、形骸化した無用なものだった。

反哺之孝《はんぽのこう》

意味 年老いた親に対し、それまで育てられた子がその恩に報いるために孝行すること。＊「反哺」は親鳥が雛《ひな》に口移しで食物を与えること。礼儀や孝行を重んじるという意味で、「鳩《はと》に三枝《さんし》之《の》礼《れい》あり、烏《からす》に反哺之孝あり」とも使われる。

用例
・親元を離れ、独立して長い年月が流れたが、反哺之孝を忘れたことは一日たりともない。

反面教師《はんめんきょうし》

意味 主に他人の悪い行いを見て、自分の能力や知識の向上に役立てること。真似《まね》をするべきではない悪い見本のこと。

用例 ・ギャンブル好きが原因で家族に迷惑をかけた父を反面教師に、賭け事は一切やらないと心に固く誓った。
・反面教師という見方をすれば、彼からも学ぶべきことはある。

類義語 他山之石《たざんのいし》

出典 毛沢東《もうたくとう》（論文）

被害妄想《ひがいもうそう》

意味 他人から迫害されていると思い込み、不安に駆られること。

用例 ・泣きながら訴える私に、先生は被害妄想だと言うだけだったが、真相を知る友人がすべてを説明してくれた。
・間違っているやり方を正すよう注意しただけなのに、被害妄想に駆られた彼女は悲壮な顔で上司へ報告に行った。
・被害妄想にとりつかれた私は、外出もできなくなった。

悲喜交交《ひきこもごも》

意味 喜びと悲しみが入り交じっていること。またはそれらが代わる代わる現れること。

用例 ・彼との結婚生活はひとことでいうと悲喜交交だったが、今となってはいい思い出だ。
・冠婚葬祭が続いた今年は、まさに悲喜交交な一年だったといえる。

飛耳長目《ひじちょうもく》

類義語 鳶目兎耳《えんもくとじ》

意味 観察力が鋭く、周囲の状況をいち早く察することができること。＊「飛耳」は「遠くの音を聞き取る耳」、「長目」は「遠くのものを見通す目」という意味。

用例 ・飛耳長目の彼は、私の嘘《うそ》を簡単に見破っていた。

・その特ダネを入手したのは、やはり飛耳長目の彼だった。

出典 『管子《かんし》』九守《きゅうしゅ》

美辞麗句《びじれいく》

類義語 巧言令色《こうげんれいしょく》 辺幅修飾《へんぷくしゅうしょく》

意味 美しく、技巧をこらした言葉や言い回し。主に、「うわべだけ飾った誠意がない言葉」という悪い意味でよく使われる。

用例 ・どんなに美辞麗句を並べられても、あなたの性格そのものが変わらなければ、結婚生活などできない。

・美辞麗句を並べた流暢《りゅうちょう》なスピーチより、多少詰まり気味でも、真心が込められた君のスピーチが一番だったよ。

美人薄命《びじんはくめい》

類義語 佳人薄命《かじんはくめい》 才子多病《さいしたびょう》

意味 美しい人ほど短命であったり不運であったりするということ。「薄命」は「短命」「不運」の意味。＊類語にある「佳人」も「美人」と同じ意味。

用例 ・美人薄命とはよくいったもので、器量のよかった妹の方が私よりも先にこの世を去ってしまった。

・才色兼備な彼女の夭逝《ようせつ》を知り、皆、美人薄命だと悲しんだ。

びせいのしん
尾生之信

類義語 抱柱之信《ほうちゅうのしん》

意味 約束を守るあまり融通のきかないこと。また、馬鹿正直すぎてどうしようもないこと。＊人と会う約束を守るため、川が氾濫してもその場を離れず溺死した尾生という名の男が由来。

用例 ・いくら規則とはいえ、この炎天下に水も飲まずに立ち続け、結果熱中症になって倒れては、ただの尾生之信だよ。

出典 荘周《そうしゅう》『荘子《そうじ》』盗跖《とうせき》

ひそうせんぱく
皮相浅薄

類義語 皮相之談《ひそうのだん》

意味 物事を表面だけで判断していること。知識や学問が浅いこと。浅はか。

＊「皮相」は「うわべ」の意味。

用例 ・会話を進めれば進めるほど、彼の皮相浅薄ぶりが明らかになり、周囲からは失笑が漏れた。

・失敗を責めるだけの皮相浅薄な指導は選手にも気の毒だ。

ひちゅうのひ
秘中之秘

意味 秘密にしているものの中でも特に大事な秘密のこと。

用例 ・次の試合で実践する予定の作戦は秘中之秘らしく、練習もあらゆる報道機関の出入りを禁じた上で行われた。

・当店自慢のスープは、創業以来秘中之秘とされ、店主以外誰もその作り方を知らない。

・今まで秘中之秘だった秘仏が公開されることとなった。

匹夫之勇《ひっぷのゆう》

類義語 小人之勇《しょうじんのゆう》 血気之勇《けっきのゆう》 猪突猛進《ちょとつもうしん》 暴虎馮河《ぼうこひょうが》

意味 血気にはやっているだけで、思慮の浅い勇気のこと。
＊「匹夫」は「つまらない男」の意味。

用例
・大きい声を出して相手を黙らせたことで勝ち誇っているが、それはただの匹夫之勇だ。
・彼の語る武勇伝はみな匹夫之勇で、逆に株を落としている。

出典 『孟子《もうし》』梁恵王《りょうけいおう》

髀肉之嘆《ひにくのたん》

意味 実力を発揮する機会がないことを嘆くこと。＊「髀肉」は太ももの肉。馬に乗り戦場を駆け回る機会がなく、太ももに贅肉《ぜいにく》がついてしまったことを嘆いたことに由来する。

用例
・新しい人事で、これまで髀肉之嘆をかこっていた彼も要職に帰りざくことができた。

出典 陳寿《ちんじゅ》『三国志《さんごくし》』蜀志《しょくし》・先主伝《せんしゅでん》

悲憤慷慨《ひふんこうがい》

類義語 悲歌慷慨《ひかこうがい》

意味 社会の不正や自身の不遇な運命に対して憤り嘆き悲しむこと。
＊「慷慨」は「嘆き悲しむ」という意味。

用例
・能力を正当に評価されず、閑職に置かれている彼に悲憤慷慨した仲間たちが、社長に直訴することにした。
・戦場の惨状を前に悲憤慷慨した彼は、世界に向け、戦争の愚かさを訴える記事を発信した。

眉目秀麗《びもくしゅうれい》

類義語　英姿颯爽《えいしさっそう》　眉目清秀《びもくせいしゅう》
容姿端麗《ようしたんれい》

意味　顔立ちがすぐれて美しいこと。主に男性の容貌について用いる。＊「眉目」は眉と目から、容貌のことをさす。

用例　・今度赴任してくる先生は、眉目秀麗、スポーツ万能ということで、朝から女子生徒が騒いでいる。
・眉目秀麗な彼も、女性が苦手な性格が災いしてか、いまだ独身だ。

百尺竿頭《ひゃくせきかんとう》

類義語　百丈《ひゃくじょう(の)》　竿頭《かんとう》

意味　目標としている到達点。＊「百尺竿頭に一歩を進む」で「努力の上にさらに努力を積む」という用い方をする。

用例　・現状に満足せず、百尺竿頭に一歩を進む精神で日々努力していきたい。
・予選突破を百尺竿頭とせず、さらに高みを目指したい。

出典　道原《どうげん》『景徳伝灯録《けいとくでんとうろく》』

百折不撓《ひゃくせつふとう》

類義語　鉄心石腸《てっしんせきちょう》　独立不撓《どくりつふとう》
不撓不屈《ふとうふくつ》　百挫不折《ひゃくざふせつ》

意味　何度失敗しても、くじけずに挑戦し続けること。＊「百折」は何度も失敗すること。「不撓」はくじけないこと。

用例　・今日の試合で強豪チームに勝利できたのは、皆が百折不撓の精神でがんばってくれたおかげだ。
・彼を抜擢《ばってき》したのは、百折不撓の心意気を買ったからだ。

出典　蔡邕《さいよう》「橋大尉碑《きょうたいいのひ》」

百戦錬磨《ひゃくせんれんま》

意味 多くの経験を積み、心身ともに鍛え上げられていること。
＊「錬磨」は精神や肉体、技術を鍛え磨くこと。

用例
・百戦錬磨の強者《つわもの》といえども、この問題の対処はそう簡単にはいかないだろう。
・危機に直面しても、百戦錬磨のベテランは動じなかった。
・百戦錬磨と呼ばれるために、経験を積む。

類義語 海千山千《うみせんやません》 千軍万馬《せんぐんまんば》
百錬成鋼《ひゃくれんせいこう》 飽経風霜《ほうけいふうそう》

百年河清《ひゃくねんかせい》

意味 実現するあてのないものをいつまでも待つこと。「百年河清を俟《ま》つ」の略。黄色く濁った黄河《こうが》の水が澄むのを待つことから。

用例
・経営陣からの改善案を待つことが百年河清であると判断した労働者たちは、ストライキに突入した。
・彼の謝罪の言葉を待つなんて百年河清もいいところだ。

出典 左丘明《さきゅうめい》『春秋左氏伝《しゅんじゅうさしでん》』襄公八年《じょうこうはちねん》

百聞一見《ひゃくぶんいっけん》

意味 百回人から聞くよりも、一度でも実際に見た方が確かであるということ。＊「百聞は一見にしかず」の略。

用例
・百聞一見、会議室から出て一度現場に足を運んでみてはいかがでしょうか。
・あの絶景は百聞一見、とにかく行ってみればわかるよ。

出典 『漢書《かんじょ》』趙充国伝《ちょうじゅうこくでん》

百薬之長《ひゃくやくのちょう》

類義語 儀狄之酒《ぎてきのさけ》 清聖濁賢《せいせいだくけん》 天之美禄《てんのびろく》 忘憂之物《ぼうゆうのもの》

意味 酒の美称。たくさんある薬の中でも、最もよく効く薬が本来の意味。

用例
・酒は百薬之長とよくいわれるが、叔父のような飲み方はいつ体を壊してもおかしくはない。
・私には、寝る前の温かい牛乳が百薬之長だ。

出典 『漢書』食貨志《しょくかし》

百家争鳴《ひゃっかそうめい》

類義語 侃侃諤諤《かんかんがくがく》 議論百出《ぎろんひゃくしゅつ》 談論風発《だんろんふうはつ》 百花繚乱《ひゃっかりょうらん》

意味 多くの学者や文化人たちが、盛んに論争すること。
＊「百家」は「多くの学者」という意味。

用例
・政府が広く民間の意見を問うために開かれた会合では、百家争鳴したものの、何も結論が得られなかった。
・ある政治家の発言が波紋を呼び、その真意について百家争鳴の議論が繰り広げられた。

百花繚乱《ひゃっかりょうらん》

類義語 百花斉放《ひゃっかせいほう》 千紫万紅《せんしばんこう》 百家争鳴《ひゃっかそうめい》

意味 優秀な人材や優れた業績が一時期に数多く出現すること。「繚乱」は「花が咲き乱れる」という意味。

用例
・若手の台頭で演劇界は百花繚乱の様相を呈している。
・百花繚乱といわれる今日の文壇においても、彼の作品は他者の追随を許さないほどの名作といわれた。

出典 「祇役遇風謝湘中春色《しえきかぜにあいしょうちゅうのしゅんしょくにしゃす》」

百鬼夜行《ひゃっきやこう》

類義語 魑魅魍魎《ちみもうりょう》 妖怪変化《ようかいへんげ》

意味 多くの悪人がのさばり、勝手気ままに悪事を行うこと。さまざまな妖怪が闇夜に列をなして歩くさまが由来。「夜行」は「やぎょう」と読むこともある。

用例 ・このあたりは、昼間は家族連れも多いが、夜になれば一人歩きの女性の姿もない百鬼夜行の様相を呈している。
・この業界はくせ者ぞろいの百鬼夜行で、苦労したものだ。

百発百中《ひゃっぱつひゃくちゅう》

類義語 一発必中《いっぱつひっちゅう》 百歩穿楊《ひゃっぽせんよう》

意味 予想や計画がすべて的中すること。射った矢がすべて命中したことに由来している。

用例 ・ここまで彼の企画は百発百中でヒットしているので、今回も彼のアイデアに期待しよう。
・百発百中と評判のその占い師には、政財界の顧客も多い。

出典 劉向《りゅうきょう》『戦国策《せんごくさく》』西周策《せいしゅうさく》

表裏一体《ひょうりいったい》

類義語 渾然一体《こんぜんいったい》 相即不離《そうそくふり》 表裏一致《ひょうりいっち》

意味 一見相反するものでも、表と裏の関係のように密接で切り離せないこと。

用例 ・勝ちと敗けは表裏一体、どちらの立場からも学ぶものはある、と監督は語った。
・かわいさ余って憎さ百倍という言葉があるように、愛情と憎しみは表裏一体の関係にある。

比翼連理《ひよくれんり》

類義語 相生之松《あいおいのまつ》 偕老同穴《かいろうどうけつ》 琴瑟相和《きんしつそうわ》 双宿双飛《そうしゅくそうひ》

意味 男女や夫婦間の愛情が深いこと。「比翼」は雌雄が常に一体となって飛ぶ、中国の想像上の鳥のこと。「連理」は、根元は別々だが、幹や枝が一体化している樹木のこと。

用例
・比翼連理の心を大切に、末永く幸せになってください。
・法廷で争う二人にも、比翼連理の頃はあったろうに。

出典 白居易《はくきょい》「長恨歌《ちょうごんか》」

皮裏春秋《ひりしゅんじゅう》

類義語 皮裏陽秋《ひりのようしゅう》

意味 口には出さず、心の中で物事や他人の批判や評価を下すこと。「皮裏」は心を意味する。「春秋」は孔子《こうし》の著した歴史書「春秋」のことで、賞賛や批判を秘めた書として知られている。

用例
・彼の様子から皮裏春秋を察し、会議後に声をかけた。
・彼の普段の行いを見て、皆が皮裏春秋している。

出典 『晋書《しんじょ》』褚褒伝《ちょほうでん》

疲労困憊《ひろうこんぱい》

類義語 精疲力尽《せいひりきじん》 満身創痍《まんしんそうい》 満身傷痍《まんしんしょうい》

意味 ひどく疲れること。精根尽き果て、弱り切っている様子。「困憊」は「疲れて弱っている」という意味。

用例
・会議は深夜まで続き、ようやく方向性が見え始めた頃は、誰もが疲労困憊のようすだった。
・自分が企画立案した仕事をやり遂げた彼は、疲労困憊だが充実した表情を見せていた。

品行方正《ひんこうほうせい》

意味 道理から外れず、心や行いがきちんとして正しいこと。模範的で立派なこと。

用例 ・品行方正で周囲からの信頼も厚い彼が生徒会長に選ばれたのは当然のことだった。
・有能で品行方正な上司が酒の席で失態を演じたという話に、誰もが耳を疑った。

類義語 規行矩歩《きこうくほ》 聖人君子《せいじんくんし》 方正之士《ほうせいのし》

貧者（の）一灯《ひんじゃ（の）いっとう》

意味 真心が尊いこと。貧しい者からの善意の寄進は、たとえわずかでも尊いものであるということ。
＊「長者の万灯より貧者の一灯」の略。

用例 ・貧者一灯というように、額でなく寄付をする心が大切だ。
・村民たちからの貧者一灯のもてなしに、旅僧は涙した。

出典 『阿闍世王授決経《あじゃせおうじゅけつきょう》』

布衣之交《ふいのこう》

意味 身分や地位・貧富の違いに関係なく、親しく交際すること。「布衣」は庶民の衣という意味。
＊身分の低い者、貧しい者同士の交わりにも使われる。

用例 ・取引先の社長とは、趣味を通じた布衣之交を結ぶ仲だ。
・かつて布衣之交を結んだ彼を、重役として社に迎えた。

出典 司馬遷《しばせん》『史記《しき》』廉頗藺相如伝《れんぱりんしょうじょでん》

風光明媚《ふうこうめいび》

意味 自然の眺めがよく、景色が美しいこと。「風光」は眺め、「明媚」は山水（自然）が明るく美しいこと。

用例 ・都会の喧噪《けんそう》を離れ、風光明媚な地に宿を求め、身も心も休ませることにした。
・風光明媚な観光地に高層のホテルが建つ計画に、景観を損ねるという理由で観光協会が待ったをかけた。

風餐露宿《ふうさんろしゅく》

意味 風に吹かれながら食事をし、露に濡《ぬ》れながら野宿をすること。転じて、旅をする苦労や苦しみのこと。

用例 ・着の身着のままで飛び出した後、風餐露宿を続け、ようやく遠縁の親類の家までたどり着いた。
・風餐露宿の貧乏旅行ができるのも、学生のうちだけだ。

出典 陸游《りくゆう》「壮子吟《そうしぎん》」

風樹之嘆《ふうじゅのたん》

意味 親孝行をしたいときには、既に親は亡く、親孝行ができないという嘆き。「風樹」は風に吹かれる木。風がやまないと静止できない木から、思い通りにならないという意味。

用例 ・毎年父の命日になると、風樹之嘆の思いが頭を離れない。
・父への風樹之嘆から、老いた母のために家を新築した。

出典 韓嬰《かんえい》『韓詩外伝《かんしがいでん》』

類義語 風樹之悲《ふうじゅのかなしみ》 風樹之感《ふうじゅのかん》 風木之嘆《ふうぼくのたん》

ふうせいかくれい

風声鶴唳

類義語 影骸響震《えいがいきょうしん》 疑心暗鬼《ぎしんあんき》 草木皆兵《そうもくかいへい》

意味 ほんのちょっとした物音や気配にも驚いたり、びくびくしたりすること。敗軍の兵が風の音や鶴の鳴き声にも驚き恐れたことから。

用例 ・ここは治安も悪く、昼間に出歩くにも風声鶴唳の気分だ。
・息子は、夜中にトイレに行くにもまだ風声鶴唳の様子だ。

出典 『晋書《しんじょ》』謝玄伝《しゃげんでん》

ふうぜんのともしび

風前之灯

類義語 風前之塵《ふうぜんのちり》 絶体絶命《ぜったいぜつめい》 危機一髪《ききいっぱつ》 累卵之危《るいらんのき》

意味 危険や死がすぐ目の前に迫っている状態のこと。火が風に吹かれて今にも消えそうになっているようすから。

用例 ・待てども援軍は来ず、矢も尽き刀も折れ、自陣は負傷兵ばかり。もはや我が軍の命運も風前之灯であった。
・連綿と続く伝統工芸も、後継者不足で風前之灯だった。

出典 『往生講式《おうじょうこうしき》』

ふうりゅういんじ

風流韻事

類義語 花鳥風月《かちょうふうげつ》 嘯風弄月《しょうふうろうげつ》 風流閑事《ふうりゅうかんじ》 風流三昧《ふうりゅうざんまい》

意味 自然を愛し、詩歌を作るような高尚な遊び。またはその遊びにふけること。詩歌・書画・華道・茶道などをさす。
＊「韻事」とは「風流な遊び」のこと。

用例 ・いつかは後進の者たちに会社を譲り、俗世を忘れ風流韻事にふける日々を送りたいものだ。
・風流韻事の日々はやめて、仕事を再開することにした。

風林火山《ふうりんかざん》

意味 戦いにおける四つの心構え。転じて時と場合に応じ、適切な行動をとること。武田信玄《たけだしんげん》が旗印として用いた言葉。「疾《はや》きこと風の如《ごと》く、徐《しず》かなること林の如く、侵略すること火の如く、動かざること山の如し」と読む。

用例 ・風林火山のような柔軟で適切な判断こそ、経営に必要だ。

出典 孫武《そんぶ》『孫子《そんし》』軍争篇《ぐんそうへん》

不易流行《ふえきりゅうこう》

類義語 千古不易《せんこふえき》 万代不易《ばんだいふえき》

対義語 一時流行《いちじりゅうこう》

意味 いつまでも変化しない本質的なものを忘れない中にも、新しく変化し続けるものを取り入れていくこと。＊松尾芭蕉《まつおばしょう》の俳諧の理念の一つ。「不易」は「いつまでも変わらないもの」、「流行」は「時代によって変化するもの」のこと。

用例 ・私の書の先生は、漢籍以外にも、現代の言葉を題材に用いるなど、積極的に不易流行を実践している。

不可抗力《ふかこうりょく》

意味 人間の力ではどうすることもできない事象。また、普通の注意や予防ではどうすることもできないこと。

用例 ・今回の事故は不可抗力だったとはいえ、連絡が早ければ二次被害は十分に防ぐことができたはずだ。
・呼んでいない人が来て料理が足りなくなったのは、不可抗力であって君の責任ではないよ。

不可思議《ふかしぎ》

意味 常識では理解できないほど不思議なこと。怪しくて異様なこと。
＊「思議」は「思いはかる」という意味。

用例 ・一見不可思議に見えるこの事件も、とある証言をもとに調査を進めるとその全貌が明らかになった。
・深海には、まだ人類が解明できない不可思議なことが数多く存在する。

不朽不滅《ふきゅうふめつ》

類義語 永遠不滅《えいえんふめつ》 千古不磨《せんこふま》 万代不朽《ばんだいふきゅう》

意味 いつまでも滅びることのないもののこと。時代が変わっても後世まで長く残り続けるもののこと。

用例 ・各時代を代表する不朽不滅の名画が一堂に会した美術展が開催された。
・不朽不滅の名作といわれた小説を映画化するにあたり、気鋭の映画監督に白羽の矢が立った。

複雑怪奇《ふくざつかいき》

類義語 奇奇怪怪《ききかいかい》

対義語 簡単明瞭《かんたんめいりょう》 単純明快《たんじゅんめいかい》

意味 事情が込み入っており、理解に苦しむこと。
＊「怪奇」は怪しくて不思議なこと。

用例 ・検察は、被告に対し複雑怪奇な資金の流れを説明するよう要求した。
・親の世代から見れば、若者文化は複雑怪奇で理解に苦しむ。
・職場の複雑怪奇な人間関係に頭を悩ます。

複雑多岐《ふくざつたき》

類義語 複雑多様《ふくざつたよう》 盤根錯節《ばんこんさくせつ》

意味 事情が込み入って多方面にわたっていること。多くの問題を抱えていること。

用例 ・今回の事故の原因は複雑多岐であり、簡単に一部署だけに責任を負わすことはできない。
・犯人が直面した、人間関係に関する複雑多岐な問題が、後の犯行に大きな影響を与えたと判断できる。

不倶戴天《ふぐたいてん》

類義語 倶不戴天《ぐふたいてん》

対義語 意気投合《いきとうごう》 共存共栄《きょうそんきょうえい》 呉越同舟《ごえつどうしゅう》

意味 この世にともに生きていられないほど、恨みや憎しみが強いこと。またその間柄。
＊「倶《とも》には天を戴《いただ》かず」と読む。

用例 ・不倶戴天の敵を前に、平静を保つことは不可能だった。
・最後の席をめぐり、不倶戴天の二人が争うことになった。

出典 『礼記《らいき》』曲礼《きょくらい》

不言実行《ふげんじっこう》

類義語 訥言実行《とつげんじっこう》 訥言敏行《とつげんびんこう》

対義語 有言実行《ゆうげんじっこう》 有口無行《ゆうこうむこう》

意味 あれこれと理屈を言わず、黙ってやるべきことをやること。言葉より、行動で態度を示すこと。

用例 ・声を大にして主張しなくても、不言実行する背中を見て、部下は上司についてくるものだ。
・彼は寡黙で一見存在感がなさそうだが、実績は十分に挙げる不言実行タイプの人間だ。

富国強兵《ふこくきょうへい》

意味 国の経済力を高め、軍備を整備・強化し、諸外国に対抗すること。＊明治時代の国策の一つとして挙げられた。

用例 ・現代の国際社会において存在感を示すためには、富国強兵だけでなく、各国間との共存が不可欠である。
・国内の養蚕業は、富国強兵の礎となる産業だった。

出典 劉向《りゅうきょう》『戦国策《せんごくさく》』秦策《しんさく》

巫山雲雨《ふざん（の）うんう》

類義語 巫山之夢《ふざんのゆめ》 雲雨之夢《うんうのゆめ》 朝雲暮雨《ちょううんぼう》

意味 男女の仲が親密であること。男女間の情事。また、情が細やかであること。
＊「巫山」は中国にある山のこと。「雲雨巫山」ともいう。

用例 ・気づかなかったが、彼と彼女は巫山雲雨の間柄らしい。
・若い頃は、星の数ほど巫山雲雨の女性がいたものだ。

出典 李白《りはく》『清平調《せいへいちょう》』

不惜身命《ふしゃくしんみょう》

対義語 可惜身命《あたらしんみょう》

意味 自分の命を捧《ささ》げても惜しくはないこと。仏教の修行などで我が身すべてを捧げること。

用例 ・不惜身命の決意をもって会社再建に尽力する社長の気迫に押され、古参の役員たちも積極的に協力し始めた。
・家族のためなら不惜身命、どんなことでもできる。

出典 『法華経《ほけきょう》』譬喩品《ひゆほん》

夫唱婦随《ふしょうふずい》

類義語 陽唱陰和《ようしょういんわ》　琴瑟相和《きんしつそうわ》
対義語 牝鶏之晨《ひんけいのしん》

意味 夫の意見に妻が従うこと。夫婦仲がよいこと。

用例
・これからは夫唱婦随で、お互いを支え合いながら末永く幸せになってください。
・両親は若い頃は夫唱婦随のおしどり夫婦だったが、父が定年を迎えてからは、母の言葉に父が従うことが増えた。

出典 『関尹子《かんいんし》』三極《さんきょく》

不即不離《ふそくふり》

類義語 形影相同《けいえいそうどう》

意味 二つのものがつかず離れずのいい関係にあること。
＊「不即」は「同じものとするわけにはいかない」という意味、「不離」は異なるものとするわけにはいかないという意味。

用例
・普段から不即不離で、深い信頼で結ばれている間柄。
・不即不離でいた方が長続きする人間関係もある。

出典 『円覚経《えんがくきょう》』

物情騒然《ぶつじょうそうぜん》

類義語 物議騒然《ぶつぎそうぜん》　物論囂囂《ぶつろんごうごう》
対義語 天下太平《てんかたいへい》　平穏無事《へいおんぶじ》

意味 世間や人々が騒がしく、落ち着かないこと。物騒な世の中であること。
＊「物情」は世間のようす。

用例
・外国の要人が一堂に会するせいか、空港は数日前から物情騒然としていた。
・市街地で不発弾が発見され、その近隣は物情騒然とした。

不撓不屈《ふとうふくつ》

意味 どんな困難にあってもくじけずに立ち向かうこと。

＊「撓《たわ》まず屈せず」と読む。

用例
・今こそ不撓不屈の精神で全員一丸となり、この困難を乗り切らなければならない。
・精根尽き果てても不撓不屈で立ち上がる姿に感動した。

出典 『漢書《かんじょ》』叙伝《じょでん》

類義語 独立不撓《どくりつふとう》 百折不撓《ひゃくせつふとう》 七転八起《しちてんはっき》

不得要領《ふとくようりょう》

意味 肝心なところがわからないこと。曖昧でわけがわからないこと。「要領を得ず」と読む。

用例
・第一目撃者はまだ興奮していたせいで、何を聞いても不得要領な答えしか返ってこなかった。
・意見をまとめたつもりが不得要領で、かえって混乱した。

出典 『漢書』張騫伝《ちょうけんでん》

舞文曲筆《ぶぶんきょくひつ》

意味 言葉をもてあそび、事実とは反する文章を書くこと。

＊「曲筆」は「事実を曲げたり誇張したりすること」という意味。「曲筆舞文」ともいう。

用例
・部下の始末書を読んだが、舞文曲筆ばかりで自己弁護にまみれ、反省の色が全く見えなかった。
・同行者によると、彼の旅行記は舞文曲筆だらけらしい。

不偏不党

ふへんふとう

類義語 無偏無党《むへんむとう》 公平無私《こうへいむし》
中立公正《ちゅうりつこうせい》 無私無偏《むしむへん》

意味 特定の主義主張に偏らず、公平中立の立場をとること。
＊「偏せず党せず」と読む。

用例
・不偏不党の姿勢で真実を追い求めることがジャーナリズムだ。
・新社長の最初の仕事は、不偏不党であることを明言し、社内にはびこる派閥意識を一掃することだった。

出典 『墨子《ぼくし》』兼愛《けんあい》

不眠不休

ふみんふきゅう

類義語 昼夜兼行《ちゅうやけんこう》 不解衣帯《ふかいいたい》

意味 眠りも休みもせず、何かをやり続けること。またはそのように精一杯努力すること。

用例
・昨夜発覚したトラブルに、全社員不眠不休で対応した。
・納期に間に合わせるために不眠不休で働いた結果、納期には間に合ったが体調を崩してしまった。
・不眠不休の献身的な看護の甲斐《かい》あって、意識が回復した。

付和雷同

ふわらいどう

類義語 阿付迎合《あふげいごう》 唯唯諾諾《いいだくだく》
軽挙妄動《けいきょもうどう》 党同伐異《とうどうばつい》

対義語 旗幟鮮明《きしせんめい》 終始一貫《しゅうしいっかん》

意味 しっかりした自分の意見や主張を持たず、むやみに他者の意見に同調すること。＊「付和」は他人の意見に同調すること。「雷同」は、雷が鳴ると物が共鳴すること。

用例
・反対している人の大半は付和雷同しているだけで、突っ込んだ質問をすると皆口をつぐんだ。
・彼は付和雷同してばかりなので、一番に意見を求めた。

刎頸之交《ふんけいのまじわり》

類義語 管鮑之交《かんぽうのまじわり》 水魚之交《すいぎょのまじわり》 莫逆之友《ばくぎゃくのとも》 刎頸之友《ふんけいのとも》

意味 生死をともにするほど固い友情で結ばれた間柄のこと。
＊「刎頸」は「首をはねる」という意味。

用例 ・学生時代に好敵手として競い合った彼も、今では刎頸之交を結び合った生涯の親友だ。
・刎頸之交の仲である君の頼みであれば、喜んで聞くよ。

出典 司馬遷《しばせん》『史記《しき》』廉頗藺相如伝《れんぱりんしょうじょでん》

粉骨砕身《ふんこつさいしん》

類義語 粉身砕骨《ふんしんさいこつ》 彫心鏤骨《ちょうこんるこつ》

意味 我が身を惜しまず、力の限り努力すること。または力を尽くすこと。「骨を粉にし、身を砕く」と読む。

用例 ・粉骨砕身して働き、私たち兄弟を大学まで進学させてくれた両親には感謝の言葉もない。
・この計画の成功に向け、粉骨砕身、努力いたします。

出典 『霍小玉伝《かくしょうぎょくでん》』

焚書坑儒《ふんしょこうじゅ》

意味 学問や思想、言論を弾圧すること。＊秦《しん》の始皇帝《しこうてい》が政治批判をする儒学者たちの書いた書物を焼き（焚書）また儒学者たちを生き埋めにした（坑儒）ことに由来している。

用例 ・このような理不尽で強引な検閲は、現代の焚書坑儒だ。
・焚書坑儒の圧力にも屈せず、独裁政権打倒に尽力した。

出典 司馬遷『史記』秦始皇紀《しんしこうき》

文人墨客《ぶんじんぼっかく》

類義語 騒人墨客《そうじんぼっかく》

意味 文学者や芸術家など、風雅の道に携わる人のこと。
＊「墨客」は「ぼっきゃく」とも読み、墨を扱う書家や画家をさす。

用例
・芸術にも造詣が深い彼は、文人墨客を惜しみなく援助し芸術の発展に寄与した。
・このあたりは、文人墨客たちが居を構えたことで有名だ。
・私の祖父は、文人墨客との交流が多い人だった。

文武両道《ぶんぶりょうどう》

類義語 文武兼備《ぶんぶけんび》 文武二道《ぶんぶにどう》 文事武備《ぶんじぶび》 緯武経文《いぶけいぶん》

意味 学問と武道の両方のこと。また、その両方にすぐれていること。現代では主に勉強とスポーツの両立をさす。

用例
・文武両道に秀でていた先輩は、スポーツ推薦で進学したにも関わらず、首席で卒業したらしい。
・かつて、医師の資格を持ちながら、国のオリンピック代表にも選ばれる文武両道の選手がいた。

文明開化《ぶんめいかいか》

意味 進んだ文化が流入し、世の中が進歩して豊かになること。
＊日本では、明治初年に西洋文化を取り入れ近代化したことをさす。

用例
・ＩＴ技術の発展による社会の情報化は、明治時代における文明開化ほどの変化であるといっても過言ではない。
・この新技術は、業界に文明開化をもたらすに違いない。

奮励努力《ふんれいどりょく》

意味 目標に向かって気力を奮い立たせ、がんばること。

用例
・あの強豪校に勝利したのは偶然ではなく、選手全員の奮励努力が結果に結びついたからだ。
・本人の奮励努力がなければ、周囲がいくら協力したところでよい成果は得られない。
・彼の奮励努力を見て、自分もがんばろうと思った。

類義語 精励恪勤《せいれいかっきん》

弊衣破帽《へいいはぼう》

意味 ぼろぼろの衣服に破れた帽子のこと。転じて、そのような粗野でむさ苦しいさまを表す。

用例
・チアガールの華やかな声援とは対照的に、男子応援団は伝統の弊衣破帽で、腹に響く声で応援を始めた。
・都会的で洗練されたイメージのある大学だったが、男子寮は弊衣破帽の学生たちの集まりだった。

類義語 田夫野人《でんぷやじん》 弊衣破袴《へいいはこ》 弊衣蓬髪《へいいほうはつ》 蓬頭乱髪《ほうとうらんぱつ》

平穏無事《へいおんぶじ》

意味 何事もなく、穏やかなこと。
＊「平穏」は「穏やか」「安らか」の意味。

用例
・仕事でも家庭でも問題が山積みだったあの頃が嘘《うそ》のように、今は平穏無事な日々が続いている。
・年度末の会議は例年紛糾するのが常だが、今年は珍しく平穏無事に終わった。

類義語 安穏無事《あんのんぶじ》 天下太平《てんかたいへい》

対義語 狂瀾怒濤《きょうらんどとう》 疾風怒濤《しっぷうどとう》 多事多難《たじたなん》 物情騒然《ぶつじょうそうぜん》

閉戸先生《へいこせんせい》

意味 一歩も外に出ず、家に閉じこもり読書ばかりしている人。
＊楚《そ》の孫敬《そんけい》が、来客を避けるため、家の門や戸を閉めきって読書や学問に没頭していたことに由来する。

用例 ・彼は研究に没頭すると、閉戸先生さながら部屋から出ない。
・休日は閉戸先生の父の書斎は、四面に本棚が並んでいる。

出典 『楚国先賢伝《そこくせんけんでん》』

平身低頭《へいしんていとう》

類義語 三拝九拝《さんぱいきゅうはい》 奴顔婢膝《どがんひしつ》

対義語 傲岸不遜《ごうがんふそん》 傲慢不遜《ごうまんふそん》

意味 ひれ伏して頭を下げ、ただひたすら相手にわびること。または恐れ入ること。「低頭平身」ともいう。
＊「平身」は体を前にかがめて倒すこと。「低頭」は頭を低く垂れ、額を地につけること。

用例 ・納期に間に合わなかったことを、平身低頭お詫びした。
・丁重すぎるもてなしに、ただ平身低頭するばかりだった。

平談俗語《へいだんぞくご》

類義語 俗談平話《ぞくだんへいわ》 平談俗話《へいだんぞくわ》

対義語 佶屈聱牙《きっくつごうが》

意味 日常会話で使われるような、ごく普通の言葉。「平談」は普通の言葉。「俗語」は日常使われるようなくだけた言葉。

用例 ・頭のいい人は、難しくなるような内容でも、平談俗語を交えて誰にでもわかるように話す。
・彼が二十歳のときに書いた、平談俗語を駆使した文学の出現が、文学界に新風を巻き起こした。

平平凡凡《へいへいぼんぼん》

類義語 無声無臭《むせいむしゅう》

対義語 奇想天外《きそうてんがい》

意味 ごくありきたりで、特にすぐれたところや変わったことがないこと。「平凡」という同じ言葉を繰り返して意味を強調している。

用例
・子供の頃から平平凡凡とした生活を送っていたが、大学時代に出会った一冊の本で人生が一変した。
・平平凡凡とした生活から抜け出すため、留学を決意した。
・人は平平凡凡と馬鹿にするかもしれないが、楽しい暮らしだ。

変幻自在《へんげんじざい》

類義語 千変万化《せんぺんばんか》 臨機応変《りんきおうへん》

対義語 千篇一律《せんぺんいちりつ》 千篇一体《せんぺんいったい》

意味 思いのままに変化したり、現れたり消えたりすること。「変幻」は幻のように現れたり消えたりすること。

用例
・その投手は、持ち味である変幻自在の変化球で、おもしろいほどに打者を手玉にとっていた。
・どんな役どころも変幻自在に演じきる彼女には、時代を代表する名女優の風格が出ていた。

片言隻語《へんげんせきご》

類義語 片言隻句《へんげんせきく》 一言半句《いちごんはんく》

対義語 千言万語《せんげんばんご》 千言万句《せんげんばんく》

意味 ほんのわずかな短い言葉。ほんの一言。「片言」も「隻語」もともに「わずかな言葉」の意味。

用例
・その取材記者からは、片言隻語も聞き漏らすまいという気合いが感じられた。
・会議では、片言隻語にこだわるあまり、本題そのものが見失われつつあった。

辺幅修飾《へんぷくしゅうしょく》

意味 うわべを飾り、よく見せようとすること。体裁を繕うこと。

＊「辺幅」は布地のへり。転じて外見を意味する。

用例
・いくら辺幅修飾したところで、実力が伴っていなければ意味がない。
・上司は、彼の経歴が辺幅修飾であることを見抜いた。

出典 『後漢書《ごかんじょ》』馬援伝《ばえんでん》

類義語 美辞麗句《びじれいく》

偏旁冠脚《へんぼうかんきゃく》

意味 漢字を構成する要素で、それぞれ左・右・上・下に位置する「偏」「旁《つくり》」「冠」「脚」のこと。

用例
・今回の試験では読み書きに加え、漢字の偏旁冠脚についても出題されるようだ。
・漢和辞典では、読みがわからなくても偏旁冠脚から文字を引くことができる。

暴飲暴食《ぼういんぼうしょく》

意味 度を超して大量に飲んだり食べたりすること。「暴」は「度を超して……する」という意味。

用例
・日頃の暴飲暴食がたたり、健康診断で医師から要注意の指摘を受けた。
・辛《つら》い減量生活の反動で暴飲暴食が続き、あっという間に体重が元通りになってしまった。

類義語 牛飲馬食《ぎゅういんばしょく》 鯨飲馬食《げいいんばしょく》

法界悋気《ほうかいりんき》

意味
自分とは関係のないことに嫉妬したり、うらやんだりすること。「法界」は「ほっかい」とも読み、宇宙万物のこと。「悋気」は「嫉妬」の意味。

用例
・法界悋気な性格の同僚につきあっていると、こちらがストレスで体調を崩してしまいそうだ。
・法界悋気な性格のせいで、友達と呼べる人間が少ない。

放歌高吟《ほうかこうぎん》

類義語 高歌放吟《こうかほうぎん》 放歌高唱《ほうかこうしょう》
対義語 浅酌低唱《せんしゃくていしょう》

意味
周囲を気にせず大声をあげたり、大きな声で歌ったりすること。「放歌」「高吟」どちらも「大きな声で歌う」という意味で、同じ意味を重ねることで意味を強調させている。

用例
・隣席の酔客の放歌高吟のせいで、私たちは会話すらままならなかった。
・連休前、繁華街の放歌高吟は深夜にまで及んだ。

判官贔屓《ほうがんびいき》

類義語 曽我贔屓《そがびいき》

意味
第三者の立場から、弱い方や不遇な方の味方をすること。
＊「判官」は平安時代の官職名で「はんがん」とも読む。判官の職にあった源義経《みなもとのよしつね》が、その栄達をうらやんだ兄頼朝《よりとも》に追討され、世間から同情を集めたことに由来する。

用例
・判官贔屓の母は、劣勢のチームや選手ばかり応援する。
・試合は王者が圧勝し、判官贔屓の声援を沈黙させた。

暴虎馮河《ぼうこひょうが》

類義語 血気之勇《けっきのゆう》 猪突猛進《ちょとつもうしん》 匹夫之勇《ひっぷのゆう》

対義語 僅小慎微《きんしょうしんび》 堅実細心《けんじつさいしん》

意味 後先のことを考えず、向こう見ず（無謀）な行動をとること。＊「暴」は「（素手で）殴る・打つ」、「馮」は「大河を徒歩で渡る」という意味。「河」はここでは黄河《こうが》をさす。

用例
・こんな波の高い日に海に出るなんて、まさに暴虎馮河だ。
・弟の暴虎馮河ぶりも、結婚を機になりをひそめたようだ。

出典 『論語《ろんご》』述而《じゅつじ》

傍若無人《ぼうじゃくぶじん》

類義語 得手勝手《えてかって》 傲岸不遜《ごうがんふそん》

対義語 遠慮会釈《えんりょえしゃく》

意味 人の目を気にせず、礼儀を無視して思うままに振る舞うこと。「傍らに人の無きが若《ごと》き」と読む。「傍」は「旁」とも書く。

用例
・傍若無人な態度に、いくら先輩といえども腹が立った。
・知人の家でも傍若無人に振る舞う弟をきつく叱った。
・彼は傍若無人に見えるが、実は優しくて面倒見のよい男だ。

出典 司馬遷《しばせん》『史記《しき》』刺客伝《しかくでん》（荊軻《けいか》）

茫然自失《ぼうぜんじしつ》

類義語 瞠目結舌《どうもくけつぜつ》

意味 驚いたり気が抜けたりして、我を忘れてどうしてよいかわからなくなってしまうこと。＊「茫然」は「呆然」とも書き、「ぼんやりとする」という意味。

用例
・逆転負けを喫し、茫然自失している仲間に声をかけた。
・鞄《かばん》にパスポートがないことに気づき、茫然自失とした。

出典 『列子《れっし》』仲尼《ちゅうじ》

放蕩無頼《ほうとうぶらい》

類義語 放蕩不羈《ほうとうふき》 流連荒亡《りゅうれんこうぼう》

意味 酒や女におぼれ、身を持ち崩すこと。
＊「放蕩」は酒や女におぼれること。「無頼」は無法なことをすること。

用例 ・叔父は放蕩無頼な生活を続けた結果、孤独な晩年を送ったという。
・若い頃の父は放蕩無頼で、母はかなり苦労したらしい。

捧腹絶倒《ほうふくぜっとう》

類義語 呵呵大笑《かかたいしょう》 破顔大笑《はがんたいしょう》 抱腹大笑《ほうふくたいしょう》

意味 腹を抱えて笑い転げること。またはそのようす。
＊「捧腹」は「抱腹」とも書き、「腹を捧《かか》える」という意味。「絶倒」は「転げ回るほど笑う」という意味。

用例 ・捧腹絶倒のコメディー映画が公開された。
・兄が旅行で体験した話に、誰もが捧腹絶倒した。

出典 司馬遷《しばせん》『史記《しき》』日者伝《にっしゃでん》

報本反始《ほうほんはんし》

意味 自然や祖先の恩恵や功績に感謝し、その恩に報いること。また、物事の根本に立ち返り、その恩を改めて肝に銘ずること。
＊「本に報い、始めに反《かえ》る」と読む。

用例 ・毎年お盆には、報本反始の気持ちを持って墓参りをする。
・報本反始を教育の理念に掲げる。

出典 『礼記《らいき》』郊特牲《こうとくせい》

墨守成規《ぼくしゅせいき》

類義語 頑迷固陋《がんめいころう》 旧套墨守《きゅうとうぼくしゅ》 旧慣墨守《きゅうかんぼくしゅ》

意味 古くからあるしきたりや、自分の考えを変えないこと。

＊「墨」は中国戦国時代の思想家「墨子《ぼくし》」のこと。墨子が攻め手から城を守ることに長《た》けていたことから、「墨守」は「固く守る」という意味を持つ。

用例 ・墨守成規の考えを改め、新しい意見にも耳を貸すべきだ。

・過剰な墨守成規の姿勢は、物事を衰退させるだけだ。

本家本元《ほんけほんもと》

意味 元祖や正統である流派や家、人のこと。転じて、すべての物事の中心、おおもとという意味も持つ。

用例 ・多くの土産物屋が軒を並べている中、本家本元をうたう店には長蛇の列ができていた。

・彼の発案を参考に、多くの企画案が出されたが、採用されたのは、やはり本家本元である彼の案だった。

本末転倒《ほんまつてんとう》

類義語 主客転倒《しゅかくてんとう》 冠履倒易《かんりとうえき》

対義語 本末相順《ほんまつそうじゅん》

意味 物事の大事なこととそうでないこととを取り違えること。

＊「本末」は樹木の根元と末端のことを意味している。

用例 ・練習のしすぎで、大事な試合当日に体を壊すなんて、まさに本末転倒だ。

・電車の出発時刻を調べていたせいで遅刻してしまうなんて、本末転倒もいいところだ。

【ま行】

満場一致《まんじょういっち》

類義語 衆議一決《しゅうぎいっけつ》 全会一致《ぜんかいいっち》
対義語 議論百出《ぎろんひゃくしゅつ》 甲論乙駁《こうろんおつばく》

意味 その場にいる人全員の意見が一つにそろうこと。会議の採決などで使うことが多い。＊「満場」は場内いっぱいのこと。転じて、その場にいる人すべての意。

用例
・公園の早期整備については満場一致の賛成を得た。
・大型商業施設には反対というのが満場一致の意見だ。

満身創痍《まんしんそうい》

類義語 満身傷痍《まんしんしょうい》 疲労困憊《ひろうこんぱい》 百孔千瘡《ひゃっこうせんそう》

意味 体中が傷だらけであること。精神的にひどく傷つき痛めつけられている状態にもいう。＊「満身」は体中、全身。「創」も「痍」もともに傷の意。

用例
・満身創痍でありながらも、横綱は見事優勝を果たした。
・婚約者とも別れ身内も亡くした彼女は満身創痍だった。

満目蕭条《まんもくしょうじょう》

類義語 満目荒涼《まんもくこうりょう》 満目蕭然《まんもくしょうぜん》

意味 辺り一面が、見渡す限りわびしくもの寂しいさま。＊「満目」は辺り一面。「蕭」は蓬《よもぎ》などの雑草。「蕭条」はひっそりともの寂しいさま。

用例
・祖父は、満目蕭条たるこの原野をとても愛していました。

出典 李白《りはく》「秋浦歌《しゅうほのうた》」

三日天下

みっかてんか

類義語 三日大名《みっかだいみょう》

意味 権力を握っている期間が非常に短いこと。＊明智光秀《あけちみつひで》が織田信長《おだのぶなが》を討って天下をとったが、十数日で羽柴秀吉《はしばひでよし》に討たれたことから。「三日」はごく短い期間のたとえ。

用例
・首位の座が三日天下に終わった彼を皆で励ました。
・期待された新政権も結局は三日天下でしかなかった。
・新署長が不祥事で解任とは、三日天下もいいところだ。

三日坊主

みっかぼうず

類義語 意志薄弱《いしはくじゃく》 隠公左伝《いんこうさでん》 三月庭訓《みつきていきん》 雍也論語《ようやろんご》

意味 非常に飽きっぽく、何をやっても長続きしないこと。また、そのような人。＊出家しても、中途半端な気持ちでは修行に耐えられず、三日で俗人に戻る人がいたことから。

用例
・三日坊主の息子だが、書道だけはずっと続けている。
・君の三日坊主にはみんなあきれているよ。
・禁煙もジョギングも日記も、どれも三日坊主だった。

未来永劫

みらいえいごう

類義語 未来永永《みらいえいえい》 未来永久《みらいえいきゅう》 万劫末代《まんごうまつだい》 来来世世《らいらいせせ》

対義語 造次顛沛《ぞうじてんぱい》 電光石火《でんこうせっか》

意味 これから先ずっと。永遠に。果てしなく続く永い年月。＊仏教語。「永劫」は極めて永い時間。永遠。「ようごう」とも読む。

用例
・あなたの偉業は未来永劫語り継がれることでしょう。
・二人は未来永劫に変わらぬ愛を誓い合った。
・壊滅した惑星を脱出して宇宙空間を未来永劫さまよい続ける、というSF映画。

無為徒食《むいとしょく》

類義語 酔生夢死《すいせいむし》 靡衣婾食《びいとうしょく》 飽食終日《ほうしょくしゅうじつ》

意味 働きもせずに、ただぶらぶらと毎日を過ごすこと。＊「無為」は何もしないこと。「徒食」はいたずらに食べてばかりいること。むだ飯食い。

用例 ・実家での無為徒食の生活に終止符を打つ。
・定年を迎えたが、無為徒食の日々を送るつもりはない。
・たとえ資産家でも、無為徒食の人では魅力がない。

無位無冠《むいむかん》

意味 位も持たず、官職にも就いていないこと。主要な役職にも就いておらず、地位や名誉もないことのたとえ。＊「位」は位階制度に基づく階級。「冠」はその位に相応の冠。

用例 ・叔父は出世欲のない人で、会社でも無位無冠だった。
・役目を終え、無位無冠でのんびり日々を過ごしたい。
・前評判に反し、あの選手は無位無冠に終わった。

無為無策《むいむさく》

類義語 無為無能《むいむのう》 拱手傍観《きょうしゅぼうかん》

意味 何の対策も立てられず、ただ手をこまねいて見ていること。＊「無為」は何もしないこと。「無策」は効果的な方法や対策がないこと。

用例 ・現在のこの惨状は、今までの無為無策の結果だ。
・子どもたちの心の問題に関して、無為無策ではいけない。
・悪法を制定するくらいなら、無為無策の方がましだ。

無我夢中《むがむちゅう》

類義語　一心不乱《いっしんふらん》　一意専心《いちいせんしん》　無我無心《むがむしん》

意味　一つのことに熱中して我を忘れること。あることに心を奪われて、ほかのことを一切気にかけないこと。＊「無我」は仏教語で、自分への執着を断ち切った心境。「夢中」を「霧中」「無中」と書かないように注意すること。

用例
・あの頃は事業を軌道に乗せることで無我夢中だった。
・津波警報が発令された後はもう、無我夢中で逃げた。

無芸大食《むげいたいしょく》

類義語　酒嚢飯袋《しゅのうはんたい》　冢中枯骨《ちょうちゅうここつ》

意味　特技や才能もないのに、食べることだけは人並み以上であること。また、そのような人を軽んじていう語。
＊自分のことを謙遜して使うこともある。

用例
・うちの次男は手に職もなく、無芸大食で心配の種だ。
・本人は、自分のことを無芸大食と謙遜するが、彼の博識ぶりには舌を巻いたよ。

無私無偏《むしむへん》

類義語　公平無私《こうへいむし》　不偏不党《ふへんふとう》　無偏無党《むへんむとう》

意味　自分の名誉や利益を求めず、公平であること。
＊「無私」は私心から離れること。「無偏」は判断や行動に偏りがないこと。

用例
・公務員である以上、無私無偏で業務を遂行しなさい。
・社員の評価は、無私無偏の立場からなされるべきだ。
・裁判官として無私無偏の裁決を下さなければならない。

矛盾撞着《むじゅんどうちゃく》

類義語　自家撞着《じかどうちゃく》　自己撞着《じこどうちゃく》
自己矛盾《じこむじゅん》

意味　物事のつじつまが合わないこと。論理がかみ合わず、内容が食い違うこと。＊「矛盾」も「撞着」も前後のつじつまが合わないこと。「撞着」は「撞著」とも書く。

用例　・容疑者の矛盾撞着した供述から、犯行が明るみに出た。
・彼女の言い訳は矛盾撞着に陥り、収拾がつかなくなった。

出典　『韓非子《かんぴし》』難《なん》

無知蒙昧《むちもうまい》

類義語　無知無能《むちむのう》　愚昧無知《ぐまいむち》

対義語　全知全能《ぜんちぜんのう》

意味　知恵や知識がなく、物事の道理を知らず愚かなこと。＊「無知」は「無智」とも書く。「無恥」と書かないように注意すること。「蒙昧」は道理に暗いこと。「曚昧」とも書く。

用例　・政治と経済にいいように操られないためにも、民衆は無知蒙昧でいてはならない。
・皆が皆、無知蒙昧だと決めつけないでもらいたい。

無二無三《むにむさん》

類義語　一心不乱《いっしんふらん》　遮二無二《しゃにむに》
唯一無二《ゆいいつむに》

意味　わき目もふらず、物事に一途《いちず》に打ち込むさま。＊仏教語。仏となる道は一つだけで、第二第三の道はないということから。「無三」は「むざん」とも読む。

用例　・苦しい生活から抜け出すため、無二無三に働いた。
・無二無三の努力にも関わらず、結果は振るわない。

出典　『法華経《ほけきょう》』方便品《ほうべんぼん》

無念無想《むねんむそう》

類義語 心頭滅却《しんとうめっきゃく》 虚気平心《きょきへいしん》

意味 すべての雑念から離れて、心に何も考えず無我の境地に達すること。＊仏教語。「無想無念」ともいう。「無想」を「夢想」と書かないように注意すること。

用例
・無念無想の境地で硯《すずり》に向かい、墨をする。
・心を静めて穏やかにしていると、無念無想の瞬間が訪れる。
・日々、厳しい修行を続けているが、無念無想にはほど遠い。

無病息災《むびょうそくさい》

類義語 一病息災《いちびょうそくさい》 延命息災《えんめいそくさい》 無事息災《ぶじそくさい》

意味 病気にかからず健康で過ごすこと。元気でいること。＊「息災」は、もとは仏の力で災いを除くの意。転じて、元気で健康なさまをいう。

用例
・初詣で、家内安全と無病息災を祈願した。
・娘が留学先から無病息災を知らせる手紙をよこした。
・郊外に越してから、家族全員無病息災で過ごしている。

無味乾燥《むみかんそう》

対義語 興味津津《きょうみしんしん》

意味 内容におもしろみがなく、単調でつまらないこと。なんの味わいもないこと。＊「味」は物事のおもしろみや持ち味などのことをいう。「乾燥」はうるおいがなく趣もないこと。

用例
・無味乾燥な毎日を変えるような趣味を持ちたい。
・異動先の業務は無味乾燥で意欲がわかない。
・部長の無味乾燥な話を延々と聞かされて参ったよ。

無用之用《むようのよう》

類義語 不用之用《ふようのよう》 無駄方便《むだほうべん》

意味 役に立たないと思われているものが、かえって役に立つこと。＊この世に無駄なものはないという教え。「無用之要」と書かないように注意すること。

用例 ・無用之用ということもある、簡単に物を捨てないように。
・間伐材を利用する薪ストーブは、実に無用之用だよ。

出典 荘周《そうしゅう》『荘子《そうじ》』外物篇《がいぶつへん》

無欲恬淡《むよくてんたん》

類義語 雲煙過眼《うんえんかがん》 雲心月性《うんしんげっせい》 虚無恬淡《きょむてんたん》

対義語 東食西宿《とうしょくせいしゅく》

意味 物に執着がなく、無欲なさま。あっさりして名誉や利益にこだわらないこと。＊「恬淡」は欲がなく、さっぱりしていてこだわらないこと。「恬澹」「恬憺」とも書く。

用例 ・部屋の様子から、彼女の無欲恬淡な人柄がうかがえる。
・彼は無欲恬淡としていて、大きな会社の社長だというのが信じられないくらいだ。

無理圧状《むりおうじょう》

類義語 無理難題《むりなんだい》 無理無体《むりむたい》 無理無法《むりむほう》

意味 強引に押しつけて承知させること。＊「圧状」は、人を脅迫して無理やり書かせた文書のこと。一般的に使われる「往生」は当て字。

用例 ・駅前開発で土地が買われ、無理圧状に立ちのきを迫られた住民が大勢いる。
・彼女は下戸だから、無理圧状に酒を勧めないように。

無理算段《むりさんだん》

意味 どうにかやりくりして物やお金の融通を図ること。何とかして望ましい結果を得ようとすること。
＊「算段」は手を尽くして都合をつけること。特に金銭を工面するときにいう。

用例
・無理算段して資金を集め、事業を始めることができた。
・追加注文の分を、無理算段の末どうにか確保した。

無理難題《むりなんだい》

類義語 無理圧状《むりおうじょう》 無理無体《むりむたい》 無理無法《むりむほう》

意味 道理に外れた、とうてい実現不可能な要求。理屈に合わない言いがかり。＊「無理」は道理に反すること。「難題」は言いがかりや解決が難しい問題。

用例
・社長から無理難題を頼まれ、部長は頭を抱えていた。
・そのような無理難題は会社側の嫌がらせとみなします。
・今になって変更しろなんて、無理難題というものだ。

無理無体《むりむたい》

類義語 無理圧状《むりおうじょう》 無理難題《むりなんだい》 無理無法《むりむほう》

意味 道理にかなわないことを強引に進めること。相手のことなどかまわず、自分の都合を押し通すこと。＊「無理」は道理が通らないこと。「無体」は物事を強引に行うこと。

用例
・課長の決めた工程は、あまりに無理無体なものだ。
・長男だからといって、無理無体に親の跡を継がせることはできない。

明鏡止水《めいきょうしすい》

類義語 虚心坦懐《きょしんたんかい》 風光霽月《ふうこうせいげつ》
対義語 意馬心猿《いばしんえん》 疑心暗鬼《ぎしんあんき》

意味 心に邪念がなく、清らかに澄みきって落ち着いた心境。
＊「明鏡」は澄んでいて曇りのない鏡。「めいけい」とも読む。「止水」は流れが止まって静かに澄んでいる水。

用例
・気がかりなことがあって、明鏡止水の心境にはほど遠い。
・世捨て人のように、穏やかに明鏡止水で過ごしたい。

出典 荘周《そうしゅう》『荘子《そうじ》』徳充符《とくじゅうふ》

名所古刹《めいしょこさつ》

意味 有名な旧跡や由緒ある古い寺のこと。
＊「刹」は仏教徒が寄進する旗柱。転じて、寺の意。

用例
・夫婦二人で京都の名所古刹を巡る旅をする。
・名所古刹はパワースポットとして注目を集めており、若者も多く訪れるようになった。
・帰省の折に、名所古刹にちなんだお土産を買っていく。

明窓浄机《めいそうじょうき》

類義語 明窓几潔《めいそうきけつ》

意味 きちんと整頓され、明るく清潔な書斎。
＊明るい窓と清潔な机の意から、勉強や読書などに適した場所のこと。「浄机」は「浄几」とも書く。

用例
・父は家を新築して、念願の明窓浄机を手に入れた。
・子どもの部屋は、常に明窓浄机を心がけましょう。

出典 欧陽脩《おうようしゅう》「試筆《しひつ》」

明哲保身《めいてつほしん》

類義語 明哲防身《めいてつぼうしん》

意味 聡明で物事の道理に明るい人は、賢く道を選んで身を保つことができるということ。＊自分の保身のみを考える処世術の意にも使われる。「明哲身を保つ」と訓読する。

用例
・あの明哲保身の人が不正をはたらくなんて信じられない。
・時には明哲保身に徹し、知らん顔をしていた方がいい。

出典 『詩経《しきょう》』大雅《たいが》・烝民《じょうみん》

明眸皓歯《めいぼうこうし》

類義語 朱唇皓歯《しゅしんこうし》 雲鬢花顔《うんびんかがん》 紅口白牙《こうこうはくが》 仙姿玉質《せんしぎょくしつ》

意味 澄んだ瞳と白く輝く美しい歯。美人の形容。＊唐《とう》の詩人杜甫《とほ》が詩中で楊貴妃《ようきひ》の美貌を形容した語。「皓歯明眸」ともいう。

用例
・相席になった明眸皓歯の女性に一目惚《ぼ》れしてしまった。
・彼女は明眸皓歯であるだけでなく心根も美しい女性だ。

出典 曹植《そうしょく》「洛神賦《らくしんふ》」

明明白白《めいめいはくはく》

類義語 一目瞭然《いちもくりょうぜん》

対義語 曖昧模糊《あいまいもこ》 五里霧中《ごりむちゅう》

意味 非常にはっきりしていて、疑いの余地が全くないこと。
＊「明白」を重ねて意味を強調した語。

用例
・財源確保の見えない政策では、いずれそのうち破綻するのは明明白白だ。
・君がここで彼と会っていたのは明明白白の事実だ。
・噂《うわさ》の出所が彼女だということは明明白白としている。

明朗闊達《めいろうかったつ》

類義語 明朗快活《めいろうかいかつ》　英明闊達《えいめいかったつ》

意味 明るく朗らかで、小さなことにこだわらないさま。＊「明朗」を「明郎」と書かないように注意する。「闊達」は心が大きく、些細《ささい》なことにこだわらないさま。「豁達」とも書く。

用例 ・彼女はその明朗闊達な人柄で、いつも職場の雰囲気を明るくしてくれている。
・兄は幼い頃から明朗闊達で、誰からも好かれていた。

名論卓説《めいろんたくせつ》

類義語 高論卓説《こうろんたくせつ》　高論名説《こうろんめいせつ》

意味 立派で優れた意見や論説のこと。＊「名論」は立派な議論や理論。「卓説」はほかよりも抜きん出てすぐれた意見や論説。

用例 ・講師の名論卓説に、参加者は皆、強く心を打たれているようすだった。
・彼の名論卓説を世間の人にも広く理解してもらいたい。

滅私奉公《めっしほうこう》

類義語 奉公守法《ほうこうしゅほう》

意味 私利私欲を捨てて、国家や主人のために身を捧《ささ》げて尽くすこと。＊「滅私」は私心を捨てること。「奉公」は公に仕えること。「めっしぼうこう」とも読む。

用例 ・公務員じゃあるまいし、滅私奉公なんてする気はない。
・今の政治家に滅私奉公の精神など微塵《みじん》も感じられない。

出典 劉向《りゅうきょう》『戦国策《せんごくさく》』秦策《しんさく》

免許皆伝《めんきょかいでん》

意味 武術や技芸の奥義を師匠から弟子にすべて伝えること。＊「免許」は師匠が弟子に授ける許し。「皆伝」は残らず伝えること。

用例 ・彼女の茶道のお点前《てまえ》は免許皆伝だそうだ。
・宮大工の棟梁《とうりょう》に弟子入りしてから、免許皆伝までの道は長くて険しいものだった。

面従腹背《めんじゅうふくはい》

類義語 面従後言《めんじゅうこうげん》 面従背毀《めんじゅうはいき》 面従腹誹《めんじゅうふくひ》

意味 表向きは素直に従っているように見せて、内心では反抗していること。＊「面従」は人の面前でへつらい従うこと。「腹背」は心の中で背くこと。

用例 ・彼は誰に対しても面従腹背で、彼自身の信用がなくなってしまっている。
・面従腹背の徒が多い職場など、環境がいいとはいえない。

面壁九年《めんぺきくねん》

意味 長い間一つのことに専念して、忍耐強く努力すること。＊達磨《だるま》大師《たいし》が九年間も壁に向かって座禅を続け、ついに悟りを開いたという故事から。「九年面壁」ともいう。

用例 ・助手から始めて面壁九年、今は授業を持つまでになった。
・面壁九年の努力が実り、個展が開けるまでになった。

出典 道原《どうげん》『景徳伝灯録《けいとくでんとうろく》』

面目一新《めんもくいっしん》

類義語 名誉挽回《めいよばんかい》 面目躍如《めんもくやくじょ》

意味 世間の評判が一変して、以前よりよい評価を得ること。また、外見や内容をすっかり新しく変えること。＊「面目」は世間に対する体面や顔形。「めんぼく」とも読む。

用例
・市民病院は建物も院長も新しくなって面目一新、働きやすくなったと看護師たちの間でも評判だ。
・店の活気を取り戻すため、面目一新して再出発しよう。

面目躍如《めんもくやくじょ》

類義語 名誉挽回《めいよばんかい》 面目一新《めんもくいっしん》

意味 世間の評判にふさわしい活躍をして、ますます名誉や体面がよくなること。＊「面目」は世間に対する体面。「めんぼく」とも読む。「躍如」は生き生きとして勢いがあるさま。

用例
・この映画は、迫真の演技を見せた主演女優の面目躍如となった作品だ。
・本の出版が決まるとは、料理研究家として面目躍如だね。

孟母三遷《もうぼさんせん》

類義語 孟母三居《もうぼさんきょ》 慈母三遷《じぼさんせん》

対義語 慈母敗子《じぼはいし》

意味 子どもの教育には環境を選ぶことが大切だということ。＊孟子《もうし》の母が、わが子の教育環境のために三度住居を移して最善の場所を選んだ故事から。

用例
・孟母三遷ということで、治安の悪い町から転居した。
・いくら孟母三遷でも、三カ月でまた引っ越すのはよそう。

出典 劉向《りゅうきょう》『列女伝《れつじょでん》』鄒孟軻母《すうもうかぼ》

孟母断機《もうぼだんき》

意味 本当にやるべき物事を途中でやめる愚かさを戒めるたとえ。＊孟子が学業の途中で故郷に帰ると、母は織りかけの布を断って途中放棄の愚を戒めた故事から。

用例 ・進学で家を出る息子に、孟母断機の教えを懇々と諭した。
・君が陶芸の道を投げ出すなんて、まさに孟母断機だよ。

類義語 断機《だんき》之《の》戒《いましめ》

出典 劉向『列女伝』鄒孟軻母

門外不出《もんがいふしゅつ》

意味 貴重な物や優れた技術を秘蔵して、外に持ち出さないこと。絶対に他人に見せたり貸し出したりしないこと。

用例 ・この蔵の日本酒は、門外不出の技術と伝統で造られる名酒であり、全国で人気を博している。
・旧貴族が所有していた門外不出の秘宝が公開される。
・門外不出とされていた企業秘密が流出したらしい。

門戸開放《もんこかいほう》

意味 制限をなくし、出入りを自由にすること。特に、外国に対して市場における制限を撤廃し、経済活動を自由化すること。＊「開放」を「解放」と書かないように注意すること。

用例 ・制裁や圧力をかけて門戸開放を強く要求するのは、あの国のお家芸だ。
・この施設は、誰でも利用できるように門戸開放します。

悶絶躄地《もんぜつびゃくじ》

意味 苦痛にもだえて転げ回ること。＊「悶絶」はあまりの苦しさに気絶すること。「躄地」は地を這《は》い回ること。

用例
・いわれのない疑いをかけられ、しばらくは悶絶躄地の苦しみを味わった。
・借金をかかえて倒産とは、悶絶躄地の状態だね。
・ぎっくり腰のあまりの痛さに悶絶躄地した。

門前雀羅《もんぜんじゃくら》

対義語 門前成市《もんぜんせいし》 門巷填隘《もんこうてんあい》 千客万来《せんきゃくばんらい》

意味 訪れる人もなく、ひっそりとして寂れているさま。＊「雀羅」は雀《すずめ》を捕まえるための網。門の前に雀を捕まえるための網を張れるほど、閑散としている意から。

用例
・あの店は味が落ちたので、今では門前雀羅のありさまだ。
・鉄道の駅がなくなったこの町は、門前雀羅だ。

出典 司馬遷《しばせん》『史記《しき》』汲黯鄭当時伝《きゅうあんていとうじでん》

問答無用《もんどうむよう》

類義語 問答無益《もんどうむえき》

意味 話し合っても何の意味もないこと。＊これ以上の話し合いは無駄であると、議論を終わらせるために用いることが多い。「無用」は役に立たないこと。用のないこと。

用例
・協定一つ結ぶにしても、問答無用とばかりに武力をかざしにきた外交では世界中から非難を浴びるだろう。
・あの上司は部下に対しては問答無用、口答えを許さない。

【や行】

薬石無効《やくせきむこう》

意味 薬や医者の治療も効果がなく、手当てのかいがないこと。＊「薬」は薬草。「石」は中国古代の石鍼《いしばり》。「薬石効無し」と訓読する。

用例 ・長く入院していた祖父も、薬石無効で、先日亡くなった。
・薬石無効と医者もあきらめていたが、息をふき返した。
・その新しい技術は、薬石無効と思われていた人々を救った。

夜郎自大《やろうじだい》

類義語 井蛙之見《せいあのけん》 尺沢之鯢《せきたくのげい》 唯我独尊《ゆいがどくそん》 遼東之豕《りょうとうのいのこ》

意味 自分の力量もわきまえずにいばり、尊大に振る舞うこと。うぬぼれること。＊「夜郎」は漢《かん》の時代の小国。「自大」は自分を大きく見せて尊大な態度をとること。

用例 ・彼は夜郎自大と陰口をきかれているのを知らない。

出典 司馬遷《しばせん》『史記《しき》』西南夷伝《せいなんいでん》

唯一無二《ゆいいつむに》

類義語 唯一不二《ゆいいつふじ》 唯一無双《ゆいいつむそう》 無二無三《むにむさん》

意味 ただ一つだけで、ほかに二つとないもの。ただ一つ絶対で、同じものはほかにないということ。＊「唯一」も「無二」も、ただ一つ、二つとないということ。

用例 ・子供にとってはがらくたも唯一無二の宝物だ。
・唯一無二の親友がイタリアに移住するために旅立った。

唯我独尊《ゆいがどくそん》

類義語 井蛙之見《せいあのけん》 尺沢之鯢《せきたくのげい》 夜郎自大《やろうじだい》 遼東之豕《りょうとうのいのこ》

意味 世の中で自分だけが一番偉いとうぬぼれること。＊釈迦《しゃか》が生まれてすぐに立ち、七歩あるいて天地を指さし、「天上天下唯我独尊」と唱えたとされる。

用例
・彼の実力は認めるが、唯我独尊の態度が難点だ。
・あまりに唯我独尊ではいつか孤立してしまうよ。

出典 『長阿含経《ちょうあごんきょう》』

勇往邁進《ゆうおうまいしん》

類義語 勇往猛進《ゆうおうもうしん》 勇猛邁進《ゆうもうまいしん》 直往邁進《ちょくおうまいしん》 猪突猛進《ちょとつもうしん》

意味 目的に向かってためらわずに突き進むこと。脇目もふらずにひたすら前進すること。＊「勇往」は勇んで突き進むこと。「邁進」はひるまず一途《いちず》に進むこと。

用例
・今期こそほかの部署より営業利益をあげられるよう、部署員一丸となって勇往邁進しよう。
・弟は何事にも勇往邁進するタイプの人間だ。

勇気凛凛《ゆうきりんりん》

意味 勇気が体中に満ち溢《あふ》れてくるさま。やる気に満ちて引き締まったさま。＊「凛凛」はりりしく勇ましさのみなぎるようす。

用例
・頂上決戦と銘打たれたその対決に向かう途中、会場が割れんばかりの声援を受け、勇気凛凛で決勝戦に臨んだ。
・大切な人からのひとことで勇気凛凛、怖い物なしだ。
・そのときの彼の勇気凛凛とした振る舞いに、私は恋をした。

有形無形《ゆうけいむけい》

意味 形のあるものと、ないもの。目に見えるものと、見えないもの。すべてのものの意。

用例
・この度自分の店を持つことができたのは、地域の皆さんから有形無形の支援をいただいたおかげです。
・一度は道を踏み外したが、家族や友人の有形無形の励ましで立ち直ることができた。

有終之美《ゆうしゅうのび》

類義語 有終完美《ゆうしゅうかんび》

対義語 竜頭蛇尾《りゅうとうだび》

意味 物事をやり遂げ、最後を立派にしめくくること。見事な成果をあげること。＊「有終」は「終わり有り」の意で、最後をまっとうすること。「優秀」と書かないように注意。

用例
・引退試合は勝利で有終之美を飾りたい。
・最後の演目も無事終了し、公演は有終之美で幕を閉じた。
・社命をかけたこのイベントも有終之美を飾れそうだ。

優柔不断《ゆうじゅうふだん》

類義語 優柔寡断《ゆうじゅうかだん》 意志薄弱《いしはくじゃく》 因循姑息《いんじゅんこそく》 薄志弱行《はくしじゃっこう》

対義語 剛毅果断《ごうきかだん》 勇猛果敢《ゆうもうかかん》

意味 ぐずぐずと思い切りが悪く、なかなか決断を下さないこと。また、その態度。＊「優柔」は態度がはっきりしないこと。「不断」は決断力に乏しいこと。

用例
・彼が優柔不断で、結婚式の詳細が全然決まらないの。
・あの人、あんなに優柔不断でよく部長になれたもんだ。
・僕の優柔不断を叱咤《しった》してくれるパートナーがほしいよ。

優勝劣敗《ゆうしょうれっぱい》

類義語　自然淘汰《しぜんとうた》　弱肉強食《じゃくにくきょうしょく》
適者生存《てきしゃせいぞん》

意味　力の強い者が勝ち、弱い者が敗れること。また、弱者が強者に虐げられることのたとえ。＊生存競争で、強者や環境に適した者が生き残り、弱者が滅ぶさまをいう。

用例
・いつまでも優勝劣敗の経済観では、国民の生活は本当の意味では豊かにならないだろう。
・自然界の優勝劣敗に人間が手を加えるなど、言語道断だ。

融通無碍《ゆうずうむげ》

類義語　異類無碍《いるいむげ》　融通自在《ゆうずうじざい》

対義語　四角四面《しかくしめん》　杓子定規《しゃくしじょうぎ》

意味　思考や行動が何にも縛られず、自由でのびのびしていることのたとえ。＊「融通」は滞りなく通ること。「無碍」は障害がないこと。「無礙」とも書く。

用例
・歴史に名を残す偉人とは、多かれ少なかれ融通無碍の発想を持っているものだ。
・彼には常に融通無碍であってほしいと願っています。

有職故実《ゆうそくこじつ》

意味　朝廷や公家、武家に伝わる儀式などの典拠や先例。古いしきたり。また、それらを研究すること。＊「有職」は「ゆうしょく」「ゆうそこ」とも読み、もとは「有識」と書いた。

用例
・伝統や古来の作法を大切にするこの地域では、有職故実にのっとって執り行われる行事が多い。
・館長は有職故実に明るいが、新しい事例も研究している。

有名無実《ゆうめいむじつ》

類義語 有名亡実《ゆうめいぼうじつ》 名存実亡《めいそんじつぼう》

意味 名前ばかりで、それに伴う実質・実体がないこと。また、組織や集団が形骸化して、名ばかりなこと。

用例 ・今のままでは主任など有名無実の肩書きなので、業務形態の改善を切望します。

・例の団体は指導者不在になり、有名無実となりました。

出典 『国語《こくご》』晋語《しんご》

勇猛果敢《ゆうもうかかん》

類義語 剛毅果断《ごうきかだん》 進取果敢《しんしゅかかん》

対義語 意志薄弱《いしはくじゃく》 優柔不断《ゆうじゅうふだん》

意味 勇ましくて力強く、思い切りがいいこと。決断力があり猛々《たけだけ》しいこと。＊「果敢」は思い切りがあり勇敢なさま。

用例 ・祖父には、山で会った猪《いのしし》を素手で倒すという逸話があり、近所では勇猛果敢で有名だった。

・警官は強盗に勇猛果敢に立ち向かい、見事逮捕した。

出典 『漢書《かんじょ》』翟方進伝《てきほうしんでん》

悠悠自適《ゆうゆうじてき》

類義語 閑雲孤鶴《かんうんこかく》 閑雲野鶴《かんうんやかく》 採薪汲水《さいしんきゅうすい》 悠悠閑閑《ゆうゆうかんかん》

意味 世間の煩わしさから離れ、のんびりと自由気ままに暮らすこと。心静かにゆったり過ごすこと。＊「悠悠」は余裕を持ってゆったりとしているさま。「優遊」「優游」とも書く。

用例 ・都会の生活に終止符を打ち、山間《やまあい》や田舎で悠悠自適に暮らす人が増えているそうだ。

・定年後はようやく悠悠自適の生活が送れそうだ。

油断大敵《ゆだんたいてき》

類義語 油断禁物《ゆだんきんもつ》 油断強敵《ゆだんごうてき》

意味 少しの油断が失敗を招くことになる、という戒め。＊「油断」は仏教語で、気を緩めること。自分の気の緩みこそ最大の敵と考え、十分に気をつけよという意。

用例
・対向車が見ていないと思うとそれが油断大敵、スピードの出しすぎには注意しましょう。
・相手を見くびって負けることもあるから、油断大敵だ。

余韻嫋嫋《よいんじょうじょう》

意味 音が鳴りやんでも、その響きの名残がかすかに長く続くさま。印象的な出来事や優れた詩文などの余情が心に残ること。＊「嫋嫋」は音が細く長く途切れなく続くさま。

用例
・素晴らしい演奏に、会場は余韻嫋嫋としていた。
・漢詩の余韻嫋嫋たる魅力に、軽い高揚感すら覚える。

出典 蘇軾《そしょく》「前赤壁賦《ぜんせきへきのふ》」

用意周到《よういしゅうとう》

意味 準備がすべて整っていて、手抜かりがないこと。細かなところまで気配りが行き届いていること。
＊「周到」は万全に行き届いていること。「周倒」と書かないように注意すること。

用例
・彼ほどの用意周到な男にとっても、想定外はあるらしい。
・計画は用意周到になされ、もはや失敗などあり得ない。

妖怪変化《ようかいへんげ》

類義語 魑魅魍魎《ちみもうりょう》 百鬼夜行《ひゃっきやこう》

意味 人知を超えた化け物や不思議な現象。

＊「妖怪」も「変化」も化け物のこと。

用例 ・森があまりにうっそうとしていて、妖怪変化が出てもおかしくないくらいだ。

・国政の腐敗を招く妖怪変化たちの追放に尽力する。

・現代でも妖怪変化を感じ取るような場所が残っている。

容姿端麗《ようしたんれい》

類義語 姿色端麗《ししょくたんれい》 眉目秀麗《びもくしゅうれい》 容貌秀麗《ようぼうしゅうれい》

意味 顔立ちも体つきも整っていて美しいさま。美人の形容。

＊「容姿」は顔形と姿。「端麗」は美しく整っていて麗しいこと。

用例 ・容姿端麗を第一の条件にしていたら、理想の相手なんてそうそう見つからないよ。

・うちの嫁は容姿端麗なうえ働き者で、自慢の嫁ですよ。

出典 『後漢書《ごかんじょ》』虞延伝《ぐえんでん》

羊質虎皮《ようしつこひ》

類義語 羊頭虎皮《ようとうこひ》 羊頭狗肉《ようとうくにく》 羊頭馬脯《ようとうばほ》 牛首馬肉《ぎゅうしゅばにく》

意味 外見は立派でも、それに伴う実質がないこと。見かけ倒し。

＊実際は羊なのに虎の皮をかぶっていることから。「虎皮羊質」ともいう。

用例 ・あの店の料理は羊質虎皮で、見た目ほど味はよくない。

・羊質虎皮といわれないよう、一生懸命がんばります。

出典 揚雄《ようゆう》『揚子法言《ようしほうげん》』吾子《ごし》

ようとうくにく
羊頭狗肉

類義語 羊質虎皮《ようしつこひ》 羊頭虎皮《ようとうこひ》 羊頭馬脯《ようとうばほ》 牛首馬肉《ぎゅうしゅばにく》

意味 見た目は立派だが、実質がないこと。看板に偽りあり。＊「狗」は犬のこと。羊の頭を看板に掲げながら、実際には犬の肉を売るという故事から。

用例 ・彼女はきれいだが、生活はだらしない羊頭狗肉の人だよ。
・丈夫をうたった釣竿《つりざお》がもう折れた。まさに羊頭狗肉だ。

出典 無門慧開《むもんえかい》『無門関《むもんかん》』

ようぼうかいい
容貌魁偉

意味 顔立ちや体つきが人並みはずれて堂々としてたくましいさま。＊「魁偉」は大きくて立派なさま。「怪異」と書かないように注意すること。

用例 ・夫は容貌魁偉ですが、気が小さい男性です。
・節分の鬼役には、ぜひ容貌魁偉な君にお願いしたい。

出典 『後漢書《ごかんじょ》』郭太伝《かくたいでん》

よゆうしゃくしゃく
余裕綽綽

対義語 悪戦苦闘《あくせんくとう》

意味 落ち着いてゆったりとしているさま。悠然として物事に動じないようす。＊「余裕」はあせらずゆとりのあること。「綽綽」は緩やかでゆったりしていること。

用例 ・試験前だというのに余裕綽綽としている君が羨ましい。
・さすが課長、大切な発表の前でも緊張もせずに余裕綽綽だ。

出典 『孟子《もうし》』公孫丑《こうそんちゅう》

【ら行】

洛陽《らくよう》（の）紙価《しか》

意味 著書が評判になりよく売れること。＊詩人の左思《さし》の作品を洛陽の人々が争って書写したため、紙が不足し値段が上がったという故事から。「洛陽紙価を高める」と使われる。

用例 ・彼の今作は洛陽紙価を高めるほどのものとは思えない。

出典 『晋書《しんじょ》』文苑伝《ぶんえんでん》・左思

落花流水《らっかりゅうすい》

意味 過ぎ行く春の風景のように、物事が衰え移ろいゆくことのたとえ。また、男女の気持ちが通じ合い相思相愛になること。

用例 ・次回の歌会では、落花流水のはかなさを詠もうと思う。
・初めから落花流水のごとく惹《ひ》かれ合った夫婦だそうだ。

出典 高駢《こうべん》「訪隠者不遇《いんじゃをたずねてあわず》」

落花狼藉《らっかろうぜき》

類義語 杯盤狼藉《はいばんろうぜき》　乱暴狼藉《らんぼうろうぜき》

意味 花が散り乱れるように、物が乱雑に散らかっているさま。また、女性に乱暴をはたらくことにもいう。＊「藉」の字に注意する。

用例 ・独身なので、ついつい部屋が落花狼藉のありさまになる。
・君の机は見事に落花狼藉だね。いや、褒めてないよ。
・酔って落花狼藉をはたらく輩《やから》など、酒を飲む資格はない。

らんしんぞくし
乱臣賊子

類義語 逆臣賊子《ぎゃくしんぞくし》　乱臣逆子《らんしんぎゃくし》
対義語 股肱之臣《ここうのしん》

意味 主君に背き国に害をもたらす臣下と、親に逆らって悪事をはたらく子供。人の道に外れ社会の害となるもののたとえ。＊「乱臣」を「乱心」と書かないように注意する。

用例
・国のあり方が誤っているから、乱臣賊子が横行するのだ。
・食の乱れを改善すれば、乱臣賊子の芽は生まれない。

出典 『孟子《もうし》』滕文公《とうぶんこう》

らんでんせいぎょく
藍田生玉

意味 名門の家柄から優れた子弟が出ること。＊「藍田」は陝西省《せんせいしょう》の山の名で、美しい宝玉を産出することで知られる。

用例
・三代続けて人間国宝であったとは、まさに藍田生玉だ。
・藍田生玉の言葉に違《たが》わず、師のご子息は傑出した才能をお持ちで、歴史に残る名作を数多く生み出した。

出典 陳寿《ちんじゅ》『三国志《さんごくし》』呉志《ごし》・諸葛恪伝《しょかつかくでん》

らんぼうろうぜき
乱暴狼藉

類義語 杯盤狼藉《はいばんろうぜき》　落花狼藉《らっかろうぜき》
暴戻恣睢《ぼうれいしき》

意味 荒々しく振る舞ったり、暴れたりすること。粗野な振る舞いをして無法な行為におよぶこと。
＊「狼藉」を「狼籍」と書かないように注意する。

用例
・子供の頃は、彼の乱暴狼藉ぶりに泣かされたものだ。
・我々にこれほどの乱暴狼藉をはたらいたというのに、知らん顔をするつもりとは、実に腹立たしい。

利害得失《りがいとくしつ》

類義語 利害得喪《りがいとくそう》 利害損得《りがいそんとく》

意味 得なことと損なこと。利益と不利益。

＊「利害」は利益と損害、「得失」は得ることと失うこと。同じ意味の語を重ねることによる強調。

用例 ・目先の利害得失にとらわれず協力し合っていこう。

・お互いの利害得失を考えた結果の事業提携です。

・このイベントには利害得失では計れない意義があるんだ。

力戦奮闘《りきせんふんとう》

意味 勇気を奮って力の限りに戦うこと。

＊「力戦」は力を出し尽くして全力で戦うこと。「奮闘」は気力を奮い起こして格闘すること。

用例 ・けが人が出た後も全員で力戦奮闘し、見事勝利を収めた。

・試合には敗れたけれど、選手の力戦奮闘を称《たた》えよう。

・姉は、初めての仕事に力戦奮闘でがんばっている。

六韜三略《りくとうさんりゃく》

意味 兵法の奥義。戦略の極意。

＊「六韜」も「三略」も中国の兵法書。「六韜」は周《しゅう》の太公望《たいこうぼう》の作、「三略」は秦《しん》の黄石公《こうせきこう》の作とされる。

用例 ・古今東西の六韜三略を究めた彼は、王に軍師として登用され、生涯無敗という偉業を成し遂げた。

・会社の営業戦略にも六韜三略があればいいのに。

離合集散《りごうしゅうさん》

類義語 分合集散《ぶんごうしゅうさん》 雲集霧散《うんしゅうむさん》
離散集合《りさんしゅうごう》

意味 離れたり合わさったり、集まったり別れたりすること。時勢や主義主張に応じて手を組んだり離れたりすること。
＊「集散離合」ともいう。「集散」は「聚散」とも書く。

用例 ・超党派の議員が離合集散して、その時々の政局に影響を与えてきた。
・うちのバンドは、メンバーの離合集散を何度も重ねたよ。

立身出世《りっしんしゅっせ》

類義語 立身揚名《りっしんようめい》

意味 社会的に高い地位につき、世間で名を上げること。
＊「立身」「出世」はともに社会的に認められて立派な地位や名声を得ること。

用例 ・立身出世を目指すより、本当に自分の好きなことをして心豊かに暮らすことを選ぶ人が増えている。
・若い頃は立身出世の志を掲げ、意欲的に働いたものだ。

立錐之地《りっすいのち》

類義語 置錐之地《ちすいのち》 立錐之土《りっすいのど》
咫尺之地《しせきのち》

意味 ごく狭い土地。わずかな空き地。また、人や物が詰まっていて、少しの隙間もないこと。＊錐《きり》がの先が立つだけのわずかな土地。「立錐の地無し」と使う。

用例 ・公演初日には、立錐之地もないほど大勢の人が集まった。
・こんな立錐之地なのに、まだマンションが建つらしい。

出典 司馬遷《しばせん》『史記《しき》』滑稽伝《こっけいでん》

理非曲直《りひきょくちょく》

類義語 是是非非《ぜぜひひ》 是非曲直《ぜひきょくちょく》 是非善悪《ぜひぜんあく》

意味 道理にかなっていることとはずれたこと。正しいことと誤っていること。＊物事の是非を問う場合などに用いられる。

用例
・娘にはいつも、理非曲直をわきまえて行動するように言い聞かせている。
・事態全体の理非曲直を見極めて、この難局を乗り切ろう。
・納得のいくように、理非曲直を明らかにしてもらいたい。

流言蜚語《りゅうげんひご》

類義語 造言蜚語《ぞうげんひご》 流言流説《りゅうげんりゅうせつ》 街談巷説《がいだんこうせつ》

意味 確かな根拠のない、いいかげんな噂《うわさ》。根も葉もないデマ。＊「流言」も「蜚語」も世間に飛び交う根拠のない噂。「蜚語」は「飛語」とも書く。「非語」と書かないよう注意すること。

用例
・あんな流言蜚語にいちいち惑わされた私が愚かだったよ。
・悪意の伴った無責任な流言蜚語など、聞く耳を持たない。
・人々の好奇心や不安から、流言蜚語は生まれるものだ。

竜攘虎搏《りゅうじょうこはく》

類義語 竜戦虎争《りゅうせんこそう》 竜拏虎擲《りゅうだこてき》 竜騰虎闘《りゅうとうことう》 両雄相闘《りょうゆうそうとう》

意味 力が互角の強い者同士が激しく争うこと。＊竜はなぎはらい、虎は打ちかかるということから。「竜攘」は「りょうじょう」とも読む。

用例
・タイトル戦は、竜攘虎搏の壮絶な戦いになるだろう。
・両者一歩も譲らず、まさに竜攘虎搏の緊迫した展開だ。
・千秋楽の横綱対決なんて、竜攘虎搏でわくわくするよ。

竜頭蛇尾《りゅうとうだび》

類義語　虎頭蛇尾《ことうだび》　中途半端《ちゅうとはんぱ》

対義語　有終完美《ゆうしゅうかんび》　有終之美《ゆうしゅうのび》

意味　始めのうちは勢いがよいが、終わりになると衰えてしまうこと。＊頭は竜のように立派だが、尾は貧弱な蛇であるということから。「竜頭」は「りょうとう」とも読む。

用例
・選挙戦が竜頭蛇尾にならないよう、全力を挙げる。
・隆盛だった彼の活動も、竜頭蛇尾の様相を呈してきた。

出典　道原《どうげん》『景徳伝灯録《けいとくでんとうろく》』

粒粒辛苦《りゅうりゅうしんく》

類義語　艱難辛苦《かんなんしんく》　苦心惨憺《くしんさんたん》　辛労辛苦《しんろうしんく》　千辛万苦《せんしんばんく》

意味　辛《つら》くてもこつこつと努力や苦労を重ねること。苦心して地道に努力を続けること。＊米の一粒一粒が農民の苦労の結晶であるということから。

用例
・粒粒辛苦の末に、後世に残るような作品が生まれた。
・女手一つで私を育てた母の粒粒辛苦を思うと涙が出た。

出典　李紳《りしん》「憫農《のうをあわれむ》」

燎原之火《りょうげんのひ》

類義語　星火燎原《せいかりょうげん》　燎原烈火《りょうげんれっか》

意味　広がる勢いが激しく、防ぐ手立てがないこと。＊「燎」は焼く、燃やすの意。野原を焼く火はすぐに燃え広がり止められなくなることから、勢力を増し急速に広がるさまを表す。

用例
・当然、脱原発の声は燎原之火のごとく全国に広がった。
・今年の新興感染症の流行は、まるで燎原之火の勢いだ。

出典　『書経《しょきょう》』盤庚《ばんこう》

良妻賢母《りょうさいけんぼ》

意味 夫に対してはよい妻であり、子に対しては賢い母であること。また、そのような女性。

＊「賢母」を「兼母」と書かないように注意すること。

用例 ・彼女は良妻賢母と噂《うわさ》され、近所の評判もすこぶるよい。

・今の時代、良妻賢母という考え方は、妻だけでなく夫にも当てはめてもいいのかもしれないね。

梁上君子《りょうじょう（の）くんし》

意味 盗賊や泥棒。また、ネズミのこともいう。＊後漢《ごかん》の陳寔《ちんしょく》が梁の上にひそんでいる盗賊をさして言った言葉。

用例 ・この安アパートには梁上君子がたくさん出るんだ。

・空き巣に入られたけど、捨てようと思っていたものだけを持っていってくれたんだ。梁上君子さまさまだよ。

出典 『後漢書《ごかんじょ》』陳寔伝

良知良能《りょうちりょうのう》

意味 人が生まれながらに持っている知恵や才能。教育や経験によらず、身につけている正しい心のはたらきや能力。＊孟子《もうし》の「性善説」に基づいた考え。

用例 ・子どもの良知良能を引き出すために、食育は必須です。

・誤った愛情で子どもの良知良能を歪《ゆが》めるべきではない。

出典 『孟子《もうし》』尽心《じんしん》

類義語 生知安行《せいちあんこう》

遼東之豕

りょうとうのいのこ

類義語 井蛙之見《せいあのけん》 尺沢之鯢《せきたくのげい》 夜郎自大《やろうじだい》 唯我独尊《ゆいがどくそん》

意味 独りよがりな世間知らずで、身の程を知らないこと。＊遼東の人が白頭の豚を珍しく思い都へ献上に向かったが、都には白頭の豚だらけで己の無知を恥じたという故事から。

用例 ・海外を旅して、自分は遼東之豕だったと思い知った。
・彼自慢のコレクションなど遼東之豕、たいした物はない。

出典 『後漢書《ごかんじょ》』朱浮伝《しゅふでん》

理路整然

りろせいぜん

類義語 順理成章《じゅんりせいしょう》

対義語 支離滅裂《しりめつれつ》 乱雑無章《らんざつむしょう》

意味 話や考えの筋道がきちんと整っていること。意見や主張が秩序立って展開していること。＊「理路」は文章や話の筋道。「整然」は正しく整っているさま。

用例 ・会長の理路整然とした説明を聞き、反対していた人たちも最後には納得してくれた。
・研究者は、災害危機管理の必要性を理路整然と述べた。

臨機応変

りんきおうへん

類義語 随機応変《ずいきおうへん》 変幻自在《へんげんじざい》

対義語 四角四面《しかくしめん》 杓子定規《しゃくしじょうぎ》

意味 時と場合に応じて、柔軟に適切な対応をすること。＊「臨機」はその場に臨むこと。「応変」は変化に応じること。「機に臨んで変に応ず」と訓読する。

用例 ・三年目ともなると、臨機応変に対処できるようになるよ。
・マニュアル通りにばかりでなく、臨機応変に行動してくれ。

出典 李延寿《りえんじゅ》『南史《なんし》』梁宗室伝《りょうそうしつでん》

輪廻転生《りんねてんしょう》

類義語 流転輪廻《るてんりんね》 六道輪廻《ろくどうりんね》 三界流転《さんかいるてん》

意味 霊魂がさまざまな肉体に生まれ変わり、生き死にを繰り返すということ。＊仏教語。「輪廻」は、すべての魂は車輪が回るように三界六道の世界でとどまることがないこと。

用例 ・人も死ねば体は消えてなくなるが、その念はほかに移り、いわゆる輪廻転生するという。
・輪廻転生というし、これも前世からの縁かもしれない。

累卵之危《るいらんのき》

類義語 一触即発《いっしょくそくはつ》 一髪千鈞《いっぱつせんきん》 重卵之危《ちょうらんのき》 風前之灯《ふうぜんのともしび》

意味 不安定で危険な状態のこと。＊「累卵」は積み上げた卵のこと。卵を積み重ねたように不安定で危なっかしいことから。「るいらんのあやうき」とも読む。

用例 ・この得意先は、経営難で累卵之危にあるそうだ。
・汚職の容疑で、知事の立場は累卵之危にさらされている。

出典 司馬遷《しばせん》『史記《しき》』范雎蔡沢伝《はんしょさいたくでん》

縷縷綿綿《るるめんめん》

意味 話が長く、くどくどと続くこと。中身のない話がだらだらと繰り返されること。＊「縷縷」は細く長く続いて切れないさま。「綿綿」もいつまでも続いて絶えないこと。

用例 ・専門的なことを縷縷綿綿と説明されてもわからないよ。
・事情を縷縷綿綿と訴えているけど、全部言い訳だね。
・君の話は、縷縷綿綿として要点が伝わってこない。

れいかんさんと
冷汗三斗

類義語 冷水三斗《れいすいさんと》 汗顔無地《かんがんむち》

意味 強い恐怖感や恥ずかしさのあまり、体中から冷や汗が出ること。＊「斗」は日本の尺貫法で、升の十倍。一斗は約十八リットルで、「三斗」は量が多いことを誇張したもの。

用例 ・緊張のあまりスピーチの冒頭で声が上ずってしまい、冷汗三斗の思いをした。
・昨日の落雷には冷汗三斗、生きた心地もしなかった。

ろうしょうふじょう
老少不定

類義語 生死無常《せいしむじょう》 諸行無常《しょぎょうむじょう》
無常迅速《むじょうじんそく》

意味 人の寿命は老若に関わりないもので、老いた者が先に死に、若い者が後に死ぬとは限らないということ。＊人生の無常をいう仏教語。「不定」は「ふてい」と読まないように。

用例 ・老少不定とはいうが、子どもに先に死なれるのは勘弁だ。
・人の命は老少不定で、いつどうなるかなど予測できない。

出典 源信《げんしん》『観心略要集《かんじんりゃくようしゅう》』

ろぎょがいし
魯魚亥豕

類義語 魯魚章草《ろぎょしょうそう》 魯魚之謬《ろぎょのあやまり》
烏焉魯魚《うえんろぎょ》 三豕渡河《さんしとか》

意味 文字の書き誤りや写し間違い。＊「魯」と「魚」、「亥」と「豕」の字が、それぞれよく似ていて書き間違えやすいということから。「魯魚」だけで同じ意味を表すこともある。

用例 ・正式な契約書ですから、魯魚亥豕なくお願いします。
・急いで作ったせいか書類の魯魚亥豕が多く、恥をかく。
・魯魚亥豕に注意しながら、字をもっと丁寧に書きなさい。

六根清浄《ろっこんしょうじょう》

意味 欲や迷いを断ち、心身が清らかになること。信仰上の登山のときなどに唱える言葉。＊「六根」は目・耳・鼻・舌・身・意の六つの感覚器官をさし、煩悩や私欲を生むもの。それらを断ち切って清らかにすることを「清浄」という。

用例 ・修行者たちは、六根清浄を唱えながら山を登って行った。
・あれこれと執着するのはやめ、今は六根清浄の心境だ。

類義語 六根自在《ろっこんじざい》

炉辺談話《ろへんだんわ》

意味 いろりのそばでくつろいで交わすおしゃべり。かしこまらず、自由に語り合うこと。＊「炉辺」は、いろりばた。転じて、くつろいでリラックスする雰囲気という意。

用例 ・久しぶりの女同士の炉辺談話に花が咲く。
・実家に帰って家族と炉辺談話するのが楽しみだ。
・今日は炉辺談話のつもりで、忌憚《きたん》のない意見を出してくれ。

論功行賞《ろんこうこうしょう》

意味 功績の有無や大小の程度を調べ、それに相応《ふさわ》しい賞を与えること。＊「論功」は功績や手柄の程度を調べ論議すること。「功を論じて賞を行う」と訓読する。

用例 ・役員の私情による論功行賞など、全くの無意味だ。
・地道に励んできた者が論功行賞の対象で、喜ばしい。

出典 陳寿《ちんじゅ》『三国志《さんごくし》』魏志《ぎし》・明帝記《めいていき》

【わ行】

和顔愛語《わがんあいご》

類義語 和顔悦色《わがんえつしょく》 和容悦色《わようえつしょく》

意味 柔らかく和やかな表情や言葉遣い。親しみやすい態度のこと。
＊「和顔」は優しく柔和な表情や顔つき、「愛語」は人を思いやる優しい言葉。

用例 ・初対面の人にこそ、和顔愛語を忘れてはならない。
・彼女の態度は確かに礼儀正しいが、和顔愛語とは言いがたい。

和気藹藹《わきあいあい》

類義語 和気藹然《わきあいぜん》 和気洋洋《わきようよう》

意味 うちとけて、和やかな雰囲気に満ち溢《あふ》れているようす。
＊「和気」は穏やかでやわらいだ気分。「藹藹」は和やかなさま。「靄靄」とも書く。

用例 ・和気藹藹とした職場でこそ、仕事の質も向上するはずだ。

出典 李邕《りよう》「春賦《しゅんぷ》」

和敬清寂《わけいせいじゃく》

意味 心持ちを穏やかに、慎み深く、ひっそりとしていること。＊茶道における「主客が互いを敬い慎み、茶会の雰囲気を清浄にする」という標語である。

用例 ・茶道については何も知らなかったが、今日の茶会に参加したことで、和敬清寂の心を肌で感じることができた。

和光同塵《わこうどうじん》

類義語 和光垂迹《わこうすいじゃく》 内清外濁《ないせいがいだく》
対義語 陽春白雪《ようしゅんはくせつ》

意味 自分の才能や徳を隠し、俗世間で目立たないように暮らすこと。
＊「塵」はちり、転じて俗世間。仏教では、仏が衆生《しゅじょう》を救うために本来の姿を隠して俗世に現れることをいう。

用例
・優秀な人ほど、和光同塵の生活をしていたりするものだ。
・せっかくの才能がもったいない。和光同塵も良し悪しだね。

出典 『老子《ろうし》』

和魂漢才《わこんかんさい》

類義語 和魂洋才《わこんようさい》

意味 日本古来の精神と中国伝来の学問や知識を併せもつこと。日本人としての心を大切にしながら、中国の優れた学問や知識を吸収し活用するべきだということを表したことば。

用例
・昔から日本人は、和魂漢才の理念を尊んできた。
・かつての和魂漢才にならい、優れた異文化を吸収したい。

出典 菅原道真《すがわらのみちざね》『菅家遺誡《かんけいかい》』

和洋折衷《わようせっちゅう》

意味 日本風のものと西洋風のものをほどよく取り合わせること。また、取り合わせたもの。
＊「折衷」は二つ以上のもののよいところをほどよく調和させること。「折中」とも書く。

用例
・新築する家の設計は、和洋折衷の得意な建築士に頼もう。
・友人を招き、和洋折衷の料理でもてなした。

場面別に使える四字熟語・索引

場面別に使える四字熟語・索引

スピーチ・手紙に使える四字熟語

お礼

一意専心《いちいせんしん》……23
感慨無量《かんがいむりょう》……81
欣喜雀躍《きんきじゃくやく》……114
平穏無事《へいおんぶじ》……336

結婚・祝辞

合縁奇縁《あいえんきえん》……10
意気軒昂《いきけんこう》……18
意気投合《いきとうごう》……19
一日千秋《いちじつせんしゅう》……25
一致団結《いっちだんけつ》……43
鴛鴦之契《えんおうのちぎり》……61
温厚篤実《おんこうとくじつ》……66
偕老同穴《かいろうどうけつ》……72
琴瑟相和《きんしつそうわ》……116
月下氷人《げっかひょうじん》……128
黄道吉日《こうどうきちにち》……143
才子佳人《さいしかじん》……160
才色兼備《さいしょくけんび》……161
順風満帆《じゅんぷうまんぱん》……201
掌中之珠《しょうちゅうのたま》……206
相思相愛《そうしそうあい》……246
大安吉日《たいあんきちじつ》……252
内助之功《ないじょのこう》……294
二人三脚《ににんさんきゃく》……297
眉目秀麗《びもくしゅうれい》……319
比翼連理《ひよくれんり》……323

弔辞

暗雲低迷《あんうんていめい》……15
唯唯諾諾《いいだくだく》……17
遺憾千万《いかんせんばん》……17
意気消沈《いきしょうちん》……18
会者定離《えしゃじょうり》……60
後生大事《ごしょうだいじ》……152
鼓舞激励《こぶげきれい》……156
茫然自失《ぼうぜんじしつ》……341

仕事

緊褌一番《きんこんいちばん》……115
克己復礼《こっきふくれい》……155
熟慮断行《じゅくりょだんこう》……195
新進気鋭《しんしんきえい》……216
創意工夫《そういくふう》……244
多士済済《たしせいせい》……258
胆大心小《たんだいしんしょう》……262
点滴穿石《てんてきせんせき》……280
日進月歩《にっしんげっぽ》……297
不言実行《ふげんじっこう》……329
立身出世《りっしんしゅっせ》……370

入学・卒業

衣錦之栄《いきんのえい》……19
一期一会《いちごいちえ》……24
温故知新《おんこちしん》……66
下学上達《かがくじょうたつ》……72

格物致知《かくぶつちち》……73
記問之学《きもんのがく》……100
蛍雪之功《けいせつのこう》……126
拳拳服膺《けんけんふくよう》……131
堅忍不抜《けんにんふばつ》……133
口耳之学《こうじのがく》……140
志操堅固《しそうけんご》……178
熟読玩味《じゅくどくがんみ》……195
初志貫徹《しょしかんてつ》……209
青雲之志《せいうんのこころざし》……224
切磋琢磨《せっさたくま》……230
前途洋洋《ぜんとようよう》……240
象牙之塔《ぞうげのとう》……245
多岐亡羊《たきぼうよう》……257
独立独歩《どくりつどっぽ》……290
百尺竿頭《ひゃくせきかんとう》……319
百聞一見《ひゃくぶんいっけん》……320
不撓不屈《ふとうふくつ》……332
孟母断機《もうぼだんき》……357

分類別索引

戒め・教訓

悪因悪果《あくいんあっか》……12
悪逆無道《あくぎゃくむどう》……12
悪事千里《あくじせんり》……12
安車蒲輪《あんしゃほりん》……15
一諾千金《いちだくせんきん》……26
一念通天《いちねんつうてん》……27
一念発起《いちねんほっき》……27
一罰百戒《いちばつひゃっかい》……27
一利一害《いちりいちがい》……31
一粒万倍《いちりゅうまんばい》……31
一殺多生《いっさつたしょう》……37
一張一弛《いっちょういっし》……44
因果応報《いんがおうほう》……49
殷鑑不遠《いんかんふえん》……49
陰徳陽報《いんとくようほう》……50
雲蒸竜変《うんじょうりょうへん》……56
栄耀栄華《えいようえいが》……59
益者三友《えきしゃさんゆう》……59
燕雀鴻鵠《えんじゃくこうこく》……62
遠水近火《えんすいきんか》……62
鉛刀一割《えんとういっかつ》……63
縁木求魚《えんぼくきゅうぎょ》……63
岡目八目《おかめはちもく》……65
屋上架屋《おくじょうかおく》……66
温清定省《おんせいていせい》……67
勧善懲悪《かんぜんちょうあく》……86
眼中之釘《がんちゅうのくぎ》……88
汗馬之労《かんばのろう》……90
玩物喪志《がんぶつそうし》……90
奇貨可居《きかかきょ》……92
杞人之憂《きじんのうれい》……97
九牛一毛《きゅうぎゅう(の)いちもう》……101
九仞之功《きゅうじんのこう》……102
窮鼠嚙猫《きゅうそごうびょう》……102
器用貧乏《きようびんぼう》……107
玉石混淆《ぎょくせきこんこう》……109
曲突徙薪《きょくとつししん》……110
軽挙妄動《けいきょもうどう》……124
鶏口牛後《けいこうぎゅうご》……125
敬天愛人《けいてんあいじん》……127
黔驢之技《けんろのぎ》……135
好事多魔《こうじたま》……139
言語道断《ごんごどうだん》……158
塞翁之馬《さいおうのうま》……159
座右之銘《ざゆうのめい》……163
三綱五常《さんこうごじょう》……163
三枝之礼《さんしのれい》……165
斬新奇抜《ざんしんきばつ》……166
自家撞着《じかどうちゃく》……171
自縄自縛《じじょうじばく》……176
叱咤激励《しったげきれい》……183
修身斉家《しゅうしんせいか》……192

学問・芸術

故事来歴《こじらいれき》……153
刻苦勉励《こっくべんれい》……155
山高水長《さんこうすいちょう》……164
四書五経《ししょごきょう》……176
七歩之才《しちほのさい》……180
実事求是《じつじきゅうぜ》……181
縦塗横抹《じゅうとおうまつ》……193
出藍之誉《しゅつらんのほまれ》……197
諸説紛紛《しょせつふんぷん》……209
神韻縹渺《しんいんひょうびょう》……211
寸鉄殺人《すんてつさつじん》……223
浅学非才《せんがくひさい》……232
千言万語《せんげんばんご》……234
千思万考《せんしばんこう》……236
全知全能《ぜんちぜんのう》……239
千篇一律《せんぺんいちりつ》……241
滄海遺珠《そうかい(の)いしゅ》……244
則天去私《そくてんきょし》……250
泰山北斗《たいざんほくと》……255
断簡零墨《だんかんれいぼく》……262
断章取義《だんしょうしゅぎ》……262
談論風発《だんろんふうはつ》……263
打打発止《ちょうちょうはっし》……269
灯火可親《とうかかしん》……283
同工異曲《どうこういきょく》……284
道聴塗説《どうちょうとせつ》……285
読書三到《どくしょさんとう》……288
読書尚友《どくしょしょうゆう》……288
読書百遍《どくしょひゃっぺん》……289
特筆大書《とくひつたいしょ》……289
斗南一人《となん(の)いちにん》……292
嚢中之錐《のうちゅうのきり》……299
稗官野史《はいかんやし》……300
博引旁証《はくいんぼうしょう》……302
博学多才《はくがくたさい》……303
伯仲之間《はくちゅうのかん》……305
伯楽一顧《はくらく(の)いっこ》……306
博覧強記《はくらんきょうき》……306
破邪顕正《はじゃけんしょう》……307
発憤忘食《はっぷんぼうしょく》……309
繁文縟礼《はんぶんじょくれい》……314
美辞麗句《びじれいく》……316
皮相浅薄《ひそうせんぱく》……317
秘中之秘《ひちゅうのひ》……317
百家争鳴《ひゃっかそうめい》……321
皮裏春秋《ひりしゅんじゅう》……323
風流韻事《ふうりゅういんじ》……326
不易流行《ふえきりゅうこう》……327
舞文曲筆《ぶぶんきょくひつ》……332
文人墨客《ぶんじんぼっかく》……335
文武両道《ぶんぶりょうどう》……335
閉戸先生《へいこせんせい》……337
片言隻語《へんげんせきご》……338
偏旁冠脚《へんぼうかんきゃく》……339
本末転倒《ほんまつてんとう》……343
明窓浄机《めいそうじょうき》……352
名論卓説《めいろんたくせつ》……354
免許皆伝《めんきょかいでん》……355
面壁九年《めんぺきくねん》……355
有職故実《ゆうそくこじつ》……362
洛陽紙価《らくよう(の)しか》……367
魯魚亥豕《ろぎょがいし》……376
和魂漢才《わこんかんさい》……379

気分・感情

愛別離苦《あいべつりく》……10
悪口雑言《あっこうぞうごん》……13
意気衝天《いきしょうてん》……18
意気揚揚《いきようよう》……19
一喜一憂《いっきいちゆう》……33
一視同仁《いっしどうじん》……38
意馬心猿《いばしんえん》……47
意味深長《いみしんちょう》……48
倚門之望《いもんのぼう》……49
隠忍自重《いんにんじちょう》……51

有頂天外《うちょうてんがい》……53
依怙贔屓《えこひいき》……59
遠慮会釈《えんりょえしゃく》……64
怨憎会苦《おんぞうえく》……67
会稽之恥《かいけいのはじ》……69
怪力乱神《かいりきらんしん》……72
呵呵大笑《かかたいしょう》……73
臥薪嘗胆《がしんしょうたん》……74
活潑潑地《かっぱつはっち》……78
我田引水《がでんいんすい》……78
韓信匍匐《かんしんほふく》……85
歓天喜地《かんてんきち》……88
艱難辛苦《かんなんしんく》……89
気炎万丈《きえんばんじょう》……92
喜色満面《きしょくまんめん》……97
疑心暗鬼《ぎしんあんき》……97
喜怒哀楽《きどあいらく》……99
恐悦至極《きょうえつしごく》……104
拱手傍観《きょうしゅぼうかん》……106
興味索然《きょうみさくぜん》……107
興味津津《きょうみしんしん》……108
跼天蹐地《きょくてんせきち》……110
金石之交《きんせきのまじわり》……118
空空漠漠《くうくうばくばく》……119
空中楼閣《くうちゅう(の)ろうかく》……120
牽衣頓足《けんいとんそく》……129
膠漆之交《こうしつのまじわり》……139
浩然之気《こうぜんのき》……142
好評嘖嘖《こうひょうさくさく》……144
孤影悄然《こえいしょうぜん》……147
胡蝶之夢《こちょうのゆめ》……154
枯木寒巌《こぼくかんがん》……156
昨非今是《さくひこんぜ》……162
四苦八苦《しくはっく》……173
舌先三寸《したさきさんずん》……179
遮二無二《しゃにむに》……188
自由奔放《じゆうほんぽう》……194
純情可憐《じゅんじょうかれん》……199
純真無垢《じゅんしんむく》……200
笑止千万《しょうしせんばん》……202
情緒纏綿《じょうしょてんめん》……204
思慮分別《しりょふんべつ》……210
誠心誠意《せいしんせいい》……226
千辛万苦《せんしんばんく》……238
千慮一失《せんりょ(の)いっしつ》……243
宋襄之仁《そうじょうのじん》……247
樽俎折衝《そんそせっしょう》……251
大悟徹底《たいごてってい》……255
多事多難《たじたなん》……259
多情多感《たじょうたかん》……259
多情多恨《たじょうたこん》……259
天衣無縫《てんいむほう》……276
天真爛漫《てんしんらんまん》……278
塗炭之苦《とたんのくるしみ》……291
怒髪衝天《どはっしょうてん》……292
破顔一笑《はがんいっしょう》……301
白眼青眼《はくがんせいがん》……303
麦秀之嘆《ばくしゅうのたん》……304
馬耳東風《ばじとうふう》……307
被害妄想《ひがいもうそう》……315
悲喜交交《ひきこもごも》……315
髀肉之嘆《ひにくのたん》……318
悲憤慷慨《ひふんこうがい》……318
風餐露宿《ふうさんろしゅく》……325
風樹之嘆《ふうじゅのたん》……325
不倶戴天《ふぐたいてん》……329
放歌高吟《ほうかこうぎん》……340
傍若無人《ぼうじゃくぶじん》……341
捧腹絶倒《ほうふくぜっとう》……342
面目一新《めんもくいっしん》……356
勇気凜凜《ゆうきりんりん》……360
落花流水《らっかりゅうすい》……367
冷汗三斗《れいかんさんと》……376

行動・態度

青息吐息《あおいきといき》……11
悪戦苦闘《あくせんくとう》……13
阿諛追従《あゆついしょう》……14
暗中模索《あんちゅうもさく》……16
異口同音《いくどうおん》……20
意志堅固《いしけんご》……20
石部金吉《いしべきんきち》……21
意匠惨憺《いしょうさんたん》……21
一言居士《いちげんこじ》……24
一枚看板《いちまいかんばん》……29
一所懸命《いっしょけんめい》……40
一擲千金《いってきせんきん》……45
一片氷心《いっぺん(の)ひょうしん》……46
威風堂堂《いふうどうどう》……47
慇懃無礼《いんぎんぶれい》……50
因循姑息《いんじゅんこそく》……50
右顧左眄《うこさべん》……52
雲中白鶴《うんちゅうはっかく》……57
運否天賦《うんぷてんぷ》……57
円頂黒衣《えんちょうこくい》……62
横行闊歩《おうこうかっぽ》……65
厭離穢土《おんりえど》……68
開口一番《かいこういちばん》……69
外柔内剛《がいじゅうないごう》……70
火中之栗《かちゅうのくり》……75
確乎不抜《かっこふばつ》……77
活殺自在《かっさつじざい》……77
瓜田李下《かでんりか》……78
寛仁大度《かんじんたいど》……85
完全無欠《かんぜんむけつ》……86
肝胆相照《かんたんそうしょう》……87
奸佞邪智《かんねいじゃち》……89
頑迷固陋《がんめいころう》……91
気宇壮大《きうそうだい》……92
鬼哭啾啾《きこくしゅうしゅう》……94
箕山之志《きざんのこころざし》……95
窮鳥入懐《きゅうちょうにゅうかい》……103
窮余一策《きゅうよ(の)いっさく》……104
恐惶謹言《きょうこうきんげん》……105
挙措進退《きょそしんたい》……111
虚無恬淡《きょむてんたん》……112
謹厳実直《きんげんじっちょく》……114
金蘭之契《きんらんのちぎり》……119
軽佻浮薄《けいちょうふはく》……127
狷介孤高《けんかいここう》……129
牽強付会《けんきょうふかい》……130
蹇蹇匪躬《けんけんひきゅう》……131
言行一致《げんこういっち》……131
捲土重来《けんどちょうらい》……132
傲岸不遜《ごうがんふそん》……136
厚顔無恥《こうがんむち》……136
剛毅果断《ごうきかだん》……136
剛毅朴訥《ごうきぼくとつ》……137
巧言令色《こうげんれいしょく》……137
鴻鵠之志《こうこくのこころざし》……138
才気煥発《さいきかんぱつ》……160
左顧右眄《さこうべん》……162
三十六計《さんじゅうろっけい》……166
思案投首《しあんなげくび》……169
四角四面《しかくしめん》……170
自画自賛《じがじさん》……171
自己矛盾《じこむじゅん》……174
時代錯誤《じだいさくご》……178
七転八倒《しちてんばっとう》……179
死中求活《しちゅうきゅうかつ》……181
実践躬行《じっせんきゅうこう》……182
櫛風沐雨《しっぷうもくう》……184
自暴自棄《じぼうじき》……185
揣摩憶測《しまおくそく》……185
自明之理《じめいのり》……186
自問自答《じもんじとう》……186
洒洒落落《しゃしゃらくらく》……188
終始一貫《しゅうしいっかん》……191
自由自在《じゆうじざい》……191
周章狼狽《しゅうしょうろうばい》……191

取捨選択《しゅしゃせんたく》……195
出処進退《しゅっしょしんたい》……197
首尾一貫《しゅびいっかん》……198
常住坐臥《じょうじゅうざが》……203
常套手段《じょうとうしゅだん》……206
私利私欲《しりしよく》……210
支離滅裂《しりめつれつ》……210
心機一転《しんきいってん》……212
進取果敢《しんしゅかかん》……214
精神一到《せいしんいっとう》……225
清濁併呑《せいだくへいどん》……227
精力絶倫《せいりょくぜつりん》……228
勢力伯仲《せいりょくはくちゅう》……229
切歯扼腕《せっしやくわん》……231
前後不覚《ぜんごふかく》……235
戦戦兢兢《せんせんきょうきょう》……238
速戦即決《そくせんそっけつ》……249
率先垂範《そっせんすいはん》……251
大言壮語《たいげんそうご》……254
大所高所《たいしょこうしょ》……256
泰然自若《たいぜんじじゃく》……256
大胆不敵《だいたんふてき》……256
単刀直入《たんとうちょくにゅう》……263
遅疑逡巡《ちぎしゅんじゅん》……263
知行合一《ちこうごういつ》……265
彫心鏤骨《ちょうしんるこつ》……268
跳梁跋扈《ちょうりょうばっこ》……270
直情径行《ちょくじょうけいこう》……270
輾転反側《てんてんはんそく》……280
天馬行空《てんばこうくう》……281
党同伐異《とうどうばつい》……285
蟷螂之斧《とうろうのおの》……287
得意満面《とくいまんめん》……288
独断専行《どくだんせんこう》……289
独立自尊《どくりつじそん》……290
背水之陣《はいすいのじん》……300
薄志弱行《はくしじゃっこう》……304
八面玲瓏《はちめんれいろう》……308
八方美人《はっぽうびじん》……310
罵詈雑言《ばりぞうごん》……312
半信半疑《はんしんはんぎ》……314
反面教師《はんめんきょうし》……315
百戦錬磨《ひゃくせんれんま》……320
疲労困憊《ひろうこんぱい》……323
付和雷同《ふわらいどう》……333
奮励努力《ふんれいどりょく》……336
弊衣破帽《へいいはぼう》……336
平身低頭《へいしんていとう》……337
法界悋気《ほうかいりんき》……340
暴虎馮河《ぼうこひょうが》……341
墨守成規《ぼくしゅせいき》……343
無我夢中《むがむちゅう》……347
無芸大食《むげいたいしょく》……347
無念無想《むねんむそう》……349
無理圧状《むりおうじょう》……350
明明白白《めいめいはくはく》……353
明朗闊達《めいろうかったつ》……354
面従腹背《めんじゅうふくはい》……355
悶絶躄地《もんぜつびゃくじ》……358
問答無用《もんどうむよう》……358
有終之美《ゆうしゅうのび》……361
優柔不断《ゆうじゅうふだん》……361
勇猛果敢《ゆうもうかかん》……363
乱暴狼藉《らんぼうろうぜき》……368
理非曲直《りひきょくちょく》……371
竜攘虎搏《りゅうじょうこはく》……371
和顔愛語《わがんあいご》……378

衣食住

悪衣悪食《あくいあくしょく》……11
衣冠束帯《いかんそくたい》……17
一汁一菜《いちじゅういっさい》……26
一家眷属《いっかけんぞく》……32
一家団欒《いっかだんらん》……33
一宿一飯《いっしゅくいっぱん》……39

椀飯振舞《おうばんぶるまい》……65
夏炉冬扇《かろとうせん》……80
環堵蕭然《かんとしょうぜん》……89
牛飲馬食《ぎゅういんばしょく》……101
行住坐臥《ぎょうじゅうざが》……106
近所合壁《きんじょがっぺき》……117
金殿玉楼《きんでんぎょくろう》……118
鯨飲馬食《げいいんばしょく》……123
自給自足《じきゅうじそく》……173
質素倹約《しっそけんやく》……182
酒池肉林《しゅちにくりん》……196
酒嚢飯袋《しゅのうはんたい》……197
食前方丈《しょくぜんほうじょう》……208
酔眼朦朧《すいがんもうろう》……220
頭寒足熱《ずかんそくねつ》……222
贅沢三昧《ぜいたくざんまい》……227
粗衣粗食《そいそしょく》……243
大廈高楼《たいかこうろう》……252
暖衣飽食《だんいほうしょく》……261
百薬之長《ひゃくやくのちょう》……321
暴飲暴食《ぼういんぼうしょく》……339
本家本元《ほんけほんもと》……343
立錐之地《りっすいのち》……370
炉辺談話《ろへんだんわ》……377

歳月・時間

一日之長《いちじつのちょう》……25
一炊之夢《いっすいのゆめ》……41
一寸光陰《いっすんこういん》……41
一朝一夕《いっちょういっせき》……44
烏兎匆匆《うとそうそう》……54
嘉辰令月《かしんれいげつ》……75
亀鶴之寿《きかくのじゅ》……93
曠日弥久《こうじつびきゅう》……140
古往今来《こおうこんらい》……147
再三再四《さいさんさいし》……160
紫電一閃《しでんいっせん》……184
十年一日《じゅうねんいちじつ》……193
常住不断《じょうじゅうふだん》……203
四六時中《しろくじちゅう》……211
千古不易《せんこふえき》……234
千万無量《せんまんむりょう》……242
造次顛沛《ぞうじてんぱい》……246
電光石火《でんこうせっか》……277
二束三文《にそくさんもん》……296
年功序列《ねんこうじょれつ》……298
年年歳歳《ねんねんさいさい》……299
年百年中《ねんびゃくねんじゅう》……299

仕事

一挙両得《いっきょりょうとく》……35
一心不乱《いっしんふらん》……41
一石二鳥《いっせきにちょう》……42
一得一失《いっとくいっしつ》……46
円転滑脱《えんてんかつだつ》……63
漁夫之利《ぎょふのり》……111
勤倹力行《きんけんりっこう》……114
巧遅拙速《こうちせっそく》……142
試行錯誤《しこうさくご》……173
薪水之労《しんすいのろう》……216
迅速果断《じんそくかだん》……217
千載一遇《せんざいいちぐう》……235
粗製濫造《そせいらんぞう》……250
多事多端《たじたたん》……258
昼夜兼行《ちゅうやけんこう》……267
適材適所《てきざいてきしょ》……274
東奔西走《とうほんせいそう》……286
図南之翼《となんのつばさ》……292
南船北馬《なんせんほくば》……296
倍日併行《ばいじつへいこう》……300
薄利多売《はくりたばい》……306
八面六臂《はちめんろっぴ》……308

自然・季節

一望千里《いちぼうせんり》……28

一刻千金《いっこくせんきん》……36
花鳥諷詠《かちょうふうえい》……76
花鳥風月《かちょうふうげつ》……76
旱天慈雨《かんてんじう》……88
鏡花水月《きょうかすいげつ》……105
槿花一日《きんかいちじつ》……113
黄塵万丈《こうじんばんじょう》……141
広大無辺《こうだいむへん》……142
紅灯緑酒《こうとうりょくしゅ》……143
光風霽月《こうふうせいげつ》……144
五穀豊穣《ごこくほうじょう》……151
古今東西《ここんとうざい》……151
五風十雨《ごふうじゅうう》……155
三寒四温《さんかんしおん》……163
山紫水明《さんしすいめい》……165
自然淘汰《しぜんとうた》……177
疾風迅雷《しっぷうじんらい》……183
疾風怒濤《しっぷうどとう》……183
弱肉強食《じゃくにくきょうしょく》……187
秋高馬肥《しゅうこうばひ》……190
蓴羹鱸膾《じゅんこうろかい》……198
春日遅遅《しゅんじつちち》……199
春宵一刻《しゅんしょういっこく》……199
春風駘蕩《しゅんぷうたいとう》……200
嘯風弄月《しょうふうろうげつ》……207
深山幽谷《しんざんゆうこく》……213
人跡未踏《じんせきみとう》……217
森羅万象《しんらばんしょう》……220
水天彷彿《すいてんほうふつ》……221
晴好雨奇《せいこううき》……224
青天霹靂《せいてん(の)へきれき》……228
清風明月《せいふうめいげつ》……228
千紫万紅《せんしばんこう》……236
大山鳴動《たいざんめいどう》……255
断崖絶壁《だんがいぜっぺき》……261
弾丸黒子《だんがんこくし》……261
長汀曲浦《ちょうていきょくほ》……269
津津浦浦《つつうらうら》……272
九十九折《つづらおり》……273
天地開闢《てんちかいびゃく》……279
天長地久《てんちょうちきゅう》……280
天変地異《てんぺんちい》……282
白砂青松《はくしゃせいしょう》……304
万古不易《ばんこふえき》……312
百年河清《ひゃくねんかせい》……320
百花繚乱《ひゃっかりょうらん》……321
風光明媚《ふうこうめいび》……325
満目蕭条《まんもくしょうじょう》……344
未来永劫《みらいえいごう》……345
名所古刹《めいしょこさつ》……352

信仰・神・怪異

悪人正機《あくにんしょうき》……13
安心立命《あんしんりつめい》……15
以心伝心《いしんでんしん》……22
一蓮托生《いちれんたくしょう》……31
有為転変《ういてんぺん》……51
加持祈禱《かじきとう》……74
邯鄲之夢《かんたんのゆめ》……87
帰命頂礼《きみょうちょうらい》……99
鬼面仏心《きめんぶっしん》……99
亀毛兎角《きもうとかく》……100
空即是色《くうそくぜしき》……120
結跏趺坐《けっかふざ》……128
極悪非道《ごくあくひどう》……148
極楽浄土《ごくらくじょうど》……149
欣求浄土《ごんぐじょうど》……157
斎戒沐浴《さいかいもくよく》……159
採菓汲水《さいかきゅうすい》……159
西方浄土《さいほうじょうど》……162
三顧之礼《さんこのれい》……164
三千世界《さんぜんせかい》……166
三拝九拝《さんぱいきゅうはい》……167
只管打坐《しかんたざ》……172
色即是空《しきそくぜくう》……172

自業自得《じごうじとく》……174
七堂伽藍《しちどうがらん》……180
七難八苦《しちなんはっく》……180
寂滅為楽《じゃくめついらく》……187
盛者必衰《じょうしゃひっすい》……202
生者必滅《しょうじゃひつめつ》……203
精進潔斎《しょうじんけっさい》……205
諸行無常《しょぎょうむじょう》……208
神出鬼没《しんしゅつきぼつ》……215
心頭滅却《しんとうめっきゃく》……219
生生流転《せいせいるてん》……226
善因善果《ぜんいんぜんか》……232
善男善女《ぜんなんぜんにょ》……241
即身成仏《そくしんじょうぶつ》……249
大願成就《たいがんじょうじゅ》……253
大逆無道《たいぎゃくむどう》……254
他力本願《たりきほんがん》……260
魑魅魍魎《ちみもうりょう》……265
泥中之蓮《でいちゅうのはす》……273
天神地祇《てんじんちぎ》……278
天地神明《てんちしんめい》……279
天罰覿面《てんばつてきめん》……281
天網恢恢《てんもうかいかい》……282
天佑神助《てんゆうしんじょ》……282
頓証菩提《とんしょうぼだい》……293
難行苦行《なんぎょうくぎょう》……295
拈華微笑《ねんげみしょう》……298
破戒無慚《はかいむざん》……301
抜苦与楽《ばっくよらく》……308
百鬼夜行《ひゃっきやこう》……322
貧者一灯《ひんじゃ(の)いっとう》……324
不可思議《ふかしぎ》……328
不惜身命《ふしゃくしんみょう》……330
唯我独尊《ゆいがどくそん》……360
妖怪変化《ようかいへんげ》……365
輪廻転生《りんねてんしょう》……375
六根清浄《ろっこんしょうじょう》……377

情愛・信義

越鳥南枝《えっちょうなんし》……60
竹馬之友《ちくばのとも》……264
朝雲暮雨《ちょううんぼう》……267
莫逆之友《ばくぎゃくのとも》……303
巫山雲雨《ふざん(の)うんう》……330
夫唱婦随《ふしょうふずい》……331
刎頸之交《ふんけいのまじわり》……334

状態の形容

曖昧模糊《あいまいもこ》……10
阿鼻叫喚《あびきょうかん》……14
一衣帯水《いちいたいすい》……23
一部始終《いちぶしじゅう》……28
一網打尽《いちもうだじん》……29
一目瞭然《いちもくりょうぜん》……30
一虚一実《いっきょいちじつ》……34
一切合切《いっさいがっさい》……37
一触即発《いっしょくそくはつ》……39
一進一退《いっしんいったい》……40
一旦緩急《いったんかんきゅう》……43
一長一短《いっちょういったん》……44
一刀両断《いっとうりょうだん》……45
右往左往《うおうさおう》……51
有耶無耶《うやむや》……54
紆余曲折《うよきょくせつ》……55
雲散霧消《うんさんむしょう》……55
雲集霧散《うんしゅうむさん》……56
雲泥万里《うんでいばんり》……57
蜿蜿長蛇《えんえんちょうだ》……61
音信不通《おんしんふつう》……67
快刀乱麻《かいとうらんま》……71
隔靴掻痒《かっかそうよう》……76
緩急自在《かんきゅうじざい》……82
危機一髪《ききいっぱつ》……93
奇奇怪怪《ききかいかい》……93
危急存亡《ききゅうそんぼう》……94

旗鼓堂堂《きこどうどう》……95
起死回生《きしかいせい》……96
九死一生《きゅうしいっしょう》……101
旧態依然《きゅうたいいぜん》……103
急転直下《きゅうてんちょっか》……103
狂瀾怒濤《きょうらんどとう》……108
旭日昇天《きょくじつしょうてん》……109
空前絶後《くうぜんぜつご》……120
傾城傾国《けいせいけいこく》……125
肩摩轂撃《けんまこくげき》……134
絢爛豪華《けんらんごうか》……134
効果覿面《こうかてきめん》……135
光彩陸離《こうさいりくり》……138
荒唐無稽《こうとうむけい》……143
紅毛碧眼《こうもうへきがん》……145
古今独歩《ここんどっぽ》……151
古今無双《ここんむそう》……152
虎視眈眈《こしたんたん》……152
壺中之天《こちゅうのてん》……154
孤立無援《こりつむえん》……157
五里霧中《ごりむちゅう》……157
金剛不壊《こんごうふえ》……158
渾然一体《こんぜんいったい》……158
三三五五《さんさんごご》……164
三人成虎《さんにんせいこ》……167
時期尚早《じきしょうそう》……172
事実無根《じじつむこん》……175
死屍累累《ししるいるい》……177
四通八達《しつうはったつ》……181
四分五裂《しぶんごれつ》……185
衆人環視《しゅうじんかんし》……192
主客転倒《しゅかくてんとう》……194
焦眉之急《しょうびのきゅう》……207
白河夜船《しらかわよふね》……209
参差錯落《しんしさくらく》……213
針小棒大《しんしょうぼうだい》……215
進退両難《しんたいりょうなん》……218
寸進尺退《すんしんしゃくたい》……222
絶体絶命《ぜったいぜつめい》……231
千差万別《せんさばんべつ》……235
千姿万態《せんしばんたい》……236
浅酌低唱《せんしゃくていしょう》……237
千秋万歳《せんしゅうばんぜい》……237
前人未到《ぜんじんみとう》……238
前代未聞《ぜんだいみもん》……239
前途多難《ぜんとたなん》……240
前途遼遠《ぜんとりょうえん》……241
千変万化《せんぺんばんか》……242
相即不離《そうそくふり》……248
即断即決《そくだんそっけつ》……250
大喝一声《だいかついっせい》……252
大同小異《だいどうしょうい》……257
中途半端《ちゅうとはんぱ》……266
喋喋喃喃《ちょうちょうなんなん》……268
徹頭徹尾《てっとうてつび》……275
轍鮒之急《てっぷのきゅう》……275
天涯孤独《てんがいこどく》……276
天壌無窮《てんじょうむきゅう》……278
天地無用《てんちむよう》……279
陶犬瓦鶏《とうけんがけい》……283
屠所之羊《としょのひつじ》……291
土崩瓦解《どほうがかい》……293
二者択一《にしゃたくいつ》……296
日常茶飯《にちじょうさはん》……297
杯盤狼藉《はいばんろうぜき》……301
盤根錯節《ばんこんさくせつ》……313
半死半生《はんしはんしょう》……313
百発百中《ひゃっぱつひゃくちゅう》……322
表裏一体《ひょうりいったい》……322
風前之灯《ふうぜんのともしび》……326
不可抗力《ふかこうりょく》……327
不朽不滅《ふきゅうふめつ》……328
複雑怪奇《ふくざつかいき》……328
複雑多岐《ふくざつたき》……329
不即不離《ふそくふり》……331

処世

身体・生命

臍下丹田《せいかたんでん》……224
全身全霊《ぜんしんぜんれい》……237
手枷足枷《てかせあしかせ》……273
同病相憐《どうびょうそうりん》……285
徒手空拳《としゅくうけん》……290
不眠不休《ふみんふきゅう》……333
満身創痍《まんしんそうい》……344
無為徒食《むいとしょく》……346
無病息災《むびょうそくさい》……349
明眸皓歯《めいぼうこうし》……353
容姿端麗《ようしたんれい》……365
容貌魁偉《ようぼうかいい》……366

性格・品性

一目十行《いちもくじゅうぎょう》……29
一竿風月《いっかんふうげつ》……33
一挙一動《いっきょいちどう》……35
一口両舌《いっこうりょうぜつ》……35
移木之信《いぼくのしん》……48
羽化登仙《うかとうせん》……52
有象無象《うぞうむぞう》……53
内股膏薬《うちまたごうやく》……53
雲煙過眼《うんえんかがん》……55
雲心月性《うんしんげっせい》……56
曳尾塗中《えいびとちゅう》……58
得手勝手《えてかって》……60
円満具足《えんまんぐそく》……64
閑雲野鶴《かんうんやかく》……80
頑固一徹《がんこいってつ》……83
眼光炯炯《がんこうけいけい》……83
管鮑之交《かんぽうのまじわり》……90
奇想天外《きそうてんがい》……98
脚下照顧《きゃっかしょうこ》……100
虚心坦懐《きょしんたんかい》……110
毀誉褒貶《きよほうへん》……111
機略縦横《きりゃくじゅうおう》……112
愚者一得《ぐしゃ(の)いっとく》……121
苦心惨憺《くしんさんたん》……121
君子三楽《くんしさんらく》……122
君子豹変《くんしひょうへん》……123
形影相弔《けいえいあいとむらう》……124
鶏群一鶴《けいぐん(の)いっかく》……124
犬馬之労《けんばのろう》……133
行雲流水《こううんりゅうすい》……135
公平無私《こうへいむし》……144
豪放磊落《ごうほうらいらく》……145
公明正大《こうめいせいだい》……145
狐疑逡巡《こぎしゅんじゅん》……148
孤城落日《こじょうらくじつ》……153
採長補短《さいちょうほたん》……161
山中暦日《さんちゅうれきじつ》……167
三面六臂《さんめんろっぴ》……169
士魂商才《しこんしょうさい》……174
七転八起《しちてんはっき》……179
質実剛健《しつじつごうけん》……182
奢侈淫佚《しゃしいんいつ》……188
縦横無尽《じゅうおうむじん》……189
自由闊達《じゆうかったつ》……189
十人十色《じゅうにんといろ》……193
首鼠両端《しゅそりょうたん》……196
純一無雑《じゅんいつむざつ》……198
小心翼翼《しょうしんよくよく》……205
饒舌多弁《じょうぜつたべん》……206
松柏之操《しょうはくのみさお》……207
人面獣心《じんめんじゅうしん》……220
酔生夢死《すいせいむし》……221
井蛙之見《せいあのけん》……223
精励恪勤《せいれいかっきん》……229
先見之明《せんけんのめい》……234
喪家之狗《そうかのいぬ》……244
漱石枕流《そうせきちんりゅう》……247
損者三友《そんしゃさんゆう》……251
大器晩成《たいきばんせい》……253
他山之石《たざんのいし》……258
多情仏心《たじょうぶっしん》……260

猪突猛進《ちょとつもうしん》……271
痛快無比《つうかいむひ》……272
鉄心石腸《てっしんせきちょう》……274
天空海闊《てんくうかいかつ》……277
田夫野人《でんぷやじん》……281
桃李成蹊《とうりせいけい》……286
訥言敏行《とつげんびんこう》……291
内柔外剛《ないじゅうがいごう》……294
幕天席地《ばくてんせきち》……305
抜山蓋世《ばつざんがいせい》……309
波瀾万丈《はらんばんじょう》……311
反間苦肉《はんかんくにく》……312
飛耳長目《ひじちょうもく》……316
尾生之信《びせいのしん》……317
匹夫之勇《ひっぷのゆう》……318
百折不撓《ひゃくせつふとう》……319
風声鶴唳《ふうせいかくれい》……326
不偏不党《ふへんふとう》……333
粉骨砕身《ふんこつさいしん》……334
平平凡凡《へいへいぼんぼん》……338
辺幅修飾《へんぷくしゅうしょく》……339
放蕩無頼《ほうとうぶらい》……342
無私無偏《むしむへん》……347
無二無三《むにむさん》……348
無欲恬淡《むよくてんたん》……350
明鏡止水《めいきょうしすい》……352
明哲保身《めいてつほしん》……353
勇往邁進《ゆうおうまいしん》……360
融通無碍《ゆうずうむげ》……362
悠悠自適《ゆうゆうじてき》……363
余裕綽綽《よゆうしゃくしゃく》……366
利害得失《りがいとくしつ》……369
粒粒辛苦《りゅうりゅうしんく》……372
遼東之豕《りょうとうのいのこ》……374
理路整然《りろせいぜん》……374
和光同塵《わこうどうじん》……379

政治・社会

暗中飛躍《あんちゅうひやく》……16
安寧秩序《あんねいちつじょ》……16
一族郎党《いちぞくろうとう》……26
一陽来復《いちようらいふく》……30
一攫千金《いっかくせんきん》……32
一騎当千《いっきとうせん》……34
一国一城《いっこくいちじょう》……36
一世風靡《いっせいふうび》……42
猗頓之富《いとんのとみ》……47
烏合之衆《うごうのしゅう》……52
栄枯盛衰《えいこせいすい》……58
遠交近攻《えんこうきんこう》……61
乳母日傘《おんばひがさ》……68
鎧袖一触《がいしゅういっしょく》……70
街談巷説《がいだんこうせつ》……71
槐門棘路《かいもんきょくろ》……71
蝸角之争《かかくのあらそい》……73
家書万金《かしょばんきん》……74
合従連衡《がっしょうれんこう》……77
苛斂誅求《かれんちゅうきゅう》……79
鰥寡孤独《かんかこどく》……81
轗軻不遇《かんかふぐう》……81
関雎之化《かんしょのか》……85
官尊民卑《かんそんみんぴ》……86
冠帯之国《かんたいのくに》……87
規矩準縄《きくじゅんじょう》……94
騎虎之勢《きこのいきおい》……95
旗幟鮮明《きしせんめい》……96
救世済民《きゅうせいさいみん》……102
共存共栄《きょうそんきょうえい》……106
驚天動地《きょうてんどうち》……107
虚虚実実《きょきょじつじつ》……108
金甌無欠《きんおうむけつ》……113
金口木舌《きんこうぼくぜつ》……115
金枝玉葉《きんしぎょくよう》……115
金城鉄壁《きんじょうてっぺき》……116
金城湯池《きんじょうとうち》……117

空谷跫音《くうこく(の)きょうおん》……119
苦肉之計《くにくのけい》……122
群雄割拠《ぐんゆうかっきょ》……123
経世済民《けいせいさいみん》……126
鶏鳴狗盗《けいめいくとう》……127
桂林一枝《けいりん(の)いっし》……128
月卿雲客《げっけいうんかく》……129
喧喧囂囂《けんけんごうごう》……130
堅甲利兵《けんこうりへい》……132
乾坤一擲《けんこんいってき》……132
綱紀粛正《こうきしゅくせい》……137
公序良俗《こうじょりょうぞく》……140
膏粱子弟《こうりょう(の)してい》……146
甲論乙駁《こうろんおつばく》……146
呉越同舟《ごえつどうしゅう》……147
国士無双《こくしむそう》……149
国利民福《こくりみんぷく》……150
孤軍奮闘《こぐんふんとう》……150
股肱之臣《ここうのしん》……150
鼓腹撃壌《こふくげきじょう》……156
三者鼎立《さんしゃていりつ》……165
三百代言《さんびゃくだいげん》……168
賛否両論《さんぴりょうろん》……168
尸位素餐《しいそさん》……169
四海兄弟《しかいけいてい》……170
死灰復燃《しかいふくねん》……170
屍山血河《しざんけつが》……175
子子孫孫《ししそんそん》……175
獅子奮迅《ししふんじん》……176
市井之徒《しせいのと》……177
事大主義《じだいしゅぎ》……178
舐犢之愛《しとくのあい》……184
四面楚歌《しめんそか》……186
衆寡不敵《しゅうかふてき》……189
衆議一決《しゅうぎいっけつ》……190
秋霜烈日《しゅうそうれつじつ》……192
醇風美俗《じゅんぷうびぞく》……200
上意下達《じょういかたつ》……201
城下之盟《じょうかのめい》……201
情状酌量《じょうじょうしゃくりょう》……204
人海戦術《じんかいせんじゅつ》……211
新旧交代《しんきゅうこうたい》……212
人権蹂躙《じんけんじゅうりん》……212
人口膾炙《じんこうかいしゃ》……213
唇歯輔車《しんしほしゃ》……214
信賞必罰《しんしょうひつばつ》……215
人心収攬《じんしんしゅうらん》……216
人生行路《じんせいこうろ》……217
震天動地《しんてんどうち》……219
寸善尺魔《すんぜんしゃくま》……223
晴耕雨読《せいこううどく》……225
生殺与奪《せいさつよだつ》……225
青天白日《せいてんはくじつ》……227
是是非非《ぜぜひひ》……230
先義後利《せんぎこうり》……233
千客万来《せんきゃくばんらい》……233
千軍万馬《せんぐんばんば》……233
千里同風《せんりどうふう》……243
創業守成《そうぎょうしゅせい》……245
糟糠之妻《そうこうのつま》……245
相互扶助《そうごふじょ》……246
滄桑之変《そうそうのへん》……247
草茅危言《そうぼうきげん》……248
草莽之臣《そうもうのしん》……248
大器小用《たいきしょうよう》……253
大義名分《たいぎめいぶん》……254
大同団結《だいどうだんけつ》……257
多生之縁《たしょうのえん》……260
忠肝義胆《ちゅうかんぎたん》……266
中原逐鹿《ちゅうげんちくろく》……266
張三李四《ちょうさんりし》……268
朝令暮改《ちょうれいぼかい》……270
治乱興亡《ちらんこうぼう》……271
天下太平《てんかたいへい》……276
同床異夢《どうしょういむ》……284

同声異俗《どうせいいぞく》……284
同文同軌《どうぶんどうき》……286
党利党略《とうりとうりゃく》……287
内政干渉《ないせいかんしょう》……294
内憂外患《ないゆうがいかん》……295
難攻不落《なんこうふらく》……295
二律背反《にりつはいはん》……298
破鏡重円《はきょうじゅうえん》……302
破竹之勢《はちくのいきおい》……307
八紘一宇《はっこういちう》……309
撥乱反正《はつらんはんせい》……310
爬羅剔抉《はらてっけつ》……311
伴食大臣《ばんしょくだいじん》……313
布衣之交《ふいのこう》……324
富国強兵《ふこくきょうへい》……330
物情騒然《ぶつじょうそうぜん》……331
焚書坑儒《ふんしょこうじゅ》……334
文明開化《ぶんめいかいか》……335
判官贔屓《ほうがんびいき》……340
報本反始《ほうほんはんし》……342
三日天下《みっかてんか》……345
滅私奉公《めっしほうこう》……354
門戸開放《もんこかいほう》……357
夜郎自大《やろうじだい》……359
優勝劣敗《ゆうしょうれっぱい》……362
乱臣賊子《らんしんぞくし》……368
力戦奮闘《りきせんふんとう》……369
六韜三略《りくとうさんりゃく》……369
離合集散《りごうしゅうさん》……370
燎原之火《りょうげんのひ》……372
梁上君子《りょうじょう(の)くんし》……373
良妻賢母《りょうさいけんぼ》……373
論功行賞《ろんこうこうしょう》……377

褒める・たたえる

一顧傾城《いっこけいせい》……36
音吐朗朗《おんとろうろう》……68
解語之花《かいごのはな》……70
迦陵頻伽《かりょうびんが》……79
高材疾足《こうざいしっそく》……138
羞月閉花《しゅうげつへいか》……190
沈魚落雁《ちんぎょらくがん》……271
当意即妙《とういそくみょう》……283
拍手喝采《はくしゅかっさい》……305
破天荒解《はてんこうかい》……311
藍田生玉《らんでんせいぎょく》……368

●監修者

金田一　秀穂（きんだいち　ひでほ）

1953年東京都生まれ。上智大学文学部心理学科卒業、東京外国語大学大学院日本語学専攻修了。中国の大連外語学院、アメリカのイェール大学、コロンビア大学などで日本語を教える。ハーバード大学客員研究員を経て、現在は杏林大学外国語学部教授。

主な著書に「新しい日本語の予習法」（角川書店）「適当な日本語」（アスキー）「人間には使えない蟹語辞典」（ポプラ社）「15歳の寺子屋 15歳の日本語上達法」（講談社）など。主な編著には「学研現代新国語辞典」（学研教育出版）などがある。

●本文デザイン：鈴木大輔・江﨑輝海（ソウルデザイン）
●編集協力：一校舎国語研究会

四字熟語辞典

監修者　金田一秀穂
発行者　永岡純一
発行所　株式会社永岡書店
〒176-8518　東京都練馬区豊玉上1-7-14
代表03（3992）5155
編集03（3992）7191
印　刷　誠宏印刷
製　本　若林製本工場

ISBN978-4-522-43156-6　C0581
落丁本・乱丁本はお取り替えいたします。⑧